〈ひと〉から問うジェンダーの世界史 第2巻

「社会」はどう作られるか？

—家族・制度・文化

姫岡とし子

久留島典子

小野仁美

編

大阪大学出版会

はしがき──『〈ひと〉から問うジェンダーの世界史』 (3巻本)の企画趣旨

◆**なぜ、「〈ひと〉から問うジェンダーの世界史」か？** 2014〜15年、わたしたち比較ジェンダー史研究会のメンバーは、ジェンダー視点から高校世界史と高校日本史の記述を書き換えるという意欲をもって、『歴史を読み替える』（2巻本）を上梓した。『〈ひと〉から問うジェンダーの世界史』（3巻本）は、その後継である。しかし、本書は、『歴史を読み替える』を上回る特徴を持つ。それは、三つの問いを立て、それらの問いを各巻のタイトルと構成にはっきりと反映させたことである。「ひと」に女性が含まれない歴史は「歴史」とは言えない──これがわたしたちの原点である。

章構成にあたっては、アジア・アフリカ・イスラーム圏などを重視し、欧米中心にならないように配慮した。テーマごとに最もふさわしい事例や日本的「世界史」の常識を覆すような事例を選んだため、時代・地域に必ずしも統一性はない。しかし、できるだけ比較ジェンダー史として有益な章・節・項・コラムになるよう工夫をこらした。比較ジェンダー史研究会WEBサイトとの連携もはかっている。読者のみなさんが本書を気軽に手に取って「なぜ？」と身の回りを振り返り、本書が「あたりまえ」を問い直すきっかけとなってくれることを心から願っている。

◆**第1巻『「ひと」とはだれか？──身体・セクシュアリティ・暴力』** 第1巻『「ひと」とはだれか？』は、本企画全体の「問い」の方向性を明確に示した。すなわち、国家や社会からではなく、「ひと」から問うというスタンスを示したのである。そもそも「ひと」は、年齢・身体的特徴・性自認・性的指向など多様な属性をもつ。しかし、しばしば国家や共同体により男女いずれかの性別を出生時に割り当てられ、それに応じた役割やふるまいを期待される。そのような役割期待は、特定の「ひと」の暴力を正当化し、別の「ひと」の尊厳を著しく損なう。男女二分法は多様な性の在り方を否定し、社会規範に「ひと」を飼い馴らす手立てとして機能する。このような「ひと」の定義の根幹にかかわるのがジェンダーであるとの認識に立ち、身体、生殖、セクシュアリティ、身体表現、性暴力を取り上げた。

◆**第2巻『「社会」はどう作られるか？──家族・制度・文化』** 第2巻『「社会」はどう作られるか？』は、「ひと」が相互に紡ぎあう親密関係や生活共同体を問う。家族や親族などは、近代歴史学では「私的領域」として不可視化されてきた。家族の捉え方は社会によって異なることはよく知られるが、本書では家族の在り方が社会の在り方を規定するとの認識から「家族から社会そして国家へ」というベクトルで問

いを立てた。公私分離や男女隔離などの区別が社会的ヒエラルキーをどう構築するのかを問い、王権の男性性を問い直し、文化や芸術において女性が主体や客体になった歴史的文脈を明らかにする。これらの問いのいずれもが日常生活の中のジェンダーバイアスを可視化し、政治や体制の本質を暴き、矛盾を喝破する。こうした立場から、家・家族、社会的ヒエラルキー、政治体制、労働・教育・文化を取り上げた。

◆第3巻『「世界」をどう問うか？──地域・紛争・科学』 第3巻『「世界」をどう問うか？』は、ジェンダー視点からグローバルな問題を問う。第1巻、第2巻のテーマが近年のジェンダー史の重要トピックであるのに対して、第3巻で取り上げるテーマはいずれも非常に新しい。「世界」も「地域」も作られるのであって、歴史的に変化する。そのような「世界」の再定義にはしばしば戦争や植民地支配が利用されるが、わたしたちが共有すべきは抵抗の歴史である。戦争も開発も地球環境を破壊する。男性中心の科学もまたしばしばそれに加担してきた。21世紀の世界的危機の中では、ジェンダー平等社会の実現こそが持続可能な未来を拓く。この信念に立ち、地域、世界の再創造、戦争と暴力への抵抗、地球環境、科学を取り上げ、ジェンダー視点からそれらを読み替える。

◆出版にあたって 本書は、科学研究費基盤研究（B）「『アジア・ジェンダー史』の構築と『歴史総合』教材の開発」（2020〜22年度）の成果である。本書の出版を引き受けてくださった大阪大学出版会には深く感謝申し上げる。特に編集担当者である川上展代さんは非常に丁寧に本書を見てくださり、総勢130名以上にのぼる執筆者からなる本をまとめ上げてくださった。また、本科研費研究の補助を務める安宅亮子さんは、原稿のとりまとめ、書式統一、編集の進捗状況のチェックなど実にこまごまとした業務を的確にやり遂げてくださった。お二人の女性のご尽力がなければ、本書は完成できなかったと言っても過言ではない。心からの感謝を述べたい。

2023年6月

編者一同

　　　第1巻　三成美保・小浜正子・鈴木則子

　　　第2巻　姫岡とし子・久留島典子・小野仁美

　　　第3巻　井野瀬久美恵・粟屋利江・長志珠絵

『〈ひと〉から問うジェンダーの世界史』のご利用にあたって（お願い）

本書は以下の原則に従って執筆されています。ご利用にあたってご参照ください。

(1)全体の構成

① 全体構成

1) 本書は全3巻構成です。各巻とも全4〜5章で、「節・項」と「コラム」からなります。「節」は複数の「項」からなり、「項」は見開き2〜6頁、「コラム」は2段組1〜2頁としています。

2) 「項」には、巻・章・節ごとに①・②などの番号を振っています。

3) 「コラム」には、各巻で通し番号を振っています。

② 総論と概論

1) 各巻の冒頭には、それぞれの巻の全体に関わる「総論」（6頁）を設けています。この「総論」では、各巻の全体に関わる事項や概念、歴史的背景などについて記述しています。

2) 各章の冒頭には、それぞれの章の全体に関わる「概論」（4頁）を設けています。この「概論」では、各章の全体に関わる事項や概念、歴史的背景などについて記述しています。

③ 巻末資料

1) 巻末資料として、「参考文献」「人名索引」「事項索引」をつけました。

2) 「参考文献」は、「Ⅰ．基本文献」（史料集・事典・叢書・講座・入門書など）と「Ⅱ．各項の参考文献」（各項で挙げられた文献の一覧）からなります。いずれも著者・編者の50音順で記載しています。

3) 「人名索引」では、本文で取り上げた重要な人名について取り上げています。「事項索引」は地名・用語などのうち重要なものを取り上げました。

(2)記述方法について

① 項・コラム

1) 各項あるいはコラムの末尾に、執筆者名を記しています。

2) 各項あるいはコラムの末尾には、2〜3の参考文献を挙げています。参考文献は、日本語文献を優先しました。スペースの関係上、参考文献を略記（著者の姓、出版年、タイトル）している場合がありますので、適宜「参考文献」をご参照ください。

3) 本文の記述のなかで、用語説明など他の項・コラムを参照していただくほうがよい場合等には（☞○○）として指示しています。

4）項タイトルの下部には、『〈ひと〉から問うジェンダーの世界史』の関連個所、『歴史を読み替える』の関連個所を番号で示しています。

5）「項」の本文に❶・❷などの数字をつけている場合には、末尾に注があります。注では、史料・資料、解説などが記述されています。

② 国名・地名・人名

　国名・地名・人名については高校世界史教科書の表記に倣いましたが、研究成果や執筆者の判断を尊重して、新しい表記を使っている場合もあります。

(3)比較ジェンダー史研究会WEBサイトと『歴史を読み替える』2巻本

① 比較ジェンダー史研究会では、本書の補遺記事を掲載し、随時更新しています。ぜひご利用ください。

　【WEBサイトのURL】https://ch-gender.jp/wp/

② QRコード

　1）各章の扉に、QRコードをつけています。関連記事をWEBサイトに掲載していますので、ご利用ください。

　2）一部の項には、編者の判断でタイトル右横にQRコードを付け、比較ジェンダー史研究会WEBサイトの関連ページを示している場合があります。

③ 『歴史を読み替える』2巻本

　この3巻本は、下記2点の書物の発展版です。あわせてご利用下さい。

三成美保・姫岡とし子・小浜正子編 (2014)『歴史を読み替える─ジェンダーから見た世界史』大月書店
久留島典子・長野ひろ子・長志珠絵編 (2015)『歴史を読み替える─ジェンダーから見た日本史』大月書店

(4)凡例(項タイトル)

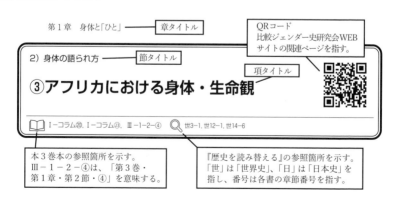

目　次

第4章　労働・教育・文化

総論—社会の構成原理としてのジェンダー

1．第2巻（本巻）の意義と目的

　◆**本巻の目的**　『〈ひと〉から問うジェンダーの世界史』3巻本の一冊として構想
された第2巻『「社会」はどう作られるか？家族・制度・文化』は、「ひと」や世界・
環境・科学を対象として、ジェンダー史の新たな領域にチャレンジしている第1巻
と第3巻と対比すると、これまでもさかんに論じられてきた社会という、オーソドッ
クスな領域を扱っている。オーソドックスとは言え、社会はジェンダー史を論じる
にあたり不可欠で根幹的な分野である。本巻では、これまでのジェンダー史の蓄積
を連関させることを意識しながら、社会のなかのジェンダー（性差）の位置づけにつ
いて描いていきたい。

　本巻では、「社会」はどう作られるか？という大きな問いを立てているが、その背
景には、ジェンダーが、時代や地域によって異なる、さまざまな社会の構成原理に
なっている、という認識がある。ジェンダーの把握あるいは構築のされ方は、それ
ぞれの社会によって異なるが、その社会のジェンダーがどう把握・構築されるのか
によって、形成される社会のあり方が規定される。ジェンダーは、その社会の規範
や価値観、アイデンティティを構築し、行動様式や活動空間、役割分担を規定し、
法律や政治・経済制度のなかに組み込まれるなど、構造をつくりだす力として作用
している。本巻の目的は、社会の構成原理であるジェンダーが、どのようなメカニ
ズムで作用し、社会がどう形成されていくのかを考えることである。

　◆**本巻の構成**　本書は3巻とも「ひと」から問うことを課題としている。したがっ
て本巻も権力者を中心として社会のあり方や変化を見るのではなく、「ひと」、それ
も「ひとがつくる生活共同体」のあり方に目を向け、その社会・経済・国家との関
連を問うていく。

　第1章では、社会形成の基盤となる「家・家族・親族」を扱い、世界各地の多様
な家族とその時代による変化、そして変化を促した社会的要因、宗教的規定を含め
た家族とその成員の捉え方、財産権と相続から家族内での女性の地位と立場を明ら

かにする。第2章「社会的ヒエラルキーとジェンダー」では、ヒエラルキー的な社会制度におけるジェンダーの位置づけ、男女分離・隔離の理由とその帰結、宗教のもたらす影響、近代社会における女性・人種排除と統合への試みについて考察する。第3章「権力・政治体制とジェンダー」では、王権とジェンダー、女性による統治、さまざまな政治体制におけるジェンダーの位置を取りあげる。第4章「労働・教育・文化」では、男女の労働とその位置づけ、教育の目的・あり方と職業との関連、ジェンダーの表象について検討している。

2．本巻の特徴

　◆**比較**　取りあげる頻度に大きな違いがあるとは言え、本書は世界の全文明圏をカバーしているが、社会を扱う本巻では、とりわけその長所が発揮されている。その一例が比較項目の設定で、異なる文明圏のそれぞれの社会の特質が、家族や労働のあり方にどのような違いをもたらすのか、対比しながら読むことができる。とくに比較項目として設定されていない事項でも、それぞれの文明圏に独自な社会制度とジェンダーとの関係が比較可能になっている。個別の政治体制とジェンダーについては、これまでも論じられてきたが、本巻では、それらを並べて読むことができるので、体制間の違いが明確に浮かび上がってくる。またさまざまな宗教が家族・社会生活に及ぼす影響も、容易に比較して読み取ることができる。

　◆**イスラーム圏への着目**　本巻ではイスラーム圏に着目し、相対的に多くの頁数を割り当てている。その理由は第一に、日本では最近急速にイスラームに関する出版物の数が増加しているとは言え、ヨーロッパや東アジアに較べて未知の部分が多いため、イスラーム圏に関する偏見がまだ強いことである。女子中等教育が禁止されたアフガニスタンの例は原理主義に基づく極端なものであるが、イスラームは基本的に男性社会だと認識され、ヒジャーブで頭や身体を覆う姿は、イスラームのアイデンティティの表出というより女性抑圧の象徴とみなす見解はまだ根強い。それゆえ本巻では、イスラームのジェンダー把握を聖典の解釈による変化を含めて考察し、独自な女性の権利にも注目している。

　第二に、幅広い地域にわたるイスラーム圏は一括して捉えられがちであるが、地域ごとにその様相は異なっている。そのため、できるだけ地域を明示するよう配慮した。

　第三は、イスラームは、本巻の特徴である文明圏の比較にとって欠かせないことである。宗教が家族・社会生活に及ぼす影響を考察し、形成される諸制度とジェンダーとの関係を考察していく上で、イスラームは一つの重要な柱となる。

3．本巻から見えてくるもの

3-1　家族史研究の推移と家族の類型化

◆近代家族論の登場と女性・ジェンダー視点の導入　今から40年ほど前に、当時の
われわれがこれこそ「家族」だとみなし、歴史的に不変なものだと思われていた「家
族」が、たかだか200年あまりの歴史しかもたない「近代家族」だと喝破された。そ
の衝撃は非常に大きく、数多くの人文・社会科学の分野で家族の歴史に関する研究
があらたに開始され、近代家族に関する論争も活発に行われた。今や近代家族に関
する認識は学界に浸透し、現実の近代家族にも揺らぎの兆候が見えてきたことによっ
て、家族の歴史的変化は疑う余地のないものとなっている。

　近代家族論の誕生以前にも家族史研究はわずかながら存在したが、家族を単位と
した研究が中心で、家族の個別の成員やその関係には、あまり注目が払われなかっ
た。母性の歴史性や子どもの誕生を指摘した近代家族論は、家族内での成員の関係
やそれぞれの居場所や役割を重視し、家族史研究への女性・ジェンダー視点の導入
を可能にした。折しも同じ時期に欧米でフェミニズム的女性史が誕生したことが相
乗効果となり、家族史研究への女性・ジェンダー視点の導入が活発化した。

◆家族の多様性の指摘　家族の歴史性の指摘やジェンダー視点の導入は、それぞ
れの地域・時代＝それぞれの社会の家族の研究を促し、社会によって異なる多様な
家族像を明らかにしていった。家族の捉え方や成員間の関係と役割の歴史的変化、
父系制や双系制という家系の継続の仕方、家族と生産様式との関連、宗教の影響な
ど、家族の形態と内部生活を規定する要因は社会の違いによって、実にさまざまで
ある。近代以降は、近代化・現代化の進展具合による家族の変化や、外部世界、と
りわけ西洋をモデルとする近代家族の影響が各地に及んでいる。こうして形成され
た多様な家族や家族の変化に関する研究は、また逆の家族のあり方の社会形成に及
ぼす影響についても、今日、一定の蓄積をもつに至っている。

◆家族の類型化の可能性　本巻では、第1章の「家・家族・親族」という項目の
他にも、社会的ヒエラルキーや宗教の項目でも家族が扱われている。家族はこれま
で個別の社会の個別の家族としての研究が中心だったが、本巻の家族関連の項目を
総合することによって、家族の多様性のなかに一定のつながりを見つけることがで
きる。それにより、家族の類型化も可能になる。

　伝統社会では、時代による違いはあるが、中国、インド、イスラーム圏など厳格
に父系的な親族構造で家＝家族が継続された社会と、ヨーロッパ、日本、東南アジ

アなど緩やかな父系制ないし双系制が実施されていた社会が存在し、両者の間で家族のあり方は大きく異なっていた。厳格な父系制家族の第一の課題は家系の存続であり、嫡子としての息子の誕生が必須となるため、女性の貞節が重視され、女性の再婚は不面目とされた。女性のセクシュアリティの厳重な管理のために、イスラーム社会や儒教社会で、さらにヒンドゥー社会でも男女分離や男女隔離が行われ、女性の家外での活動は制限されたり、規制されたりした。古代アテネの民主制社会では宗教的規定性はなかったが、市民女性は市民身分の子どもの出産という責務を果たすために厳しい性的規範を課され、女性の活動領域は家内に限定された。

　これに対して父系家系の存続を絶対視しない日本、ヨーロッパ、東南アジアの伝統社会では、家＝家族は生産の基盤となる経営体で、労働および消費の共同体であった。そこでは家＝家族の経済基盤としての維持が優先され、性別による居場所と役割の分担は存在したが、女性も重要な生産労働力とみなされ、家内と家外の双方の領域で労働に従事した。性的規範は相対的に緩やかで、婚前交渉や家の経営体機能を維持するための寡婦の再婚も行われた。また経済基盤の安定化や家の存続のために婚養子を跡取りにしたり他人養子を迎えることもあった。

3-2　インターセクショナリティ

◆階層・人種・ジェンダーの交差　性支配の解明を中心的な課題とし、女性を一括して扱っていたフェミニズム的女性史研究とは異なり、ジェンダー研究は、同じ女性間の民族・人種や階層の違いに配慮するようになった。1990年代になると、ジェンダー、人種、民族、階級という相異なる社会的ヒエラルキー構造がどのように交錯・重なり・接合しながら、ある集団が周縁化されていくのかが、インターセクショナリティというキーワードを用いて研究されるようになった。

　3-1の家族の考察では、階層による家族の違いは考慮に入れず、父系家系の絶対視か経営体か、という観点からのみ家族を類型化した。しかし、父系家系の維持は、階層と密接に結びついている。古代アテネでは市民身分の維持、インドではヒンドゥー教と密接に結びついたカースト秩序維持のためのカースト内婚。カーストとジェンダーが有機的に結びつき（＝バラモン的家父長制）、セクシュアリティは父系継承とカースト集団再生産のための不可欠な資源と見なされて厳重に管理され、女性は従属的な地位におかれた。

　近世中国では身分制という社会的指標が撤廃された時、貞節というジェンダー規範の遵守がその家の社会的地位の標識として機能した。他方で、上層階層での妾の存在や女子の間引きによって生じた婚姻年齢女子の不足に直面していた下層では、

嫁や子どもを得るために、幼い少女を金で買い、一妻多夫の慣習さえ行われていた。

　興味深いのはイスラームの奴隷制である。奴隷は主人が完全に所有権を有する「もの」ではあったが、主人の許可があれば、商売や結婚ができた。自由人男性と自分の奴隷との間に生まれた子どもは、認知によって自由人になり、女奴隷が解放されて正妻になれる可能性があった。男性奴隷のなかには要職につくものさえいたし、女奴隷の子どもが権力者になることも稀ではなかった。他の地域の奴隷制とは異なり、奴隷身分は固定的なものではなかったのである。ただし、ここでもジェンダーが関係し、奴隷の所有者の多くは男性であり、また奴隷男性の子どもは奴隷にしかなれなかった。

　血の継承がジェンダー規範と結びつくのは異人種間でも同じで、アメリカの異人種間結婚禁止法（1967年廃止）やナチ体制下のアーリア人種と異人種との性関係禁止法のように、国家が直接にセクシュアリティの統制を行うこともあった。

　◆近代家族と階層・ジェンダー　　近代家族は、ヨーロッパ近代の黎明期に近代市民家族として誕生し、階層と緊密に結びついていた。最初に形成したのは、従来の都市身分の拘束を受けなかった都市在住の医師、弁護士、大学教授、官吏、芸術家、牧師などの教養市民層（専門家集団）や経済ブルジョアジーなどの上層ミドルクラスだった。身分制の下で政治参加はできないが、社会での彼らの発言権を増すべく、支配層である貴族に対抗し、彼ら独自の市民的価値観を形成した。また家族は経営体ではなくなっていたため、職業（公領域）と家庭（私領域）が分離され、情愛共同体としての新しい家族の形成が可能になった。家庭は市民的価値観の実践の舞台となった。彼らがその際、愛人関係の跋扈する官能的で堕落した存在とみなす貴族との対比において強調した価値観の一つが婚前の純潔であり、純潔は女性の守るべき最大の道徳とされた。彼らは家庭を道徳性の源と考えて重視し、道徳的な女性は家庭の守り手にふさわしいとされたのである。

　ミドルクラスが近代市民家族を形成した時期に、下層は、まったく異なる家族生活を送っていた。家族全員の労働によってようやく生計が維持できる下層では、女性は重要な労働力であった。婚前交渉は当たり前で、妊娠がわかって結婚する女性が多かった。19世紀後半になると、ミドルクラスは下層民の「非道徳的な」日常生活に関心を向け、自分たちが優越だとみなす市民的なジェンダー規範の浸透をめざした。ヨーロッパの労働者層が近代家族を形成できたのは、近代市民家族が形成されはじめてから100年以上後のことだった。労働者も、小市民的な生活様式の導入を、ステータスの上昇とみなして歓迎した。

3-3　近代化

◆ヨーロッパの近代化　18世紀後半から近代への離陸をはじめたヨーロッパでは、社会的要因によって人々の居場所が決まった身分制社会とは異なり、自然の性差観が浸透してジェンダーの社会への影響が強まった。フェミニストによって近代的家父長制と指摘された、「男は公＝仕事、女は私＝家庭」というジェンダー規範の成立である。また肌の色や頭蓋骨の形態による人種の分類が行われ、ヨーロッパの優位を確定させて、ヨーロッパ中心主義的な見方が支配的になった。文明／野蛮の図式が確立するのも、この時代である。

◆「文明化の使命」　19世紀後半以降、欧米列強の海外進出が進む過程で、「文明化の使命」の名のもとにヨーロッパ的な価値観が植民地や進出した国々に持ち込まれ、各地の「伝統」と衝突しながら、「野蛮」ないし「後進的」な慣習の変化を促していった。その象徴とされたのが、中国の纏足、インドのサティー（寡婦殉死）、イスラームのヴェールである。その際、キリスト教の女性伝道師や宣教師が慣習からの解放を働きかけるとともに、当地の男性知識人が賛同したり、国制改革の議題となったりして、当該地域でも廃止に向けた動きが活発化した。しかし、西洋化への反発も根強く、1829年のベンガル総督によるサティー禁止条例は「文明化の使命」の代表例とされているが、実際には国内の反発を危惧して、植民地当局は介入には慎重だった。イスラーム社会の抑圧の象徴とみなされていたヴェールは、女性の地位向上がテーマ化された20世紀になって着用しない女性が増えていたが、70年代以降のイスラーム復興のなかで自らのアイデンティティの象徴として身につけられるようになった。

　西洋文明の優位の指標となった近代家族の「良き妻・母像」は、19世紀後半の欧米では有能な子どもを育てられる母の育成のための女子教育論と結びついていた。明治啓蒙期の開明派知識人による賢母養成に向けた女子教育論は、その見解の反映である。植民地時代の朝鮮には日本経由で近代家族的な良妻賢母論が持ち込まれたが、それ以前からにすでにキリスト教の女性宣教使も、無知や因習から解放された新しい主婦・母のための女子教育を開始していた。他の諸国でも「正しく良き道への導き」を課題とするキリスト教関係者による女子教育は、ジェンダー規範の浸透に貢献した。（姫岡とし子）

第 1 章

家・家族・親族

> **1）概論**
>
> # 家・家族・親族

　◆**「家」「家族」「親族」という概念**　「家」「家族」「親族」をそれぞれ研究上の概念として一様に定義することは難しい。それらは社会学・歴史学・文化人類学など学術分野ごとにこれまでさまざまに論じられてきた。そもそも「家・イエ」という言葉自体、多様な家族・親族関係の一つである日本の伝統的家族・親族形態を示す日本語であり、概念として「家族」・「親族」と同質とは言えない。しかし、日本の「家」の属性とされる、構成員に非血縁の従属者（家臣・使用人等）を含み、財産や血統といった意味内容を持つ点では、ヨーロッパ前近代においても同様な「家」の存在が指摘されており、けっして日本独自のものではなく、比較可能な概念として有効である。一方「家族」という日本語自体は、近代以降に現在の意味で使用されるようになった言葉であり、それ以前では現在の「家族」集団を表す言葉はなく、父母・妻子・兄弟といった個別の関係が表記されるに過ぎなかった点は注目される。このような「家族」という言葉の歴史性は何を意味するのだろうか。それを考えるうえで、概念としての「家族」がどのように歴史的に捉えられてきたのかを見ることは手掛かりを与えてくれる。

　◆**「家族」の歴史的捉え方**　社会の単位としての家族・親族の在り方は、地球という空間の広がりにおいて現実に極めて多様であるが、自らの世界の外に自らと異なる家族・親族形態を発見した西欧人は、19世紀、その差異を時間軸に位置づけ、家族・親族の発展過程として捉えるようになった。社会進化論（社会ダーウィン主義）と呼ばれる考え方の一種である。未開から文明へという進歩史観という意味では、マルクス主義歴史学も同様な「家族」の進化を想定した。母系から父系へという捉え方や乱婚から単婚へという婚姻形態の変化といった概念を生み出し、日本の歴史学にも大きな影響を与えた。大家族・複合家族（複数の夫婦・子の世帯を含む家族）から単婚小家族へと家族の歴史的変化を捉える見方は、今でも一般的には根強いものがあると言えよう。

　しかし20世紀になって、多様な家族・親族の在り方の詳細が人類学者たちによって解明されると、太古の昔に想定された母系制や結婚形態・大家族といった考え方は強い批判にさらされるようになった。そして一組の夫婦と未婚の子から構成され

る家族、核家族が、どのような社会にも存在する社会の基本的単位として、普遍的なものであると主張されたのである。その際、家族は性や生殖、子の養育や社会化といった人間にとって基本的な機能を持つとされ、特に家族の感情的一体化が強調された。空間・時間を超えて、家族の本質は夫婦と未婚の子からなる感情で結ばれた最小集団にあるとされたのである。

◆**歴史人口学の成果**　以上の家族の捉え方の変化は、歴史性から普遍性へと、真逆の転換のようにみえるが、実は19世紀から20世紀半ば頃までの家族の在り方を前提とし、それを長い歴史時代における普遍的家族形態とみなす点ではそれほど差異はなかったのである。1960年代以降、この点を明らかにし、家族の真の歴史性を解明したのが、一つは史料の数量的分析に基づく歴史人口学・歴史社会学の実証的研究であり、もう一つが、家族間の心的関係にまで分け入って「近代家族」という概念を生み出した社会史研究である。前者イギリスにおける歴史人口学の成果は、家族の変化に関する従来のさまざまな通説、例えば世帯規模における大から小へという一方向的な変化を実証的に否定し、変化に関係する個々の社会的状況を具体的に明らかにする必要性を示した。日本でもこうした研究の影響下、大量に残存している江戸時代の宗門人別改帳の分析から、近世日本の家族について、早婚で離別・再婚が多く直系家族世帯の多い東北日本型、晩婚で生涯独身率が高く合同家族も多い西南日本型、やや晩婚で離別・再婚が比較的少なく核家族世帯の多い中央日本型の３地域分類を示すなど大きな成果が出された（Ⅰ-2-3-①参照）。

◆**パラダイム転換としての「近代家族」概念**　一方、後者社会史研究は、ジェンダー史の観点からいって極めて大きな家族の歴史のパラダイム転換を引き起こした。すなわち子供・母性など普遍性を疑われなかった存在が歴史的に形成されたことを解明し、これまで家族の本質とみなされていた要素が「近代家族」の特質であることを明らかにしたのである。日本の近代の幕開けにおいて「家族」というこれまでにない言葉・概念が生み出されたのも、当時の西欧の社会制度を導入するにあたって、この「家族」＝「近代家族」概念が必要不可欠であったためと理解でき、こうした状況は日本のみではなかったことも確認できる。さらに感情的絆で結ばれたという、「家族」（実は「近代家族」）において強調された特質は、「良妻賢母」という言葉を生み出し、近代のジェンダー規範の一つとして日本以外の東アジア世界にまで拡大していくことになる。すなわち「近代家族」は世界に広がり、「家族」の概念を形成して、それを過去に遡って普遍的な存在と見る素朴な受け止め方が急速に広がっていったのである。

◆**伝統家族の多様性とその形成要因**　「近代家族」以前の家族を「伝統家族」と呼
ぶなら、その形態・態様は多様であることが歴史学や社会学・文化人類学の諸研究
によって明らかにされてきた。父系制・双系（双方向）制・母系制、名前のつけ方、
内婚・外婚、婚資・持参金といった婚姻におけるさまざまな規範や儀礼、財産所有
や相続、祖先祭祀の在り方、男女隔離や性別分業の在り方、生産・労働、奴隷や使
用人・従属者との関係、離婚や養子の在り方など、極めて多様である。そうした多
様な要素の差異と共通性を分析すると、経営体としての家族、系譜継承のための家
族など、地域を超えた類型化を行い、伝統家族を分類することが可能である。また
日本の近世家族における3地域分類のように、婚姻・相続などの相違から一つの地
域をさらに地域分類することも行われている。それではこうした伝統家族の多様性
は自生的に生まれ、個別に展開を遂げてきたのだろうか。この点で個々の地域の伝
統家族がどのような条件の中で形成され、変容してきたのかを問うこともまた重要
と言えよう。その際、西欧から生まれた近代家族が世界に広がっていったことを考
慮するならば、第一に、伝統家族についても異なる地域間の影響関係に注目しなけ
ればならない。そして第二には、同じ地域のなかでの階層間の影響関係に注意する
必要があろう。

◆**地域・階層間の影響関係**　地域間の影響関係ということでは、事例として、日本
の家族・親族関係における中国の影響があげられる。家族・親族の在り方は、政治
制度などと異なって最も変化を受けにくい部分であり、律令制を導入した古代日本
においても、家族・親族関係に関わる戸令の規定は、唐令とはかなり異なっている
ことが指摘されている。にもかかわらず父系制社会を基盤にした中国官僚制の導入
が双系的な性格を根強く有していた日本社会にとって、父系的性格を強める起点に
なったことは間違いない。一方で中国官僚制とは異なり、律令制導入以前の社会の
規定性から日本の官位・官職の継承は血筋が重視され、家族・親族が官職と財産を
一体的に継承する主体となっていった。そうしたなかで実務官人を中心に官職の家
業化が起こり、やがては公家・武家含め広く家業・家産・家名を代々継承する経営
体としての日本の家が形成されていくのである。さらに庶民にまでこうした家が形
成された江戸時代、儒学者たちは儒教道徳を説いたが、日本では家とは家業の継続
を追求する経営体だったから、家業への夫婦の一体的協力のために男女隔離は行わ
れず、異姓養子も容認するなど、結局本来の中国での儒教の教えとはかなり異なる
形でしか受容されなかったことが指摘されている。つまり日本の伝統家族の在り方
は、先進的規範としての中国の影響を受けながらも、固有な条件との融合のなかで、

中国とは異なる形へと展開を遂げていったことを示している。同様な関係はその他の地域でもみられる（II-2-4-④参照）。

　第二の階層間の影響関係については、社会的上位集団の家族形態や関係するさまざまな規範が、下位集団でもモデル化され拡大することが考えられる。例えば日本の祖先祭祀の在り方や中国における男女隔離の手段としての纏足などは、上位集団の家族関係・男女関係の象徴として、自発的に模倣され社会に広がった可能性がある。一方でインドにおけるバラモン的価値観は、イギリス植民地政府の統治方針のもと、固有の宗教的・慣習的先例であるかのようにまとめられた「アングロ＝ヒンドゥー法」が契機の一つとなって広く共有されるようになったと指摘されている。このようにモデル化・規範化の契機として権力的要素が入る場合は多く単純ではない。

◆**宗教・生業・生存条件と伝統家族**　以上、伝統家族の多様性は、何が先進モデルとして受容され、その影響を受ける側がどのような固有の条件にあったか、その複雑な組み合わせの中で生成・展開されてきたと考えたが、影響関係の強弱を決定する要因にはどのようなものがあるのだろうか。まず宗教は伝統家族の在り方を規定する大きな要素と言えるが、家族関係を律する規範を明確に定めているか否かは宗教によって差異がある。イスラームのように明文化された法を有する宗教は、解釈の差異は大きいにしても、家族関係を秩序立てる規範としてより大きな影響力を持つと言えよう。また中国のように、宗教とは必ずしもいえない儒教でも、家族関係に関する明文化された規範があり、さらに律令のような確たる法の世界が存在する場合は、それらの法・規範は内外に大きな影響を与えた。婚姻や相続について慣習しか存在しなかった古代日本の社会が受けた律令のインパクトは、ずっと下った中世の人々にまで、規範と実態・慣習の差異として意識され続けたのである。同様にキリスト教も規範としての影響力は強いと言えるが、仏教は家族を律する宗教としての性格は弱い。なお宗教以外にも、近代家族が都市の官僚層や専門職層に適合的な家族形態として生まれ、近代化とともにそうした層の地域を超えた広がりのなかで拡大していったことを考えるなら、伝統家族においても、生業と家族形態の適合性を考慮しなければならないであろう。また、多産多死から少産少死へと指摘されている医療・衛生等の生存条件の変化も、家族形態の多様性と種々の影響関係を決定づける変数として重要と考えられる。（久留島典子）

▶**参考文献**
落合恵美子編（2015）『徳川日本の家族と地域性─歴史人口学との対話』
渡辺浩（2021）『明治革命・性・文明─政治思想史の冒険』

2) 家族・親族と前近代（伝統）社会

①結婚から考える親族制度の多様性

📖 I－1－2－③, I－コラム㉑　🔍【読】世1－3, 世3－1

◆**結婚とは何か**　結婚という言葉を聞くと、恋愛結婚、そして当事者の同意を当たり前のことと考えるようになっている。しかし、前近代の社会はもちろんとして、世界の一部地域では今日でもこのような結婚観は通じない。結婚は当事者2人ではなく、妻側と夫側という双方の親族が主導的な役割を果たす問題であり、親族制度と不可分な関係にある。世界中の多様な民族を調査研究してきた社会人類学の立場から結婚と親族制度の関係を考えていこう。結婚の定義としてまず挙がるのは性関係の社会的承認と子どもの嫡出性である。つまり、正式に結婚した夫婦には継続的な性関係が認められ、さらに2人の間に産まれた子どもは嫡出子として社会的に承認されることになる。しかし、人類学者がこれまで世界中で調査してきた社会のなかには例外的な事例も存在し、結婚の定義は容易ではない。

◆**ナーヤルの母系社会**　南インドのナーヤル社会にかつて存在し、19世紀の植民地期に大きく変容した母系家族の事例は、結婚を定義しようとする人類学者を悩ませてきた。ナーヤルでは男性が女性のもとで夜を過ごすのが一般的であった。婚姻儀礼によって結ばれた男性（儀礼上の夫）が存在するが、その男性が女性が住む家屋に継続的に通うのではない。別の男性（場合によっては複数）が女性のもとに通うようになる。さらに、女性が産んだ子どもに対して、どの男性も私たちが考えるような父親としての責任と役割を果たさないのである。子どもを産んだ女性の兄弟が、子どもの母方オジとして「父親」のような役割を果たすことになる。このような男女の関係性は結婚の定義を困難にするだけでなく、夫婦と未婚の子どもから成る核家族という概念の普遍性も否定することになった。

◆**近親婚の禁止**　このように結婚という制度自体は多様であるが、誰と結婚できるか、できないかに関する規則は普遍的に存在する。例えば日本の民法734条では「直系血族又は三親等内の傍系血族」との結婚が禁止されている。オジ・オバとの結婚は禁止されるが、イトコとの結婚は可能である。このような近親婚の禁止と密接に結びついているのがインセストである。一般に「近親相姦」という訳語が使われるように、親と子、兄弟姉妹間というような近親間の性関係を指す概念であり、現

代世界では普遍的にインセストは禁じられている。ただし、歴史資料から古代エジプトやインカ、ハワイの王族層で特権的に近親婚が許容されていたことが明らかになる。インセスト・タブーという言葉は、これが単なる社会的な規範ではなく、宗教的禁忌とも結びついた概念であることを示している。性関係が禁止されるということは、当然、結婚も禁止される。ただし、社会によっては、ある親族集団内で結婚は禁止されるが、性関係はある程度許容されるという場合もあり、性関係の禁止と結婚の禁止を同一視することはできない。

◆**内婚と外婚**　結婚可能な範囲について内婚と外婚という用語が使われる。ある範囲内で結婚すべきという規定が内婚である。一般的に親族集団内の婚姻が好まれる事例は少ない。ただし、西アジアと北アフリカには内婚を実践する民族が見られる。ティヨンの研究によれば、とくに北アフリカのマグリブ地域に住むアマジグ語系民族では内婚が選好される。男性にとって父方平行イトコ、すなわち父方オジ（父親の兄弟）の娘との結婚が理想とされる。このような極端な内婚制を求める理由は、財産の分散を避けることであり、またよそ者の血が混じることによって高貴さが失われないようにするためと説明される。

　ある範囲内で結婚することを禁止し、その外に配偶者を求めるべきと規定するのが外婚である。人類学では、一般的に父系親族集団、例えば氏族（クラン）は外婚単位であり、他の氏族の成員との間で結婚すべきとする規範が世界中で報告されている。例えば韓国では姓と本貫（始祖の居住地）を同じくする「同姓同本」が外婚単位であり、その内部での結婚は法律で禁止されていた。族譜で調べない限り分からないような遠い親族関係にある男女の結婚を禁止するのは人権無視だという声が高まり、2005年の民法改正で結婚が認められるようになった。

◆**レヴィ＝ストロースの縁組理論**　フランスの人類学者レヴィ＝ストロースによれば、インセストの禁忌は自然から文化への移行を示すものであり、ある集団内で男性と女性との性関係を禁止することによって、その女性を異なる集団の男性と結婚させる、つまり外婚を命じることになる。結婚は集団と集団の間の女性の交換を意味するものであり、それは集団間の縁組関係（alliance）を生み出すことになる。このような考えは人類学の親族と結婚の研究に縁組理論という形で大きな影響を与えることになった。『親族の基本構造』の初版序文で、レヴィ＝ストロースは基本構造と複合構造という区別を打ち出している。特定の型の「イトコ」を結婚相手として規定しているのが基本構造で、一方、インセストの範囲外で、経済的機構や心理的機構（愛情など）に基づいて配偶者を選択するのが複合構造である。基本構造は複合

構造と比べたら圧倒的に少数の社会でしか実践されていない。日本や欧米社会の結婚だけでなく、すでに取り上げたマグリブの平行イトコ婚も複合構造のなかに含まれる。

◆インドネシア東部スンバ島の母方交叉イトコ婚　基本構造は一般交換と限定交換（集団間の姉妹交換）に分けることができる。ここではスンバ島の事例を使って「母方交叉イトコ」との結婚を規定する一般交換に絞って説明する。スンバでは共通の始祖をもつ父系親族集団が社会的に重要な役割を果たしている。母方交叉イトコ婚では、単純化していえば男性は母方オジの娘（母方交叉イトコ）との結婚が規定される。一方、男性にとって同じ親族集団内の女性との結婚は絶対に禁止される（内婚禁止）。それだけでなく父親の姉妹や自己の実の姉妹の嫁いだ先の集団など「妻の受け手」に属する女性も結婚できないカテゴリーの女性となる。このような結婚規則を厳密に守る結果、男性の属する親族集団からみて、「妻の与え手」→自己の集団→「妻の受け手」という女性の一方向の流れができる。これこそレヴィ＝ストロースが提起した一般交換の根幹である。スンバ人にとって、このように女性が集団間に創り出すネットワークは生命力の流れとみなされている。

◆婚資の交換と父系制　スンバ社会では慣習に従い夫側と妻側の間で婚資の交換が行われ、初めて婚姻は正当なものとなる。婚姻儀礼において、夫側（妻の受け手）は馬・水牛と金属の装飾品を妻側に贈り、それと交換に妻側（妻の与え手）は、豚と布・織物を夫側に贈るのである。このような婚資のやり取りが慣習で定められているため、スンバ社会の結婚には当事者の男女だけでなく、双方の親と親族の思惑と経済力が大きく関わってくる。仮に男性側が婚資を支払うことができなかった場合、その男性は妻方に住むことになり、産まれた子どもは妻方の親族集団の成員となる。スンバ社会は父系制を理念としているが、実際に子どもの成員権は父子の血縁関係ではなく婚資によって決まることになる。

　婚資の支払いが子どもの所属に関わるのは、インドネシアのスンバ社会だけでなく、エヴァンズ＝プリチャードというイギリスの人類学者の調査で有名になったヌアー（現在の南スーダンに住む民族）などアフリカの多くの民族でも認められることである。ヌアー社会では婚資の牛さえ支払えば、女性でも「夫」として女性と結婚でき、その「妻」が内縁関係にある男性（他民族出身者もありうる）との間に産んだ子どもの社会的父（pater）になることができる。さらに、弟が死んだ兄の名前で婚資を支払い、兄の代理人となって女性と結婚するという死霊結婚も制度化されている。この場合、すでに亡くなっている兄が、一緒に暮らす男女の間に産まれた子の社会

的父となる。このように父系制とみなされてきた社会のなかでも、実際に女性の妊娠に関わった生物学的父（genitor）ではなく婚資の支払いによって決まる社会的父が重要な役割を果たすことがある。

　◆母系制と父系制　母系制と父系制の他に単一の系にこだわらないで母方父方双方とのつながりを重んじる双方的（双系的）な社会が存在するが、ここでは単系に焦点を当てる。最初に取り上げたナーヤルなど母系社会では、出産という事実が母親と子どもとの社会的なつながりを確定し、母子関係を中軸として社会が構成される。ただし、母系制であっても母権制（女性が親族集団内で支配的な権威を有する制度）ではなく、女性の兄弟または母方オジという男性が親族集団内で中心的な役割を果たすことに注意すべきである。一方、父系制では父子関係を確定させるためには何らかの社会的装置が必要になる。現代社会で可能になった遺伝子検査でもしない限り、もともと父親と子どもの血縁関係は曖昧なものである（日本の民法でも父子関係について嫡出推定という考えがある）。そのため、スンバ社会やヌアー社会のように、生物学的な関係を問題にしないで、婚資の支払いによって正当に結婚した女性の子どもが嫡出子になるという制度が父系社会の一部で認められる。

　◆支配者層の父系制　不確定性を伴う父子関係に対して、世界各地で皇帝や王など支配者が編み出した装置の一つが後宮制度である。特定の支配者以外は男性が立ち入ることが許されない後宮（江戸幕府の大奥やオスマン帝国のハレムなど）を創り出すことによって（中国では去勢された宦官だけ認められる）、支配者が後宮内の女性に産ませた子どもは自分の子だと確証することができた。制度上、生物学的父と社会的父を一致させ、継承者との父系的関係を担保することを可能にした。後宮制度は少し極端な例であるが、父系的で家父長的な性格が強い親族制度において、妻も含め女性一般に対する性的な管理が厳しくなる傾向がある。（小池誠）

▶参考文献
E.E. エヴァンズ＝プリチャード（長島信弘・向井元子訳）(1985)『ヌアー族の親族と結婚』
小池誠（2005)『東インドネシアの家社会——スンバの親族と儀礼』
ジェルメーヌ・ティヨン（宮治美江子訳）(2012)『イトコたちの共和国——地中海社会の親族関係と女性の抑圧』
クロード・レヴィ＝ストロース（福井和美訳）(2000)『親族の基本構造』

| 問い | 現代の日本とインドネシアのスンバでは、結婚に関する規則がどのように違っているのか。両者を比較して考えてみよう。 |

2) 家族・親族と前近代（伝統）社会

②中国の家族・親族

📖 Ⅰ−2−2−④, Ⅱ−1−6−④　🔍【読】世1−3, 世7−3, 世14−3, 世15−3

◆**父系血統をつなぐ家族**　中国の伝統社会における家族とはどのようなものだったのか。地域や時代によって、あるいは階層によって、状況は多様なのだが、ここでは明清時代の漢族の家族について、前後の変化にも留意しながら述べる。

　中国の伝統家族の研究を行った滋賀秀三は、中国の「家 jia」とは父系の血統を代々つないでゆくものであり、日本の「家イエ」が経営体であるのとは大きく異なっている、と喝破した。父系血統を同じくする人たちは同姓の同族で、姓は父から受け継ぐアイデンティティの根幹とされる。イトコの中でも、父方の伯叔父の子のみが同姓の同族であり、異姓である母方イトコや父の姉妹の子とは区別される。

　伝世文献によれば、漢族社会の家族は紀元前の殷代以来、父系を基本としていたことは疑いなさそうである。しかしながら、古代の父系制は後の時代ほど強固なものではなく、例えば漢代には、母系血縁者をも「同族」とみなすような感覚があり、その後の中国社会で徐々に「父系化」が進んでいった。

◆**上層の家と下層の家**　中国の家族規模は、「五口之家」という語が示すように5人程度が一般的であり、一部の富裕層のみが大家族であった。

　大家族であった場合、その家族構造は、各世代の兄弟が妻子とともに一つの家に「同居共財」で暮らす複合家族であり、各世代1人の子を残して分家してゆく直系家族ではない。中国の「分家」は複合家族が「家を分ける」ことになった時に起こる。その際は、契約書を書いて兄弟の間で家の財産を厳格に均分する。ただし、妻の持参財産は夫婦の固有財産として、家の共同財産とは別のものとされていた。分家の理由には家族内の不和などがあるが、妻たちはともすれば夫をそそのかして分家させようとするので、しっかり妻をコントロールせよ、と説く家訓もある。

　伝統中国の婚姻は、男性の家から女性の家へ相当な聘金（婚資）を入れるのが、正式な結婚を成立させる要件だった。女性の家からの持参財産は任意で、貧しい階層ではないことも多かった。父系の家族構造では、息子と異なって血筋を繋げない娘は軽視され、ともすれば「溺女」と呼ばれる女の赤ん坊の間引きが見られた。子供を育てるのが困難な貧しい人々だけでなく、女児の嫁入り支度の負担を慮った豊か

な階層も溺女を行った。その結果、伝統中国の人口は男性が女性より多いのが常であった。さらに富裕層が妾を持つと、妻を持てない貧しい男性が大量に発生した。

　正規の結婚の難しい貧しい男性などが、幼い少女を安い聘金で嫁とする童養媳という慣習は広い地方で見られた。さらに下層の男性は、子供を得るために一定期間他人の妻を借りたり、複数人で妻を持ったりすることもあった。妻からすると複数の夫がいるわけで、こうした下層の習慣を、ソマーは polyandry（一妻多夫）と表現し、上層の1人の男性が妻や妾を複数持つ polygamy の状態と対比させている。

　◆女系のつながり　父系が基本である明清中国の家族でも、女性たちのつながりも小さくない意味をもっていた。常州は長江下流の江南デルタの都市だが、女性たちの文化水準が高く、女の子を大切にすることでも知られており、妻方居住婚も稀ではなかった。ここに本拠のあった張家は書香の家と呼ばれる科挙の合格者を出してきた知識人の家系だが、19世紀の地方官であった張綺は4人の娘たちに高い教育を授け、彼女たちは夫や子供たちとともに張家で暮らしていた。長女の張緝英は詩人として、三女の張綸英は書家として作品を残して名が知られ、一家は19世紀の常州の文化の結節点の一つとなっていた。張家の例は、父系社会の中での女性たちの活動の可能性や母系ネットワークの意味を考えさせる。近世の中国、とりわけ江南は、世界でも最も豊かな地域の一つで高い文化が栄えたが、女性たちも間違いなくその一翼を担っていたのである。

　◆現代中国の家族　中華人民共和国の成立後まもなく、家族改革が行われて男尊女卑の儒教的家族構造は大きく変革された。男女平等・結婚離婚の自由を基本に、封建的とされた習慣は強力なキャンペーンで廃絶が図られ、結婚の際の夫家からの聘金も売買婚と批判されてなくなった。しかし社会主義の一世代を経て改革開放政策による経済発展が進む現在、結婚の際には男性側が住居を用意するという習慣が、貧しい男性の結婚を困難にしている。さらに一人っ子政策の中で出生性比が大きく偏って「男余り」であることが男性の結婚難を助長しているのは、明清時代の状況の再現のようにも見える。とはいえ、都市の一人娘にたくさんの教育投資がなされるようになったなど、これまでにはない現象も見える、中国の家族が今後さらにどのように変化してゆくのかは、まだまだ予断を許さない。（小浜正子）

▶参考文献

滋賀秀三（1967）『中国家族法の原理』
下倉渉（2018）「父系化する家族」小浜等編『中国ジェンダー史研究入門』
Matthew H. Sommer (2015) *Polyandry and wife-selling in Qing dynasty China: survival strategies and judicial interventions*
スーザン・マン（近刊）『張家の才女たち』

2）家族・親族と前近代（伝統）社会

③西アジアの家族・親族

📖 Ⅰ－コラム⑪, Ⅱ－1－5－②, Ⅱ－1－6－①, Ⅱ－2－4－③　🔍【読】世5－2, 世12－3

◆**イスラーム以前：アラブの家族システムの起源**　歴史人口学者のトッドによれば、アラブ地域を中心とした西アジアは強固な内婚制を特徴とする。メソポタミアとエジプトという二大文明の発祥地である西アジアでは、さまざまな文明が興隆した。強固な内婚制は、アラブ遊牧民がメソポタミア由来の強い父系制を受け継ぎ、内婚慣行をもつエジプト・ギリシアの影響を受けて「発明」したのだという。その典型が、彼が「アラブ風内婚」と呼ぶ父方平行イトコ婚、つまり父方のオジの子どもとの婚姻である。この慣行がイスラーム成立以後に継承され、イスラーム化とともに西アジア全域に普及していったとされる。

　他方、人類学者のティヨンは、新石器時代に形成された農耕・牧畜・定住を基盤とする地中海農耕文化に、イトコ婚に象徴される内婚制の起源があると主張する。ティヨンによれば、採集狩猟経済を主とした旧石器時代の外婚制（「義兄弟の共和国」）にかわり、新石器時代には生産力の保持と相続による財産の分散を防ぐために内婚制（「イトコたちの共和国」）と女性隔離の慣習が地中海地域に生まれた。

◆**イスラーム成立以後の親族とジェンダー**　一夫多妻婚や男性による一方的な離婚なども、イスラーム成立以前から存在する慣習である。クルアーンに記述があることから、こうした慣習はイスラームと結びつけて議論されることが多いが、その歴史的・政治的な文脈に注意を払う必要がある。多くの世界宗教と同様に、イスラームは社会変革を目指す運動として生まれ、その理念は男女の区別なく平等を掲げていた。しかし、現実の歴史においては、父系制、男女の支配・従属関係が固定化されていくこととなった。それはイスラーム法体系が制度化されていくなかで、婚姻や相続において父系親族に特権が付与されていった歴史にみてとることができる。

◆**19世紀から20世紀前半の世帯**　ドゥーマーニーの研究によれば、19世紀半ばのカイロやイスタンブル、20世紀初頭のダマスカスなどの都市では、上流階層や商人層、農村有力者層において、拡大家族ないし複合家族（joint family household, multiple-family household）が広くみられた。家父長である父親夫婦と複数の息子夫婦からなり、奴隷や使用人も含めてときには60人以上の世帯員からなる大所帯の家族

である。そこでは年長の家父長が性と年齢によって成員を支配した。ダマスカスには複合家族が多く、複合家族は19世紀半ばのイスタンブルやカイロでは世帯の3割であったのに対して、20世紀初頭のダマスカスにおける世帯の8割を占めた。幼児婚はとくに都市でみられ、19世紀半ばのカイロでは男子は10代後半、女子は10代前半で結婚していたとの推計がある。一夫多妻婚は上流階層や農村有力者層において行われた。また、家内奴隷も上流階層において重要な家族成員であった。女性奴隷は家事や育児を担ったほか、妾として主人の子どもを産んで正妻になることがあった。

　◆近代家族の形成　19世紀後半から20世紀前半にかけて、上流階層における近代的教育や新聞雑誌などの活字印刷メディアの発達を通して、核家族的な価値観が形成された。19世紀の知識人たちは、西洋列強による植民地化に直面し社会の「文明化」を提唱したが、その一つが社会を担う子どもを育てる場としての夫婦を軸とした家族の形成であった。イスラーム法における婚姻は性交渉の対価として妻に対する夫の扶養を義務としており、家事の負担は必ずしも妻の義務ではなかった。親子関係においてもそれぞれの権利義務は一対一の関係で規定された。夫婦とその子どもを一つの単位とする家族観は、19世紀から20世紀初頭に形成された家族観は新しいものであった。

　◆現代の親族のつながりとイトコ婚　近代家族観の浸透、賃金雇用や近代的な教育の普及、死亡率の減少といった社会経済的な変化に伴い、複合家族は、20世紀中葉までにはみられなくなった。現代の西アジアにおける世帯の大部分は、農村においても核家族である。他方、親族の絆が現在も強いことは、冒頭で述べたイトコ婚が現在も一定の割合を占めていることに示される。都市化、女性の教育水準向上などによって結婚相手の選択肢が広がればイトコ婚は減少すると予測されたが、今もアラブ地域を中心とした西アジアに多い。イトコ婚は婚資が安くなる、財産の散逸を防ぐことができるといった経済的な便益、親族の情緒的な絆、姑と嫁の良好な関係を保ちやすいといった理由が考えられる。(岩崎えり奈)

▶参考文献
ジェルメーヌ・ティヨン（宮治美江子訳）(2012)『イトコたちの共和国　地中海社会の親族関係と女性の抑圧』
エマニュエル・トッド（石崎晴己監訳）(2016)『家族システムの起源Ⅰユーラシア　下』
Beshara Doumani (ed.) (2003) *Family history in the Middle East: household, property, and gender*

2）家族・親族と前近代（伝統）社会

④東南アジアの家族・親族

📖 Ⅱ−1−3−④, Ⅱ−3−2−③　🔍【読】世6−10, 世8−2

◆多様性と流動性　おそらく先史時代から近現代まで一貫して人の移動が活発であり、民族や宗教も多様な東南アジアでは、ジェンダーや家族・婚姻などのありかたも多様かつ流動的である。大陸部の山地民などで明瞭な父系制の集団がある一方で、イスラーム化したスマトラ島のミナンカバウ人などを含めて母系制社会が散在する（ただし政治・軍事は母系氏族の長老男性か入り婿が握るのが普通か）。平野部の伝統社会は一般に双系的で、近代以前に「姓」の観念をもたない場合も多く、財産は男女を問わない分割相続が原則であった。「近代家族」と違って家族・親族は私的領域にとどまらない役割をもつが、そこでは個人の役割や性行動の自由度が高く、男女の役割は互換的な部分が目立つ（異性装など性的な越境や、性的少数派にも比較的寛容だったとされる）。軍事や農作業の一部などどうしても男にしかできない力仕事以外は、何でも女がするし、家事やケアを男性が担うことも珍しくない。女性隔離は支配階級の一部に限られた。女性も一定の法的権利や社会的役割・経済力をもち、離婚や再婚も容易だった。家族の基本は夫婦と未婚の子どもからなる核家族（単婚小家族）である。祖先崇拝の観念はあるがそれほど強くはなく、氏族結合や客観的な出自・系譜より、個々人から見た家族や父方・母方や夫方・妻方等の親戚のつながりが大事なので、父方や母方の祖先のうちだれをどう祀るかは選択的である（系譜より自分から見たつながりが大事なのだから「双系制」でなく「双方制」と呼ぶべきだという学説もある）。

◆近代家族と家父長制の構築　第3巻「アジアの海域交易」でも紹介する通り、東南アジア社会は外来の人や文化を常に受け入れてきた。そこでも女性が、交易のカウンターパートや「一時結婚をする現地妻」など、多くの役割を担った。ただし大航海時代以降の対外交流の拡大や文字文化の垂直・水平両方向の拡大によって、それぞれの世界宗教の経典に忠実な信仰実践が一般化すると、東アジアや西アジアほど徹底的ではないにせよ、女性が公的な信仰の場から排除される傾向が、徐々に強まったとされる。ベトナムでは、儒教化する国家と村落社会に対し、女性が仏教に頼る傾向が顕在化した。上座部仏教圏やイスラーム圏・カトリック圏でも、女性祭祀者や霊能者の多くは、「民間信仰」に押し込められることになった。

　植民地支配下での「近代文明」の経験と、そこからの独立戦争や植民地体制から出発せざるを得なかった独立後の国民国家形成は、「近代家族」モデルの導入を含め、男性により多くの機会を与えるものだった。イギリスの非公式帝国として独立を維持したシャム（タイ）が、19世紀後半以降に王室の一夫多妻制をフル活用した男性王族主導の近代国家体制を構築する一方で、西洋式の姓名を含む近代家族モデルの導入を進めた事実などが、東南アジア男性たちの「主体性」を物語る。そして20世紀末の経済成長以後には、「圧縮された近代」がはっきり姿を現している。「女性も外で稼げねば生きていけない貧困状態」からの脱出に成功した新中間層の一部では、女性を家の中にとどめる「第一の近代」（Ⅱ-1-3-④参照）や「イスラーム社会」のジェンダー規範に自己同化しようとする人々と、「第二の近代」（Ⅱ-1-3-④参照）の新しい思想を受け入れる人々が入り乱れているように見える。

　◆女性の地位をめぐる論争　近世史を中心に、英語圏の東南アジア研究を牽引してきたアンソニー・リードは、近世の世界宗教や近代のピューリタン的・ブルジョワ的家族モデル（近代家族）の影響にもかかわらず、前近代から現在に至るまで女性の地位が比較的高いことを、他の地域と東南アジアを区別する最大の特徴の一つと論じている。第1巻「東南アジアの人口とジェンダー」でも見たとおり、ジェンダー格差指数を見ると、たしかに東南アジア諸国は、一貫してアジアで最上位のフィリピンだけでなく、ムスリムが多いインドネシア・マレーシアや、儒教文化圏に属するベトナムを含めて、東アジア諸国よりはっきり上位に位置する。もっとも、その順位を押し上げているのはもっぱら経済である。女性の政治指導者の出現（Ⅱ-3-2-③も見よ）など一部に例外が見られるものの、政治・教育や健康については、全体にジェンダー格差が小さいとは言えない。白人男性であるリードの上記のような理解に対しても、同じ近世史のバーバラ・アンダヤをはじめ、女性のライフサイクルや労働、リプロダクションなどに着目した批判がおこなわれている。万事が流動的で制度的安定性を欠く東南アジア社会で、女性が「男性に頼らずに自立して生きることを強制されていた」しんどさにも目を向けるべきなのだろう。（桃木至朗）

▶参考文献

桃木至朗ほか編（2008）『新版　東南アジアを知る事典』
アンソニー・リード（太田淳ほか訳）（2021）『世界史のなかの東南アジア　歴史を変える交差路（上下）』
弘末雅士（2022）『海の東南アジア史──港市・女性・外来者』

> **問い**　東南アジア諸国のジェンダー格差指数は、なぜ東アジア・南アジア諸国よりも好成績なのだろう。歴史的・社会的な背景を整理してみよう。

⑤前近代ヨーロッパの家族・親族

📖 Ⅱ－2－2－①、Ⅱ－3－2－④ 🔍【読】世6－5、世8－1

◆**家族という概念の問題** 「家族」という概念は身近なものであるため、どの時代でも普遍的なものだったと思ってしまいがちだが、それには注意が必要である。我々が抱く家族のイメージはあくまでも「近代家族」のそれであり、前近代にはあてはまらない。古代・中世・近世では家族は現代とは異なった把握がなされていた。家族概念に家産も含まれるとされた時代もあり、また家族構成員には血縁者だけではなく、奉公人や非自由人（奴隷）などを含むと考えられた時代もあった。

◆**近世の「世帯」研究の成果** 社会史研究の興隆にともなって、ヨーロッパ諸国では家族史研究も盛んに行われるようになったが、対象とする時代によって研究手法が異なっていた。近世史分野ではラスレットを筆頭とするケンブリッジ・グループが主に農民の世帯に対して統計的分析を行い、前近代世帯の四類型（西欧型、西・中欧型、地中海型、東欧型）仮説を唱えた。彼らの研究成果によって、前近代の家族（世帯）は大規模な多核世帯で家長とその後継者である長男が中心であるというかつてのイメージが覆された。それに触発されてヨーロッパ各地でさまざまな実証研究が行われ、上述の仮説はさらに修正され補完されていった。

◆**中世の「家門」研究の成果** これに対して中世史分野では、遺言書や系図や系譜史料などをもとに主に貴族の親族関係や家門が研究対象とされた。とくにフランスでは、封建貴族である領主層の親族集団の研究が、マルク・ブロックやジョルジュ・デュビーらによって精力的に行われた。それらの研究成果によれば、貴族の親族関係は、1000年頃までは男系・女系の双方をともに含む共系的（双系的）なものであったが、それ以降は父系的な親族関係に基づく家門（封土や自由所有地などへの支配が長男から長男へと非分割で継承する純粋に男系の親族集団）がはっきりと姿を現した。当時ヨーロッパ各地で割拠する貴族たちが居城を中心に土着化し領域支配権を確立していったが、それにつれて支配権が分割されずに長男に代々世襲される制度が形成された。その目的は富と地位が分散されずに永続的に継承されることだった。こうして長男の系統を中核にした父系親族集団である家門が姿を現した。家門の名称として、土地（居城のある場所などその集団にとって重要な場所）の名に前置詞を冠した姓の

使用や紋章が普及し、系図や系譜や家門史が作成された。しかしこれ以降も共系（双系）の親族関係も残り、父系的家門を補完しつづけた。女性を媒介とする姻族、母方親族との関係が、貴族の家門相互の連帯を作り出した。確かに父系的家門は集団としての一体性を保ったが、姻族との関係も、婚姻による妻の実家の財産の移転や社会的地位の上昇（妻方親族の方が地位が高い場合）や継承（妻の親族から官職などを受け継ぐ場合）などによって重要な意味をもった。

　なお、封建制が根づいたフランスやドイツとは異なり、都市社会が発展したイタリアでは、各コムーネ（自治都市国家）の市民の親族関係が、カタスト（租税徴収のために作成された戸別財産査定記録簿）や有力商人家族の「覚書」をもとに明らかにされたが、ここでもまた男系中心の原理が顕著だったことがわかる。

　◆娘・妻の財産　前近代の家族に関する法のルールや慣習は、実際のところ地域によって多様であり、近代国家のもとでの制度のようには統一的ではなかった。財産承継や夫婦財産制もヨーロッパ各地で驚くほど多種多様である。例えばフランスやドイツの封建領主の家門では長子単独相続制が確立したが、イタリア諸都市ではローマ法の影響もあって分割相続制が一般的だった。ただし、これは全嫡出男子に限定され、次第に女子は相続から排除されていった。その代わりに娘たちは結婚の際に父または父方親族から嫁資（動産・不動産・金銭など）を与えられた。都市の上層市民の間ではこの額が高騰していった。婚姻後は夫が嫁資を管理することになっており（商人として投資に利用する者もいた）、夫が先に死亡した場合は妻が返還請求することができた。夫婦財産制に関しても、財産共通制（夫婦で財産を合有する）や財産併合制（不動産の所有権は夫婦別々）を主としてこれらのさまざまな変形が存在した。（阪上眞千子）

中世貴族の系譜図の一例　貴族の家門成立に伴い、各家門は自らの家系の古さや高貴さを誇るためにこのような樹木になぞらえた系図（系統樹）を作らせた。これは12世紀のアウラのエッケハルトによる「年代記」の中に描かれたカロリング家の家系図で、中心にカール大帝が置かれ、そこから上にヴェルダン条約で分かれた三つの系統が伸びている。下にいる人物はともに先祖であるアルヌルフ（左）とベッガ（右）。

▶参考文献
ジョルジュ・デュビー（篠田勝英訳）（1984）『中世の結婚：騎士・女性・司祭』
ジョルジュ・デュビーほか（福井憲彦・松本雅弘訳）（1993）『愛と結婚とセクシュアリテの歴史（増補）』
前川和也編著（1993）『家族・世帯・家門―工業化以前の世界から』

2）家族・親族と前近代（伝統）社会

⑥日本の家族・親族

📖 Ⅱ−1−4−①, Ⅱ−1−4−②, Ⅱ−1−4−④, Ⅱ−1−6−⑤　🔍【読】日4−4, 日6−2

◆父系制の成立時期　日本の家族・親族研究は、父系制の成立時期とそれ以前の家族・親族の結合原理の性格規定を一つの焦点として進められた。背景には、高群逸枝が平安時代を中心とする膨大な文献史料の分析から主張した、妻方居住の母系家族形成である招婿婚から、家父長による夫方居住の嫁取婚へという婚姻史学説が存在した。しかし古代の家族・親族関係に関する1970年代以前の通説は、3世紀以降の古墳時代は中国史書の倭の記述から一夫多妻の家父長制家族であり、律令制導入以降の戸籍・計帳は家父長制古代家族の実態を示すというものであった。考古学でも弥生時代中期以降は既に父系制社会との見解が主流であった。

◆古代の親族結合原理　しかしその後文献史学で史料の読み直しが進み、親族名称や相続法、後述する「氏」の系譜研究などから、奈良時代までは双系制社会であり、8世紀の戸籍は必ずしも実態とはいえず擬制的要素が多いこと、中国史書の記述も、家父長制的な中国の家族・親族観に基づく歪みがあるとの学説が注目されるようになってきた。これを受け、考古学でも人骨の詳細な分析によって古墳被葬者の性別・親族関係が検討された結果、古墳に合葬されたのは基本的に兄弟姉妹で、そのなかには経産婦も含まれること、夫婦の合葬は6世紀以降になることなどが指摘された。現在では、古代の家族・親族の結合原理は母系や父系ではなく、基本的に双系的との見方が共通理解となっている。しかし父系への変化の画期については諸説あり、例えば考古学では、縄文・弥生・古墳時代各々に父系制成立の画期を置く論が並立する状態で、首長制を父系的とみなす論者は多く、戸籍・計帳の史料的性格についてもいまだ議論は継続している。

◆中世的「家」の成立過程　日本の家族・親族研究のもう一つの焦点は、近世にほぼすべての階層で広く存在するとされる、家産・家業・家名・祖先祭祀の継承を特徴とする日本の「家」が、いつ、どのように成立してきたかという点である。特に古代の家族・親族集団から中世的「家」が成立してくる過程が多くの論者によって問題にされた。その際、家族や「家」の指標として、高群が主張した婚姻・居住形態ばかりでなく、経営体としての自立性や、継承の持続性が重要な要素であること

が指摘された。古代における家父長制家族の一般的存在が否定されるなか、血縁集団として支配者層のみに形成された政治的族的組織である「氏」の、5世紀後半から9世紀にわたる展開課程が検討され、9世紀に「氏」が転化した父系出自集団から、貴族層に「家」が成立してくる過程が跡付けられた。上級官職を継承保持する別居・別財の父子が、次第に経営的にも結合を強めていった結果、11世紀末には、父系直系的に継承される「家」が、生活共同体・家領（家産）・官職（家業）を一体化した永続的組織として形成されるとしたのである。さらに、この「氏」から「家」へという変化の過程をより緻密に検討し、嫡子によって父子継承されていく嫡系継承原理を中世的「家」成立の指標として重視し、その貴族層における一般化を13世紀後半から14世紀とする見解もある。

　◆武士の家族・親族関係　以上の家族・親族研究は史料が豊富な中央の貴族層を中心に進められたが、地方の武士層では、古代末期以来一門・一族・一家といったさまざまな族的集団が武士団を構成し、従来それらは家父長制家族・親族集団とみなされていた。また惣領制概念で捉えられた鎌倉幕府御家人の一族関係も、従来は家父長制一族結合と理解されていた。しかし惣領の権限とは、家族内における父母の強い親権と分割相続制を前提とした、幕府の役負担における庶子への統率権限が中心だから、必ずしも家父長的なものとは言えない。むしろ御家人では、御成敗式目（1232年制定）をはじめ鎌倉前期の多数の文書にみえるように、女性地頭の存在も特別ではなく、女性も所領を有するなど相続から排除されていなかった。また夫婦別財の武家では、女性所領は婚姻で夫の支配下に入ることはなく、また他人である夫から譲与された所領もとり戻されることは原則なかったので、女性は自らの所領を子・孫はもちろん、養子をとって継承させることもできた（「女人養子事」式目23条）。親族関係でも女性を介した縁が重視された❶。

　◆武士の「家」の変化　このように鎌倉時代前期では、女子も含めた分割相続が行われていた武士層だが、モンゴル襲来後の防備のために、幕府は九州地方の御家人に対して当面女子への譲与を禁止するなど（追加法596条）、軍事力強化の観点から女性所領の制限を始める。またこの頃から、上級権力の圧力のみならず、武士自体の側でも、分割相続をやめて、親が定めた嫡子が単独で所領を継承する嫡子単独相続を指定する譲状が増えていく。また庶子や女子に対して所領が譲られた場合も、その死後は嫡子への返却を指定するようになる（一期分）。こうして13世紀後半から15世紀にかけて、御家人をはじめとする武士層においても家産（所領）・家業（武士として主人に仕える）を代々父系直系的に継承する「家」が拡大していった。

◆**庶民層の「家」の形成**　11世紀以降の中世土地台帳上で、年貢・公事負担者（百姓）として記載されたのは原則男性名であることから、庶民層では武士より早く家父長制家族が成立したとする説もある。しかしこの階層で、家産・家業がどこまで持続的安定的に継承されていたのか確認することは難しく、武士層と同様、親権の強い双系的親族関係を持ちながらも、経済的な基盤が弱いために、より脆弱で流動的な家族・親族関係が想定できる。こうした庶民層でも15世紀になると、近畿地方の惣村や京都の町の史料から、家産（土地や生産道具、店などの施設等）・家業（農業・商業・職人の業等）、そして村・町の構成員としての身分等が親から子へと継承されていく事例が明確に確認できるようになる。この傾向は16世紀には他の地域を含め一層拡大していくので、庶民層では、中世後期になってから家父長制家族である「家」が徐々に形成されてくると考えられる。

◆**日本前近代の「家」の特徴**　近世には家産・家業そして家名と祖先祭祀を直系的に父子継承する家父長制的な「家」が、ほぼすべての階層に形成され、社会を構成する基本的な単位になるとされる。その特徴は、①婚姻と血縁関係を基本とする同居集団・生活組織、②双系的要素を持つ、③所有主体であり、生産機能を持つ経営体、④永続的社会組織、とまとめられる。このうち①は多くの地域・時代に当てはまる家や家族の定義だが、②③④はそうとは言えない。②は家の継承者が、父系出自集団出身者に限られないという意味で、そもそも日本では父系出自集団という意識が薄く、集団内での婚姻規制も無い。男子のいない家の継承者である養子は、一般的には父系一族に限定されず母系でもよいとされ、一族以外の婿養子や夫婦養子さえも許容される。③は農家や商家などに典型的で、村や都市の共同体がこうした生活・生産組織である家を基本構成単位として、永続的に成立していることから、家は④社会組織と言える。さらに武家・公家の場合は、天皇や将軍、藩主の家との主従関係を世代を超えて形成して家の存続を図り、家と家の関係が政治的・権力的構造そのものであるなど、家はまさに社会組織の核と言える。①〜④の特徴自体は家父長制を必ずしも前提とはしないが、朝廷の家父長制的官職体系導入以降、それに準じる武家の主従関係、さらには村や都市の共同体も男を正式構成員とする形で編成されたため、社会組織である個々の家は原則男を代表者・継承者とし、家において家父長制が成立・強化されていったのである。

◆**明治民法の家制度と前近代の「家」**　1898年に制定公布された明治民法の家制度は、前近代の「家」がそのまま継承されたものとは言えない。古代律令法を除けば、日本において家族を詳しく規定した法は存在せず、実際には時代・地域・階層等に

よってさまざまな婚姻や家族形態が存在した。そのことは民法制定にあたって行われた旧慣行の調査（長森敬斐等編『民事慣例類集』司法省刊、1877年等）がよく示している。明治民法の家制度はこうした多様な慣行を無視し、戸籍と法律婚主義を導入して、男が優先的に継承する戸主に対して強い権限を付与した新たな制度として形成された。家族は戸主とその同居親族および配偶者に限られたが、これは使用人などを含んでいた近世の家族の認識とはまったく異なる。この定義の上に、家族は戸主の家の名（「氏」、苗字に相当）を称すると規定されたが、これは江戸時代の夫婦がしばしば異なる苗字で公的記録にも記載されていたことからみると、けっして伝統とは言えない❷。子は父の家に入る、妻は夫の家に入る、夫は妻の財産を管理する、妻は法的行為者としては無能力といった規定も、新たに法律が夫権を強化したものである。また婚姻については異性婚と一夫一婦制という西洋的規範が導入されたが、一方で妾は広く存在していた。

◆**新民法下の家族・親族**　第二次世界大戦後に公布された日本国憲法のもとで、民法の改正が行われ、明治民法の家制度は廃止されたと言われる。しかし戸主が戸籍筆頭者と名称変更され、親族を含む大家族を否定して核家族に再編されたというものの、戸籍制度は存続した。例えば婚姻によって新たな戸籍を編成した場合、同じ氏（姓・苗字）を称することが強制されるのは、家制度の名残と言える。こうした家制度に起因する男女差別・婚外子差別等は意識・制度両面において現在もさまざまな形で残されており、これら家族・親族関係のうえでの差別の撤廃が喫緊の課題である。（久留島典子）

---

❶ 鎌倉幕府追加法140条（1240年）（『中世法制史料集第一巻鎌倉幕府法』岩波書店）
「一　評定時退座すべき親類事　祖父母　父母　子孫　兄弟〈姉妹〉智　舅　相舅　伯叔父　甥　小舅　従父兄弟　夫〈妻訴訟之時退座すべき也〉　烏帽子子」＊舅（あいやけ、智の親と嫁の親との間柄）

　▶解説　鎌倉幕府の評定の時、退座すべき親族の範囲を規定した条文。父母・子孫など血族のみならず、智・舅など姻族も広く親族に含め、婚姻を通じて水平的に拡がる複数一族間の関係も「親類」とみなされた。双系的な家族・親族関係を残しているといえる。

❷ 民法732条（1898年）
「戸主ノ親族ニシテ其家ニ在ル者及ヒ其配偶者ハ之ヲ家族トス」、746条「戸主及ヒ家族ハ其家ノ氏ヲ称ス」

　▶解説　「家族」を規定した唯一の法である明治民法の家族同姓観は、現在の民法にも継承されている。

▶**参考文献**
橋本憲三編（1966-67）『高群逸枝全集』
義江明子編（2002）『親族と祖先（日本家族史論集7）』
同『婚姻と家族・親族（日本家族史論集8）』

コラム① 高麗王室の婚姻

高麗（918-1392年）王室の婚姻の特徴として、最も顕著なものをあげるならば、王権がおかれた政治的状況によって国王（および王太子）の婚姻対象が変化したこと、そして王室男女が長いあいだ族内婚を継続したことであろう。

◆**高麗の「王室」**　高麗では、王子および王女の夫には公・侯・伯の爵号が与えられ、爵号に地名を冠するのが通例であった。またその息子や女婿には、司徒・司空の名誉職が授けられた。彼らは実務を伴う官職にはつかないこととされていた。まず、このように王の孫世代までが、王室の構成員として扱われたと言える。ただし例えば王孫が王女と結婚した場合、その子はまた司徒・司空を授けられたから、父系では三世孫以下であっても、母系によって王室の待遇を維持することは可能であった。

◆**国初の婚姻**　歴代の国王の婚姻対象の変遷についてみると、まず建国の祖、王建の多妻妾ぶりが特筆される。婚姻を通じて各地の豪族、有力者との関係を強化しようとしたからであり、その中には都開城に隣接する貞州の豪族柳氏、新羅の五小京（地方統治のために設定された五つの特殊行政地域）の一つ中原京が置かれていた忠州の劉氏、平壌に隣接し北方の要地であった黄州の豪族皇甫氏の娘たちが含まれた。また太祖の重臣王規や、後百済の甄萱の婿であったが内通して王建の半島統一に協力した朴英規の娘たち、そして新羅の最後の王、敬順王の従姉妹なども戦略的に重要な婚姻相手であった。『高麗史』后妃伝に記載された王建の妻・妾は実に29名にのぼる。

一方でこのことは、太祖の王子たちの間の王位継承争いを苛烈にした。結局、劉氏所生の王堯（3代定宗）が太祖の従弟王式廉と手を組み、娘の生んだ広州院君を擁立しようとしていた王規を誅殺して王位についた。そのあとを堯の同母弟である昭（4代光宗）が継ぎ、劉氏系が優位に立ったが、さらなる王権の安定と血筋の差別化が必要とされた。この時期、太祖の子・孫——特に太祖妃のうち劉氏と皇甫氏、および柳氏を母系とする子・孫——の間で何重にも婚姻関係が結ばれている。

◆**顕宗～仁宗朝と外戚貴族**　こうした族内婚で生まれた、父系・母系双方で太祖につながる王族の男子は、8代顕宗を最後に途絶えた。顕宗は不義の子であり、幼くして両親を失ったうえ、父方の従姉であり母方の伯母でもある献哀王太后皇甫氏に命を狙われ、苦難のすえ王位についた。おまけに即位直後に契丹の大規模侵攻をうけて南遷を余儀なくされるなど、治世の序盤まで困難続きであった。彼は即位時に6代成宗の王女2人と結婚し、さらに支援勢力を幅広く求めて貴族出身女性と多く婚姻関係を結んだ。これ以降、17代仁宗までは、族内婚が継続されながらも、婚姻の対象が広く貴族女性に開かれることになり、結果的に王族出身后妃との間には王子が生まれず、貴族出身后妃所生の王子が王位を継承していった。

おおむね11世紀初めから12世紀前葉までのこの時期は、貴族家門が国王の外戚の立場を長期間継続していた、高麗王朝においては比較的珍しい時期と言えるだろう。顕宗に3人の娘を嫁がせ9代徳宗・10代靖宗・11代文宗の外祖父となった金殷傅、文宗にやはり娘3人を嫁がせ12代順宗・13代宣宗・15代粛宗の外祖父となった李子淵が代表的な例である。特に李子淵の子・孫はさらに王室との婚姻を重ねたが、なかでも孫の資謙は、16代睿宗に次女を嫁がせ、その所生である17代仁宗にさらに三女・四女（仁宗にとっては叔母）を嫁がせた。仁宗の外祖父・舅となった李資謙は、いっとき人臣の枠を超えた礼遇を受け、従前の外戚とは一線を画する権力を行使するに至った。

◆**毅宗～元宗の族内婚**　資謙は、ついには外孫であり自ら養育した仁宗と対立し、1126年に李資謙の乱とよばれる大乱で失脚する。乱によって王権が多大なダメージを受けると、外戚勢力への警戒からか、以降は、ほぼ王族との婚姻にかたよるようになった。仁宗の子女（共睿太后任氏所生）の場合、後に王となる3人の王子（18代毅宗・19代明宗・20代神宗）はみな王室の江陵公温の娘と、また長女も温の長男と結婚しており、王温家との結びつきが目立つ。ちなみに温の父は文宗王子の朝鮮公燾（李子淵次女の賢妃李氏所生）、母は李子淵の長男頲の娘で、李子淵家門と関係が深い。李資謙の乱以後も、李子淵の後孫がみな排除されたわけではなかった。

これ以降の各代の王子女の婚姻相手も、王室の

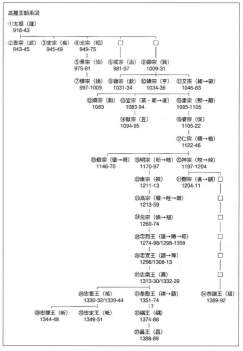

なかのいくつかの家系——具体的には文宗の同母弟である平壌公基の後孫を中心とした家系——に集中する傾向がみられる。特に興味深いのは、これらの家系が王女の嫁ぎ先となり、そこに生まれた娘が次代以降の王の王妃になるというパターンが反復されていることである。

国初以来、王女（賤妾の所生は除く）の結婚相手はほぼ王室男性に限定され、確認できる例外は、太祖の長女楽浪公主が新羅敬順王に、熙宗の三女徳昌宮主が崔忠献の息子永嘉侯瑀に嫁した事例のみである。王子の場合は王室女性のみならず貴族女性との結婚もみられるのに対し、王女の婚姻対象はもともと非常に限定的であったから、李資謙の乱以降のこうした王室婚姻を大きな変化というのは当たらないかもしれない。しかし武人政権によってたびたび王の廃立がなされたこの時期において、王女の王室内婚姻が王統の保全に強く作用していた可能性は考えられる。

◆**元公主の降嫁と族内婚への干渉**　モンゴルとの抗戦に終止符を打ち、元帝国の傘下に入ると、高麗は皇女の降嫁を願い出て、25代忠烈王は世祖クビライの娘と婚姻した。以降、代々の高麗王は元帝室の女性を王妃として迎え、このことは元帝国内における高麗の地位を高めたが、王位継承に元の介入を招く一因となった。そしてまた、長く続いた高麗王室の族内婚の終結も求められることとなった。1275（忠烈王元）年、高麗はさっそくクビライから王室の同姓婚を非難されている。ところが、王室族内婚の廃止にはよほど抵抗感があったようで、忠烈王はむしろ1289年に王室の西原侯瑛の娘を世子（後の忠宣王・母は王妃忽都魯掲里迷失（クトゥルケルミシュ））と結婚させたほか、王女2人（母は王室始安公綑の娘）もそれぞれ王室の斉安公淑と漢陽公儇に嫁がせた。結局、1308年には、忠宣王が王室の同姓禁婚を定めるとともに、王室男女と通婚可能な異姓の家門を選定し、元の意向に従うこととした。実際に、これ以降しばらく王室の族内婚の事例はみえなくなる。

◆**王室族内婚の復活**　この措置によっていったん廃絶したかにみえた高麗の王室族内婚は、31代恭愍王代に復活する。1351年に即位した恭愍王は、高麗からの元勢力の駆逐をはかり、明が建国されるとすぐに冊封を受け、反元政策を推進した王である。彼は仲の良かった王妃宝塔失里（ブッダシュリ）が死亡すると、1366年には王室の徳豊君義（平壌公基の後孫。「君」は主に元服属期以降に用いられた爵号）の娘を側室としてむかえて益妃とし、ふたたび族内婚を行っている。さらに、高麗最後の王恭譲王も、長女を王室益川君緝（平壌公基の後孫）に嫁がせており、王女の婚姻においても、元の影響力の減退とともに族内婚の伝統が復活しているさまをみることができる。すでに元公主との婚姻も代を重ねているこの時期の王室族内婚が、かつてのように王氏の血統の差別化や保全を意味するものであるのか、議論が必要かもしれない。とはいえ、政治体制の大きな変化を幾度も経験しながらも、王朝のほとんどの時期において王室族内婚が継続されたことは、たしかに特徴的と言えよう。
（豊島悠果）

▶**参考文献**
鄭容淑（1988）『高麗王室族内婚研究』
豊島悠果（2018）「高麗時代における后妃の政治的権力」『唐代史研究』21

田中俊明編（2008）『朝鮮の歴史』中の高麗王系図

3) 公私のあり方と近代家族

①公私のあり方

📖 Ⅱ-2-2-①、Ⅱ-2-5-①、Ⅱ-2-5-⑤　🔍【読】世9-1、世10-1

◆**王権**　フランスのブルボン王朝で、王妃マリー・アントワネットの着替えを担当する衣装係の貴族女性の序列が担当するパートによって決まるなど、王家の日常生活は権威の発揚と結びついた政治の世界であった。政略結婚がつねであったヨーロッパの王室では、多くの既婚女性が富と権力を入手するために競って王の寵愛を受け、フランスのように愛人が公式の役職とされているところもあった。ルイ15世の愛人だったポンパドゥール夫人が政治や外交に深く関わったように、寝室で国家の行方が決まることもあった。王の愛人たちが強い発言権をもてたのは、王権国家の行財政と国王の家政が分離していない公私非分離のゆえであった。王妃や愛人たちの豪華な衣装や宝飾代、住居の増改築や賭博の掛金にまで、莫大な国庫金が支出され、財政の悪化につながった。

◆**前近代の公私未分離な生活様式**　近代以前の身分制社会では、人々は近代のように個人単位ではなく、家＝家族の成員として家単位で把握されていた。この家は、一方では経済活動を行い、他方で子どもの出産・養育・教育という機能を果たしていた。家は生産の単位であり、同時に消費共同体でもあった。裕福な家には生産資源に乏しい家族の子どもたちが奉公人として居住し、彼らには相続権はないけれども、家族の成員として生活を共にし、家の経済活動に参加していた。構成員には、家長（家父）、主婦（家母）、子ども、奉公人（下男・下女）として家族内での役割と地位が割り当てられた。家長は家を経営し、生産に従事した。日常生活の差配は主婦が行ったが、彼女は夫の経営を助けて生産労働にも従事した。食糧確保のために収穫期に貯蔵し、年間を通じて分配することも生産に匹敵する重要な労働だった。家族の衣服を整えるための糸紡ぎや機織、石鹸・ロウソク作りなども主婦の役割だった。家事労働と生産労働、さらに生産と消費は厳格には区別できなかったのである。子どもは年齢に応じて労働に従事し、奉公人と同列に扱われることもあった。住居は通常の家族はもちろん、裕福な家でも居住空間と仕事場が区別されておらず、家畜小屋が一つ屋根の下に設けられていることもあって、プライベートな空間と言えるものではなかった。

◆**国家と共同体の日常生活への介入**　伝統社会の家＝家族は、国家の末端の政治的・行政的な単位として国家の構成要素であり、公的秩序を形成する、と捉えられていた。それゆえ国家は家族生活の内部に介入し、夫婦間の関係、親子関係、主人と奉公人の関係といった家族内の人間関係や服装など、細部にいたるまで定め、規制した。例えば後世にはプライベートな事柄となった授乳に関して、プロイセン一般ラント法（1794年）には、「健康な母親は自ら子に授乳しなければならない」、「授乳期間は父親が決定する」と定められている。父親が決定するのは、家父長制による家・母性の管理者だからであった。家父は、公的秩序を遵守させる役割を担っていたのである。

　近代以前の社会では、住民の大多数を占めた農民は農村で、商人や手工業者は都市で生活し、それぞれ家＝家族単位で村落共同体か都市共同体に所属していた。都市の市民身分をもつ家は、都市の城壁内で居住し、市民権（＝営業権）が与えられていた。共同体での取り決めには家長が代表して出席したが、家長が不在の場合には、家母が代理で参加することができた。共同体は夫婦関係や家族内のトラブル、結婚相手の選択、性と生殖など日常生活のさまざまな側面に積極的に介入した。子どもの出産は、生産と並ぶ家＝家族が果たすべき重要な役割だったので、近代では秘め事となる性と生殖は共同体の強い関心事となり、自発的に監視・制裁された。当事者の家の前で群衆が鍋や釜をたたいて大きな音をたてるシャリバリは、ルールを逸脱した行いに対する制裁手段の一つであった。婚前の性行為は認められていたが、妊娠させた男性には、相手の女性と結婚するよう共同体が圧力をかけた。工業化の初期に都市で結婚につながると考えて性交・妊娠した女性には、もはや共同体の監視は届かず、婚外子の数が増加することになった。

◆**あらたな市民層の登場と公私の分離**　18世紀後半にフリードリヒ2世（大王）（在位1740-1786年）が啓蒙専制君主として国家官吏の数を増大させたプロイセンなどで、市民権（＝営業権）をもたずに都市に居住する人々が登場した。啓蒙の時代には、国家官吏の他にも、医師、大学教授、法律家、牧師、芸術家や作家など、公共的な職や専門職につく教養ある人々の数が著しく増えた。またマニファクチャーを営む工業家や遠隔地貿易に携わる商人なども台頭した。こうした経済ブルジョアジーや教養市民層（専門家集団）は、従来の都市の市民身分とは異なり都市共同体の規制を受けない新しい市民層（ミドルクラス）を形成した。

　彼らは啓蒙の受け手・担い手となり、旧来の支配層である貴族とは異なる、独自な市民的価値観と生活様式を実践する。贅沢で享楽・官能にふけり、退廃・堕落し

てお世辞や偽りが横行するとみなした貴族と自らを差異化して、市民層は質素で勤勉、慎み深く、家族への愛情にあふれた率直・誠実な生活をするという道徳性を重視したのである。そのなかで家族生活はこうした市民的道徳の実践の舞台となり、公の世界とは区別される親密でプライベートな「私の世界」とみなされ、公私が分離されるようになった。

　出自によって地位が決まる貴族とは異なり、市民層は個人の能力と業績を重視し、従来の家経済とは異なる家外の公の世界での労働によって経済的報酬や社会的名声を得ようとした。また市民層は身分制の下では政治参加はできなかったが、政治や社会のあり方について活発に議論する公共圏を作りだし、将来の市民社会形成に向けて発言権を強めていった。この公共圏には当初、読書活動をはじめ女性も参加していたが、「学識ある女性」とその家庭生活への悪影響といった批判がなされ、次第に女性排除の風潮が強まった。

　◆性別役割分担の形成　公私が分離していった時期は、自然の性差論（Ⅱ-2-5-①）の構築や生産と消費の区別の時期と重なり、男女の「本質的な相違」による「適正」把握によって、男性には生産に従事する公領域、女性には私領域＝家族が割り当てられて、性別役割分担が形成された。とはいえ、19世紀への転換期という過渡期の時代には、弁護士や医師などはもちろん、官吏や大学教授でさえ、仕事の一部が家庭で行われ、男性も子どもの教育など、家庭での役割に多くの時間を割いていた。また女性は菜園労働を行って家族の食糧を生産したり、その生産物を1年中食べられるように加工したりと、生産と消費が明確に区別できない労働に従事していた。19世紀が進み、市場経済が発達するにつれて、商品調達は容易になり、女性たちが行っていた家事労働から生産の要素が消え、もっぱら消費のための労働となった。男性が家庭で仕事をする機会も減少し、子どもの教育は妻が担当するようになって、公私の境界線は明確になっていった。

　◆公私二元的ジェンダー秩序と社会編成　公私の区別が実態として不明瞭だった時期にも、理念的には厳格に区分され、公＝男性／私＝女性という公私二元的ジェンダー秩序に基づいて近代の市民社会が編成されていく。その出発点となったフランス革命によって市民は政治の主人公に躍り出たが、家庭といういう私を領分とする女性は市民権の範疇には含められなかった。生計維持は男性の役割であり、専門職も男性の専有領域で、前提となる高等教育を受けられない女性は門前払いであった。ただし、近代の初期にはジェンダーとともに階層も社会編成の原理となり、参政権は多くの場合、有産層に限定されていた。

　公私二元的ジェンダー秩序やジェンダー規範は一般的なものとされてはいたが、制度化されている場合は除いて、実生活では容易に浸透しなかった。夫婦ともに働かないと生活が成り立たない下層民や農民の場合、妻が家庭に専念できる余裕はなく、そもそも親密な私空間は存在していなかった。19世紀末になって、ようやく労働者層にジェンダー規範を浸透させて「良き家族」を形成させようとする動きが本格化したのである。ただし、女性は家庭という規範によって、女性労働者は労働力として二流の評価しか受けることができなかった。

　◆私的領域と法　19世紀以降に作成された近代の民法典では、公私二元的ジェンダー秩序に則り、男性優位の家父長制を基盤とし、主婦婚モデルが採用されている。ナポレオン法典では妻は法的に「無能力」とみなされ、夫の後見を受け、単独で法廷に立てず、自分の財産も自由に処分できなかった。プロイセン一般国法典の改訂議論に影響を及ぼした啓蒙哲学者フィヒテは、「人間の自由」という近代市民社会の理念に立脚しながら、妻は女性にのみ備わる本能的で自発的な愛で自らの性格を捨て、夫に服従し、財産も市民権もすべて夫に委ねるとした。1896年に施行されたドイツ民法典では、婚姻時に持参した、あるいは婚姻中に取得した妻の財産は夫の管理・収益に服すると定められた。また、妻の就業には夫の許可が必要とされた。

　婚姻は愛情に基づく自然的倫理的結合という市民的理論に則った民法典では、婚姻の承認・解消といった外枠は定めたが、国家は私＝プライベートな空間とみなす家族の内部関係には立ち入らなかった。それゆえ家庭内暴力なども、規制の対象にはならなかった。婚外子については、父性確定訴訟が禁じられたり、母親は親権ももてなくなるなど、差別が強化された。

　◆公私二元的ジェンダー秩序の問い直し　19世紀後半には女性の公的領域からの排除に対する異議申し立ての声があがり、19世紀末から第二次世界大戦後にかけて、ほとんどの国で女性の公の世界での活動を正式に承認する男女平等の法律が施行された。にもかかわらず女性は家庭というジェンダー規範は存続し、女性の就業に否定的な作用を及ぼした。1960年代末からの第二波フェミニズム運動は、女らしさの神話の解体や性別役割分担の撤廃を唱え、公私二元的ジェンダー秩序の止揚に向けた動きが活発化する。ドイツでは、1970年代に「夫の妻の就業への許可」など戦前から存続していた民法典の家父長的条項が削除され、80年代以降、女性の就業促進や決定機構への参加、男性の家事・育児への参加や働き方改革など、あらたなジェンダー秩序を構築する政策が導入されていった。（姫岡とし子）

3）公私のあり方と近代家族

②ヨーロッパの近代家族

📖 Ⅱ-1-3-①, Ⅱ-1-3-④, Ⅱ-2-5-①　🔍【読】世10-1, 世10-11

◆**近代家族論の誕生**　非歴史的なものだと思われてきた「血縁と情愛」を基盤とする家族は、1970年代に人々の意識のあり方に注目する心性（マンタリテ）史研究者によって歴史化されていった。小さく不完全な大人だった子どもが慈しまれる存在に変わって「子どもが誕生」し、近代に家族が子ども中心に再編成されたと主張したアリエス。情愛的個人主義という文化が強くなり、親族や共同体の影響が衰退して家族の閉鎖性や家族成員相互の強い情緒的関係が生じたというストーン。資本主義的市場経済の登場によって個人主義や愛情という心性が生まれ、伝統社会の束縛から解放されたロマンティックな男女関係や生活水準の向上による母性愛が出現したと指摘したショーターなど。彼は母性愛を近代的なものとして肯定的に捉えたが、フェミニストの歴史研究者は、「女性は家庭」という性役割の要因となった母性愛本能説を終焉させるために、母親の子どもへの接し方や母性観の歴史を読み解いていった。こうした諸研究によって、我々が自然だと考えていた家族はまだ250年あまりの歴史しかもたない「近代家族」だとされたのである。

◆**近代家族は近代市民家族**　血縁と情愛で結ばれた家族が形成されるには、共同体に代表される外的な規制からの解放、家族が生産の場ではなくプライベート（私）の空間となることによる閉鎖性と親密性の獲得、女性の生産役割からの解放による家庭への専念が前提となった。これらの条件を満たして、19世紀への転換期に新しい家族を形成できたのは、通商の活発化や工業化によって台頭してきた経済ブルジョアジーや官吏・法律家・医師など大学教育を受けた教養市民層（専門家集団）という市民層（ミドルクラス）だった。

　近代市民家族の形成はキリスト教の信仰とも深く結びつき、イギリスでは道徳重視の福音主義の影響が強かった。上流の貴族やジェントリーとは異なるミドルクラスの男らしさとして、信仰心、労働（＝業績）、家庭重視（家族を治め支える）が重視され、女らしさの要は依存性であった。これはキリスト教的な女性の従属性につながるものであり、敬虔な妻や母としての家族への奉仕が求められた。それは、自らのセクシュアリティゆえにイブが犯した罪からの救済を意味していた。性別役割分担に基づく近代市民家族の形成は、品格ある（リスペクタブルな）市民的価値観、ミ

ドルクラス文化の具現であり、ミドルクラスの形成と不可分に連関しながら、また、この時期に台頭してきた「自然の性差」論とも組み合わさりながら進行した。

◆労働者層における近代家族の形成　19世紀の後半にいたるまで、貧困と隣合わせの生活をよぎなくされ、一家総出で長時間働いて生計を立てていた労働者など下層民は、ミドルクラスとはまったく異なる家族生活を送っていた。狭くて雑然とした住居に、独身労働者が下宿人として同居することもあり、プライバシーの擁護という観念は存在しない「半ば開けっぴろげ」の家族だった。性は「秘め事」にはなりようがなく、娘たちの婚前交渉は当然視されていて、妊娠が結婚の動機となることが多かった。

　こうした状況を問題視した市民層は、女性労働者に家事能力や妻としての徳を身につけさせ、「良き家庭」が形成できるよう、家政教育を行なった。20世紀への転換期には、労働時間の短縮や賃金上昇、下宿人の減少などによって、親密な家族生活を送れる基盤が整ってきた。労働者の間でも「専業主婦がいて子どもに囲まれる快適な家庭」への憧れが強まり、労働者政党も家族の連帯感を強めて女性や子どもの支持を獲得できるよう、日常生活の物心両面での向上のために尽力した。労働者は快適な住空間作りや子どもの教育に関心を寄せ、家族生活を小市民的なものへと近づけていった。20世紀当初から普及した産児制限による子ども数の低下も、就業する主婦の負担軽減と子どもの教育を含む生活レベルの向上の後押しをした。

◆近代家族の黄金時代と家族観の変遷　20世紀初頭に「近代市民家族」の範疇から「市民」が抜け落ち、家族は「近代家族」という概念で一括できるようになった。1920年代には市民層の象徴だった家事使用人が家族から姿を消し、電気製品が普及して主婦自ら家事を行なった。戦後の1950年代から60年代にかけては近代家族の黄金期で家族はもっとも平準化した。女性は20代前半の若い時に結婚して専業主婦になるという規範が定着し、性関係も婚姻に限定された。

　1960年代後半から婚姻外の性交渉が実践され、60年代末の学生運動と70年代のフェミニズム運動によって性別役割分担に基づく制度的婚姻が批判された。婚姻外同居や意識的に子どもをもたないカップルが登場し、近代家族規範の転換点となった。家族の多様化・個人化が進み、90年代にはモデル化された家族人生を描くことはできなくなった。一体としての家族より「個人の集合体」という性格が強まり、異なる世代がお互いに責任を引き受ける親密圏となったのである。(姫岡とし子)

▶参考文献

姫岡とし子(2008)『ヨーロッパの家族史』
レオノーア・ダヴィドフ，キャサリン・ホール(山口みどりほか訳)(2019)『家族の命運』

3）公私のあり方と近代家族

③朝鮮における良妻賢母論

📖 Ⅱ−1−3−②, Ⅱ−4−3−①

◆19世紀末から20世紀初頭における良妻賢母論の登場　1876年の開国以来、「近代化」という大きな波が朝鮮に押し寄せてきた。従来の社会秩序を打破しようとする人々の意識が高まってゆき、朝鮮政府も開化政策を打ち出していく中、女性の役割に関する新しい考えが、1890年代から1900年代にかけて登場した。それは、主にアメリカや日本に留学して近代学問に接した男性知識人たちの議論（女子教育論など）の中から提示された。

　朝鮮社会において、統治理念であり日常生活の規範である儒教のもと、女性は一家の嫁として子孫の生産、義理父母の奉養（心から尽くし、養うこと）、祭祀の準備、家事従事などを背負うものだとされた。こうしたジェンダー観念・規範を批判して、男性知識人たちは、母・妻・主婦としての女性の役割を新しく規定しようとした。『独立新聞』（1896年創刊）をはじめ、20世紀初頭、日本の朝鮮支配の動きに対抗する国権回復運動を牽引したさまざまな団体の機関紙は、新しい考えを人々に運び伝える役割を果たした。

　19世紀末に最初に登場したこれらの議論は、良妻賢母というタームこそ用いなかったが、母・妻・主婦の役割を子どもの教育者・夫の内助者・家政の責任者として新たに概念化した。教育を母親の責務とする考え、妻は夫と同等な関係にあるとする視点（社会における男女の役割は異なるが同等な存在であるという見解に基づく）、主体的に家庭を切り盛りする主婦像が打ち出されたのだ。

　これらは女性の領域を家庭としており、女性の役割を社会へ拡大する視野こそそこにはなかったが、従来には存在しなかった全く新しい考えであった。このような男性知識人の考えは、18世紀末アメリカで台頭した女子教育論（共和国の新たな構成員として女性はその役割を果たすために教育を受けなければならない）や、それを吸収しながら19世紀末に女子教育を開始した日本の影響を受けたものであった。

　20世紀初頭になると、男性知識人たちは、日本から輸入した家政学的知をその根拠として示しながら主婦論を主張する。主婦の責任は、家計管理、家族の社会的交流関係、和気あいあいとした円満な家族関係などに及ぶほど重大であると論じられ

たのだ。もう一つ、女性の領域を家庭とする考えを否定するものではなかったものの、女性の経済活動（養蚕、養豚などの主に農家副業的経済活動）、女性特有の特質（人をケアする能力など）にふさわしい医療・教育活動、政治活動までも強調する男性知識人もあらわれた。

　こうした女性の役割に関する従来の認識を解体して再構築しようとした思想的動きは、女子教育運動に発展する。「良妻賢母」という概念（賢母良妻とアレンジされる）は、そこではじめて女子教育の目標をあらわす言葉となって使用された。1906年に京城の両班婦人や知識人たちが集まった女子教育会により日本の女学校をモデルにして養閨義塾が設置され、女子教育の目標を賢母良妻の資質を養成することに置いたのであった（『大韓毎日新報』1906年5月9日付）。

◆良妻賢母論の広がりと欧米女性宣教師(キリスト教プロテスタント教派)の役割

　19世紀末に朝鮮で最初に登場した良妻賢母論は、1910年の韓国併合以後、日本留学などを通して高等教育を受けた女性知識人たちによって継承・展開された。しかし、19世紀末から植民地期にわたる朝鮮における良妻賢母論の社会的波及・広がりを考える場合、欧米女性宣教師の役割が大きく直接的であったことを強調しなければならない。

　19世紀末からアメリカをはじめ、カナダ、オーストラリアの女性たちが宣教師として朝鮮へ渡り、新しい女性の養成という理念を掲げて女子教育に励んでいたからである。例えば、1886年に設置された最初の女学校である梨花学堂は、教育目標を科学的な知識を持つ母・主婦の養成に置いた。そこには、女子教育を通して朝鮮にクリスチャンホームを形成させ、先進的な西洋文明の普及はもとより、朝鮮社会をキリスト教の福音化に導こうとする考えがあった。

　女性宣教師たちは、女性の領域を家庭とする見解から女子教育を出発させたが、それは決して女性の役割を家庭内に限定し閉じ込めるものではない。女性の役割は社会に開かれていると認識していた。夫の配偶者であり助力者であり、主婦であり、子どもを訓練し教える母である女性は、教会や地域での役割をも果たすべき存在であると強調した。

　こうした女性宣教師たちの考えは、女学校、学校に通えない女性たちを対象とした夜間学校、バイブルスクールなどを通して広く浸透した。1937年当時、朝鮮における女子中等学校（合計41校、公私立女子高等普通学校の他に中等レベルの各種学校を含む）に在籍した生徒は約9300人で、そのうちミッション系女子学校に通う女子生徒は約42％に上っていた（朝鮮総督府学務局『朝鮮諸学校一覧』1937年度）ことから、女性宣教

師の影響はいかに大きいものか推測できよう。

　◆女子教育の世界的広がりと朝鮮の良妻賢母論　朝鮮における良妻賢母論の形成とその広がりは、女子教育の世界化が生み出したものとして考えることができる。これについて、3人のアメリカ女性の動きから見てみよう。

Elizabeth Russell

Mary F. Scranton

Lulu E. Frey

　エリザベス・ラッセルはオハイオ州に生まれ、1859年にペンシルベニア州のワシントン女子セミナリーを卒業し、以後、来日するまで、小学校などで勤めた。ラッセルは1879年にアメリカ北部メソジスト監督教会女性海外伝道協会（以下WFMSと略す）から長崎へ派遣された直後、活水女学校を開設し、1889年には女教師などを養成するためにカレッジレベルの教育（日本で最初）を始めた。

　メアリー・F・スクラントンはマサチューセッツ州に生まれ、1840年代末（または1850年代初期）にコネチカット州のノーウィッチ女子アカデミーで修学した。彼女の場合、女教師としての経歴はなかったが、1885年にWFMSの宣教師として朝鮮に渡り、翌年に梨花学堂を開設した。

　ラッセルの誕生から30年後、ルール・E・フライはオハイオ州に生まれ、1886年にベルフォンテーン高等学校を、1892年にオハイオウェスリアン大学を卒業した。フライもアメリカ国内で女教師の経験を積むことなく、大学卒業後にWFMSの宣教師養成教育を受けたのち、1893年に朝鮮にわたり、梨花学堂に赴任した。

　ラッセルとスクラントンはカレッジ教育を受けていないが、19世紀半ば、広がりつつある女子中等教育を受けた第1世代にあたる人物である。ラッセルは中等教育を受けたのち、当時、女性の専門職として脚光を浴びていた女教師としてキャリアを積んだ。その反面、スクラントンは中等教育を修学したのち結婚し、地域の教会

を中心に奉仕活動を行った。学校と教会は、当時、女子中等教育を受けたアメリカ女性たちの代表的な活動舞台であった。

さらに2人は、当時としては先端の教育を受けた女性として世界を視野に入れ、日本や朝鮮へ渡った。彼女たちは、女子教育の普及はもとより、当時、アメリカで盛り上がる女性たちの海外宣教運動によって登場した女性である。

その一方、フライは、バーバラ・M・ソロモンによれば、1890年代から1900年代に急速に広がった女子高等教育を享受した第2世代の人物である。彼女は梨花学堂で使用される教科書（生理学、地理学など）の編著、中等教育の充実化、高等教育の開始（1910年）などを行った。フライは、ラッセルが日本女性に対する女子高等教育の考えを持ったように、周囲の反対を押し切って朝鮮女性にカレッジ教育を実施した。

この3人のアメリカ女性は、19世紀半ばからアメリカにおいて普及した女子（高等）教育を受けたのち、日本と朝鮮で女子教育に関わった。もちろん、ラッセルは朝鮮で活動してはいないが、彼女の活動は朝鮮へつながった。彼女により養成された日本女性たちが女教師となって朝鮮へ渡ったからである。

その人数こそ多くはないが、その1人として乙部チツ（1891年長崎県生まれ）を挙げることができる。彼女は1907年に 活水女学校初等科を卒業し、1911年に 中等科を、1915年には 大学部本科（第1回生）を卒業した。そして1916年に朝鮮へ渡り、梨花学堂の教師となった。

以上の4人の女性は出生年代や場所、民族や国家、学歴や経歴こそ異なるが、彼女たちを一つのナラティブにつなげるのは、女子教育の世界化である。朝鮮における良妻賢母論の形成と展開はこうした世界的な現象から見ることができるのである。

（朴宣美）

▶参考文献

朴宣美（2005）『朝鮮女性の知の回遊―植民地文化支配と朝鮮支配』

朴宣美（2018）「朝鮮に渡ったアメリカ・プロテスタント女性宣教師―アメリカ北部メソジスト監督教会海外女性伝道協会を中心に」筑波大学大学院人文社会科学研究科歴史・人類学専攻『歴史人類』第46巻

Barbara M. Solomon（1985）*In the Company of Educated Women: A History of Women and Higher Education in America*

3）公私のあり方と近代家族

④近代化のさまざまな道とジェンダーの役割

📖 Ⅱ-1-2-①、Ⅱ-1-3-②、Ⅱ-2-3-①　🔍【読】世1-3

◆**「第1の近代」「第2の近代」とジェンダー**　ドイツの社会学者ウルリッヒ・ベックは、近代社会の変容に着目して「第1の近代」と「第2の近代」を区別した。「第2の近代」とは転換点として衆目の一致する1970年代以降の時代、「第1の近代」とは変容前の典型的な近代社会の構造が確立していた時代である。ここではベックの議論に人口学的視点を付け加えて、人口転換という人口学的変化との関係で二つの近代を再定義しておこう。多産多死から少産少死への変化として知られる第1次人口転換により典型的な近代社会が生み出され、1970年頃に開始した第2次人口転換により新たな局面に入ったということである。少産少死という人口学的条件を得てようやく子どもが死ににくくなり、愛情を注ぎ教育コストをかけるに足る存在となった。アリエスが描いたような子ども中心の近代家族が社会の全階層に普及したのは、第1次人口転換が完了した20世紀初頭のことだった。同時期に女性の就業率が低下して、家事育児専業の「母親」であり「主婦」であることが女性の主要な役割となった。これを女性の主婦化と呼んでおこう。その後、半世紀を経て第2次人口転換が起こり、誰もが結婚して子どもをもつ同じような近代家族を作った時代は終わりを告げ、女性の就業率が再上昇する脱主婦化が始まった。

◆**多様な伝統と近代化**　以上は近代化と家族・ジェンダーの変容についてのヨーロッパの経験を典型的な道として描いたものだが、世界は多様である。あらゆる社会が同じ道をたどることはありえない。日本はたまたまこれにかなり近い道を歩んだが、それは日本とヨーロッパがある意味でよく似た伝統をもっていたからである。

近代化のさまざまな道を分けるのは、まずは出発点の伝統の違いである。近代家族の成立により女性は主婦化して家内的役割に専念するようになったと言っても、例えば中国では「男外女内」が伝統だった。近代化により起きた変化はそれほどわかりやすくない。これに対して近代以前のヨーロッパや日本は女性がしばしば自家外でも生産労働に従事する社会だったので、主婦化する余地があった。

伝統的なジェンダー役割は、中国文明やインド文明といった文明の影響に加えて、さらに基層にある親族構造によって形作られている。父系親族集団が確立された社

会では、女性の財産権は弱く、女性のセクシュアリティの統制が社会秩序の維持の要となるので、男女の領域分離が厳格であり、女性の就労も抑制される。これに対して、双方的な親族関係（双系的とも言う）が優位する社会では、女性は財産をもち、就労し、性的な自律性も高い。ヨーロッパや日本は双方的親族関係の伝統をもち、厳密な父系制が成立しなかった社会なのである。

　親族構造という基層の上に、さまざまな文明のイデオロギー的かつ制度的影響が重なり、地域によっては親族構造も変化して、各地のジェンダーの伝統が形成された。さらに近代化がその上に重なり、各地の伝統を変容させていった。

　強調しておきたいのは、しばしば信じられているように「近代化は女性を解放した」と一概には言えないということである。とりわけヨーロッパや日本や東南アジアのように厳密な父系制が確立していなかった地域では、近代化により性別分業が強化されたり、親族構造の疑似父系化がおきたりした。日本やタイのように庶民が公式的な名字をもたなかった社会で全国民に名字が強制され、かつ夫婦同姓で夫の名字を名乗ることになったのは、近代化による疑似父系化であったと言えよう。

　◆「遅れた近代」「圧縮された近代」「半圧縮近代」　近代化の起きた時期もまた道を分ける。少し前まで「遅れた近代」という言い方があったように、近代化が早く始まった社会と遅く始まった社会があるが、同じようなプロセスを経て同じような社会状態に到達すると考えられていた。近代化論に基づく収斂理論である。

　韓国の社会学者チャン・キョンスプの提案した「圧縮された近代」という概念は、これとは異なる。第1次人口転換がヨーロッパより四半世紀遅れた日本、半世紀遅れた他のアジア諸国において、第2次人口転換はヨーロッパとほぼ同時かせいぜい20年遅れだったように、東アジアの「遅れた近代」は現実には「圧縮された近代」となった。この「圧縮された近代」では、チャンによれば「経済的、政治的、社会的、あるいは文化的な変化が、時間と空間の両方に関して極端に凝縮されたかたちで起こる。そして、互いに共通点のない歴史的・社会的諸要素がダイナミックに共存することにより、きわめて複雑で流動的な社会システムが構成かつ再構成される」。言うなれば伝統と近代とポスト近代の諸現象が同時代に共存して相互作用する結果、これらの地域の近代社会はヨーロッパのそれとは異なるものとして形成される。

　例えば日本はヨーロッパと同じく女性の主婦化を経験したが、時間の圧縮のため、主婦化と重なって脱主婦化が起こり、20世紀初期のヨーロッパや北米地域ほど女性の就業率が低くなったことはなかった。既婚女性の就労に夫の許可が必要というドイツなどのような法律もできなかった。また2000年代初期のシンガポール、香港、

台湾では、家事使用人を雇用していた記憶が薄れないうちにグローバル化が始まったため、外国人家事労働者の住み込みでの雇用が広がった。

　日本の近代は圧縮の度合いが他のアジア諸国ほどでないので、「半圧縮近代」と呼んで区別すべきだろう。日本では近代家族とプライバシーの観念が確立し、外国人家事労働者の雇用が進まないのも、そこから説明できるのではなかろうか。

　◆「植民地近代」とオリエンタリズム・自己オリエンタリズム　近代世界システム内での位置もまた、近代化の道を大きく分けた。植民地化された地域では極端な場合は社会が解体され、奴隷化されて家族もつくれなかった人々もいる。植民地化されない場合でも、世界システムの中心でない地域は、典型的とされた中心地域の近代社会の文化的あるいは制度的影響を強く受けた。

　ジェンダーに関しては、植民地化による場合もそうでない場合も、中心地域からの影響は女性の地位を向上させる効果があったと喧伝されたが、そう簡単ではない。例えばフィリピンでは米国の統治は女子教育の機会を労働者や農民階層にまで広げたが、それは近代家族的な性別分業を規範として学ぶことでもあった。職業教育もまた植民地に期待される産業の労働者として女性を育成するものだった。

　植民地化はオリエンタリズムを現実化することでもあった。インドを植民地化した英国はインドの「伝統的家族」を保持する家族法をつくり、英国から見たインドの伝統を固定化した。他方、インドの人々がそれを文化的アイデンティティとして受け入れる自己オリエンタリズム（逆オリエンタリズム）とも呼ぶべき作用も働いた。妻が亡夫に殉死するサティーという慣行もこの時代にまた盛んになった。

　東アジアの「良妻賢母」（中国では「賢妻良母」、韓国では「賢母良妻」）はさらに興味深い歴史をたどった。ヨーロッパ流の近代的女性像として近代日本で作られた「良妻賢母」という観念は、中国や韓国にも新しい女性像として伝播した。しかし欧米社会で第1次フェミニズム運動が勃興し、「新しい女」「新女性」という個人化した女性像が伝わると、性別分業を強調する「良妻賢母」は一転して東アジアの伝統だったということになり、儒教と結びつける解釈が広がった。「近代的ジェンダー役割の伝統化」とも呼ぶべき展開により、この地域では今でも近代家族的性別分業を自国の文化と勘違いしている人が多い。

　◆「社会主義近代」という道　社会主義は当初から女性解放をアジェンダに含んでいた。20世紀初めにヨーロッパでも東アジアでも女性の職業進出が目につくようになり、「新女性」を流行らせた第一波フェミニズム運動が盛んになったことが背景にある。再生産労働を家庭から引き出して社会化し、社会的労働とすることで女性の

解放を実現しようとした。主婦化により近代的性別分業を定着させた「資本主義近代」とは対照的な道であった。家族の廃絶というほどの極端な試みはどの国でも長続きしなかったが、集団保育と高い女子労働力率は冷戦構造崩壊まで維持された。

現在、旧社会主義圏は「ポスト社会主義社会」「移行期社会」と呼ばれ、ジェンダーに関しては「再伝統化」「再家族化」が起きている。自由主義経済への移行に伴い、公的保育施設等が閉鎖され、女性の「伝統的」家庭役割が強調されて、女性の就業率が低下したのである。フェミニズムは家族主義に置き換えられた。しかし公的支援を失った人々は困っており、この地域の超低出生率にもその矛盾が表れている。

東アジア・東南アジアには今も社会主義体制を維持している社会が残るが、1980年代以降は市場化も進んだ。イデオロギー的変化はヨーロッパほどあからさまではないものの、社会主義盛期の女性像は揺らぎを見せている。中国では公的施設のゼロ歳児保育がほぼ無くなり、母親役割も強調されて、女子労働力率が低下した。これに対してベトナムでは経済発展の重要な担い手としての女性の役割も強調されている。ベトナムの東南アジア的伝統が作用しているのかもしれない。

◆ジェンダー変容の複雑な経路　近代化のさまざまな道とジェンダー役割の変容との関係はこのように複雑である。分かりやすく示すのは困難だが、日本を含む東アジアと東南アジアのいくつかの社会について図示してみた。縦軸は女性の就業率、横軸は時間として見てほしい。現在はさらにグローバル化によって、結婚移民や家事労働者の送出国と受入国などとして、異なる発展を遂げてきた社会が直接に結び付き、変容を促し合っている。（落合恵美子）

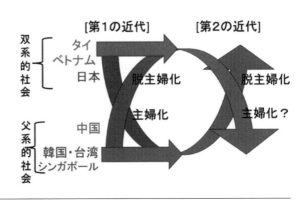

▶参考文献
落合恵美子・赤枝香奈子編（2012）『アジア女性と親密性の労働』
落合恵美子編（2013）『親密圏と公共圏の再編成―アジア近代からの問い』
落合恵美子・森本一彦・平井晶子編（2022）『結婚とケア（リーディングス アジアの家族と親密圏　第2巻）』
小浜正子・落合恵美子編（2022）『東アジアは「儒教社会」か？―アジア家族の変容』
落合恵美子（2023）『親密圏と公共圏の社会学―ケアの20世紀体制を超えて』

4）【比較】家族構成員のあり方

①家名・苗字・氏
（日本・ヨーロッパ・イスラーム圏）

Ⅱ−1−2−③, Ⅱ−1−2−⑤, Ⅱ−1−2−⑥, Ⅱ−1−5−②　　【読】世6−5, 日10−3

日本　姓と苗字の違い

　◆姓から苗字へ　明治維新以降、混同されるようになり、今日では同義の言葉として用いられている姓と苗字、そして氏であるが、前近代まで遡ると、少なくとも姓と苗字はまったく別のものであった。まずは姓だが、5～6世紀頃、古代の支配階級は朝廷内で特定の職掌を担うために、氏なる組織を形成した。氏のメンバー＝氏人は、氏の名である氏名と、朝廷内での地位や職掌を示す姓の称号とを併せ持っていたが（氏姓制度）、この段階の日本の氏は、父系または母系の出自規制が明確な集団ではなかったため、特定の個人が父方・母方双方の氏に属し、両者の氏名を重ねて名乗ることもあった。8世紀に至り、律令体制に基づく官位の制度が整備されると、日本古来の姓の称号はすたれていく。さらに、9世紀には氏が父系出自集団化を遂げ、氏名のことを姓と呼称するようになった。そして、平安時代中期以降に武士が台頭すると、実態を伴うか否かは別にして、姓は地方武士の世界にも広まっていった。

　一方、苗字の起源は同名の別人と区別するために、個人名の上に地名や役職名を付けて呼んだことに求められる。一般に、平安時代後半の武士は苗字を名乗ったとみなされているが、厳密には、この段階では苗字とは言えない可能性が高い。なぜならば、鎌倉幕府の執権北条氏の場合、伊豆の北条という居館の所在地名からとった北条の名が、鎌倉時代を通じて継承された痕跡は残されていないからである。苗字の本質は、父系直系のラインで代々継承される家名というところにあり、苗字が家名として確立するためには、嫡男単独相続が一般化し、家産・家業を世代を超えて継承する日本的な家が成立している必要がある。そして、武士や貴族の場合、それは14世紀に求めることができる。なお、武士の場合、苗字が用いられるようになって以降も、公的な重要書類には姓で署名することがあり、氏の実態がなくなったからといって、姓は決してすぐにすたれた訳ではなかった。つまり、姓はステータスシンボルとして機能し続けたのである。

　◆姓と苗字の違い　では、姓と苗字の違いはどのような点にあるか。第一に、源・平・藤原に代表される姓は天皇が功臣等に与えた公的な名前なのに対し、苗字は日常

世界で用いる私的な名前であった。ただし、近世に至ると支配階級の苗字は姓と同様に公的な色彩を帯びることになり、権力者によって与えられるケースも登場してくる。秀吉による羽柴の苗字の付与、江戸幕府による松平の苗字の付与は、それに当たる。第二に、姓は平安時代以降に父系出自集団化を遂げた氏の名であるため、氏人は男女を問わず生涯同一の姓を名乗った。源頼朝の妻政子が結婚後も平政子であり続けたように（北条氏の姓は平）、平安・鎌倉時代においては夫婦別姓が一般的だったのである❶。一方、苗字は世代を超えての永続を希求する家の家名として確立する。つまり、血族名としての姓とは異なり、苗字はあくまでも家名であった。その結果、同じ家の構成員は同一の苗字を名乗ることが原則となり、室町時代に苗字が一般化すると、夫婦は同じ苗字を用いるようになった❷（ただし、この時代になると○○の妻、××の娘といった呼称がしだいに一般化し、女性が苗字すら名のれないケースも見られるようになってくる）。第三に、姓は実名と呼ばれる正式な名前（源頼朝の頼朝、平清盛の清盛等、漢字２字訓読）とセットで用いられるのに対し、苗字は本来的には仮名・字と呼ばれる通称とセットで用いられる（北条義時ではなく、北条小四郎あるいは江間小四郎）。なお、のちに苗字が家名化すると、苗字＋実名の表記も登場した。

◆**民衆も名乗った姓と苗字**　実のところ、古代律令体制化の民衆は無姓ではなく、天皇に奉仕する民＝公民として疑似的な氏名を名乗った。平安時代以降、民衆の疑似的な氏名は消滅したが、古代の公民の系譜を引く中世の百姓身分は、文字通り「諸々の姓」の持ち主として、貴族の姓を僭称するようになった。戦国時代を通じて民衆のレベルでも先祖代々続く家が形成されると、その過程で武士と同様に民衆も家名としての苗字を用い始める。例えば、丹波国山国荘では、16世紀には多くの村人が今日まで伝わる苗字を使用していた。さらに、江戸時代には民衆の苗字・帯刀が禁止されたと言われているが、それはあくまでも武士の面前や公的な重要書類上でのことであり、実際には村内で内々に苗字を私称する農民がかなりいた。

◆**近代以降の姓名**　したがって、明治時代になり近代国家の要としての国民を創出する目的で発令された「苗字必唱令」（1875年）についても、江戸時代に私称していた苗字を届け出たに過ぎないというケースが多く見受けられた。なお、近代になると苗字と姓の違いが不明となり、今日に至っている。（坂田聡）

---

❶ 源宗長田地処分状（1246年）（『鎌倉遺文』第９巻6638号）源宗長の父は源時長で母は秦氏。摂津国粟生村の事例で、農民夫婦の可能性もある。

❷ 坊姫・坊又次郎田地譲状（1528年）（『丹波国山国庄史料』254号）娘の福石女に田地を譲った際の証拠書類に、母は坊姫・父は坊又次郎と署名する。

ヨーロッパの名前

　◆個人名と家名　古代ギリシア人には個人名しかなかった。ソクラテスもプラトンも個人名である。古代ローマの男性名は「個人名＋氏族名＋家名」の3要素から成る。カエサルは「ガイウス（個人名）・ユリウス（氏族名）・カエサル（家名）」という。男性は通常、氏族名か家名で呼ばれた。女性には個人名はなく、カエサルの娘はすべて「ユリア・カエサリウス」となり、ユリアと呼ばれた。ゲルマンの人々は1000年頃まで個人名しか持たなかった。カロリング家のカール・マルテルのフルネームは「カール」のみであり、「マルテル」は「鉄槌」という意味のあだ名、「カロリング家」は後世の人びとが「カール（の子孫）たち」という意味で付けた呼称である。王侯貴族の同族・家門意識は、家名ではなく、カールやオットーといった主導的な個人名の継承によって維持された。主導的個人名は父系・母系を問わず、より高貴な親族集団から継承されたため、同族・家門意識はきわめて可変的であった。

　◆姓（家名）の登場　ヨーロッパでは姓の成立は中世中期と遅い。姓の由来は多様であり、一族が必ずしも一つの姓を共有するわけではない。900年頃のヨーロッパでは「あだ名文化」が発展し、あだ名の一部は姓となった。11世紀後半には貴族が個人名に「ド・〜」や「フォン・〜」として城砦名を付けて家名とした。庶民でも個人名に出身地名や職業名が付けられたが、姓とは言えない。レオナルド・ダ・ヴィンチは「ヴィンチ村出身のレオナルド」という意味であり、「ダ・ヴィンチ」は姓ではない。ドイツでは、農民や市民は17〜18世紀まで固定の姓を持たなかった。

　◆夫婦別姓　ヨーロッパ諸国の多くでは歴史的にも現在でも夫婦別姓を原則とする。フランスでは、1794年デクレが「いかなる市民もその出生証書に表示されたもの以外の氏も名も称することはできない」と定めた。フランス民法典（1804年）には夫婦の姓に関する規定がなく、1794年デクレにしたがって夫婦別姓とされた。しかし慣習法上、子には父姓が付けられ、妻は夫の姓を名乗る権利が認められた。これは2013年に「慣用の姓」として民法典に規定された。他方、ドイツ語圏では18世紀末頃から夫婦同姓が導入された。プロイセン一般ラント法（1794年）は、「右手婚」（正式な結婚）と「左手婚」（貴賤結婚）を区別し、前者では妻に夫の姓と地位を得る権利を認めたが、後者ではそれを否定した。ドイツ民法典（1896年）では妻は夫の家族名を名乗ると定められ、夫婦同姓が強制された。その後1950年代に結合姓（妻の生来姓を付加する）、1994年に選択別姓が認められて今に至る。（三成美保）

アラブ・イスラーム圏の名前

◆父称（ナサブ）　前近代のアラブ・イスラーム社会には、姓や家名にあたるものはなかった。家族や親族の定義はなかったし、それらが公権力によって把握されることもなかった。ただし、本人の名（イスム）に加えて、さまざまな種類の名が付されることはあった。イスラーム開始以前のアラブの慣習が現代にまで受け継がれているものに、父称（ナサブ）がある。本人の名の後に、息子を意味するアラビア語のイブンと父の名を続け、さらにイブンと祖父の名を続けて父系の系譜をたどるのである。先祖に有名な人物がいれば、そこまで遡ることもある。預言者ムハンマド（570頃-632）は、ムハンマド・イブン・アブドゥッラー・イブン・アブドゥルムッタリブ・イブン・ハーシム…イブン・クライシュである。ここから彼は、ハーシム家（族）の一員であり、クライシュ族の一員でもあることがわかる。娘（ビント）の場合は、ファーティマ・ビント・ムハンマド・イブン・アブドゥッラーとなり、結婚しても変更はされない。

◆その他の名前　本人の名の前に、子称（クンヤ）が置かれることもよくある。アブー〜（〜の父）やウンム〜（〜の母）のように、子が生まれると尊敬の意を込めてクンヤのみで呼ばれることもあるほどである。その他、ニスバ（出身地名や職業）やラカブ（尊称やあだ名）が付されることもあった。バグダーディー（バグダードの）、アッタール（薬商）などである。こうしたアラブの命名法は、イスラームの伝播に伴ってアジアやアフリカに広く影響を与えた。

◆姓の創出　近代以降、トルコやチュニジアのように、法律によって姓をつけることが義務付けられた国もある。ニスバやラカブがそのまま姓とされたり、全く新しい姓が作られたりした。あるいは、伝統的な「本人の名・イブン・父の名・イブン・祖父の名」の三連の記名法を採用する国も多く、父や祖父の名が姓のような役割を果たしている場合もある。現代においても、夫婦別姓である。（小野仁美）

▶参考文献

坂田聡（2006）『苗字と名前の歴史』
大藤修（2012）『日本人の姓・苗字・名前―人名に刻まれた歴史』
豊田武（1971）『苗字の歴史』
岡地稔（2018）『あだ名で読む中世史―ヨーロッパ王侯貴族の名づけと家門意識をさかのぼる』
松本脩作・大岩川嫩編（1994）『第三世界の姓名―人の名前と文化』

4）【比較】家族構成員のあり方

②離婚
（ヨーロッパ・日本・イスラーム圏）

📖 Ⅱ-1-2-③, Ⅱ-1-2-⑥, Ⅱ-1-5-②, Ⅱ-2-4-②, Ⅱ-2-4-③, Ⅱ-2-4-④

ヨーロッパ

◆有責主義と破綻主義　離婚とは婚姻の人為的解消を指す。離婚に関して重要な論点は、①婚姻の定義との関係、②離婚手続、③離婚事由である。

①カトリックは婚姻を秘蹟とみなしたため、離婚を認めなかった（婚姻非解消主義）。プロテスタントは婚姻を契約とみなすため離婚を認める。②離婚手続は主に、厳格な裁判離婚（裁判所で離婚の可否を判断する）と柔軟な協議離婚（夫婦の話し合いによる離婚）に分かれる。ヨーロッパは裁判離婚（ただし、手続きは次第に緩和傾向にある）、日本は協議離婚（離婚届だけで離婚可能で、日本の全離婚の9割が協議離婚である）の文化である。③離婚事由の扱い方については、有責主義と破綻主義に大別される。有責主義とは、有責事由（姦通・悪意の遺棄など）が発生した場合に無責配偶者の救済のために離婚を認めるというもので、有責配偶者からの離婚請求は認めない。離婚原因の調査を要するため裁判離婚となる。破綻主義とは、有責性とは無関係に離婚の成立を認めるものであり、協議離婚はこれにあたる。ヨーロッパでは、宗教改革時の離婚は有責主義をとり、20世紀初めにスイス民法典に裁判離婚の離婚事由に破綻主義（性格の不一致など）が導入されたが広まらず、ようやく1960〜70年代以降、離婚の自由が確立していく。

現在、ヨーロッパでは数年間の別居期間があれば離婚を可能とし、離婚時に夫婦共有財産（家などの重要財産）を折半する国が多い。裁判離婚では子の養育料についての取り決めがなされることが多いが、協議離婚では必ずしもそれが義務付けられていない。このため、日本では父から養育料をもらわない子が多く、ひとり親である女性やその子の貧困の原因となっている。

◆宗教改革と離婚　ルターは婚姻の秘蹟性を否定し、一定の事由に基づく離婚を認めた。その事由とは、姦通、悪意の遺棄、性的不能である。婚姻の秘蹟性の否定は、性道徳や婚姻事件を教会裁判所の管轄から外すことを意味する。プロテスタント地域では、世俗当局が性道徳と婚姻＝離婚の問題を審理する裁判所（婚姻＝道徳裁

判所）を設置した。離婚は決して奨励されたわけではなく、裁判所で厳格に離婚事由について調査された。例えば、夫が愛人を作った場合、夫からの離婚請求は認められず、離婚成立後も愛人との結婚は禁止された。宗教改革期のチューリヒでは、妻が離婚を申し立て、認められているケースが多い❶。

◆**ヘンリ8世の離婚**　離婚が宗教改革を引き起こしたのが、イングランド国王ヘンリ8世の離婚問題である。ヘンリ8世（在位1509-1547年）は、スペイン王女キャサリンと結婚していたが王子に恵まれなかった。もとは兄の妻であったキャサリンとの婚姻無効❷を教皇庁に申し立てたが認められず、ついにローマ・カトリックとの訣別を決めた。『ユートピア』の著者として有名な人文主義者トマス・モアは、国王の信任厚く、当時大法官（官僚としての最高位）の地位にあった。熱心なカトリック教徒であったモアは国王の離

アン・ブーリン（作者不詳、1550年頃）

婚を認めず、抗議として大法官の地位を辞した。モアは国王至上法（1534年：国王をイギリス国教会の首長とする）に反対して反逆罪で処刑された。ヘンリ8世はキャサリンと離婚し、彼女の侍女アン・ブーリン（図）と再婚した。アンは新興貴族の娘で、美貌と教養をあわせもつ女性であった。アンが男児を産めず、処刑された後、アンの侍女ジェーン・シーモアが3人目の王妃となって男児（エドワード6世）を産んだ。アンは離婚成立前に懐胎していたため、娘エリザベスは婚外子とされた。しかし、ヘンリ8世の最後（6番目）の王妃キャサリン・パーの説得に応じた父王の法的措置によって王位継承権を認められた。エリザベス1世（在位1558-1603年）は父ヘンリ8世の宗教改革を完成させ、イギリス国教会を確立させた。

◆**フランス革命と離婚**　フランス革命は宗教や道徳から法を切り離し、法の世俗化を図った。カトリック国であったフランスでは、革命期の1792年、はじめて離婚が認められた。1792年離婚法は、有責事由に基づく離婚、破綻離婚、協議離婚を認めるなど離婚の自由を全面的に認めた。しかし、フランス民法典（1804年）は、有責事由を限定し、破綻離婚を廃止し、協議離婚を厳格化して、離婚の自由を制限した。1816年の王政復古とともにカトリックにふさわしくないとして離婚は禁止され、別居のみが認められた。1884年、有責主義的離婚が復活する。1975年に離婚法が全面改訂され、1792年離婚法に近づくものとなった。（三成美保）

---

❶ チューリヒ婚姻裁判所令（1525年）（三成 1989年、89頁）

第4章　離婚はいかなる場合に可能であるか　1　相手が公然たる姦通を犯し、それに対してなんら責任を負わない敬虔な配偶者は、その者と離婚して別の者と結婚することができる。

❷ 婚姻無効

　ヘンリ8世は聖書が禁じる「兄弟の妻との婚姻」の無効性を訴えたが、キャサリンは元夫とは性的関係がなく、婚姻が成立していないと訴えた。カトリック大国スペインへの配慮からローマ教皇は婚姻無効を宣言しなかった。

日本

　◆律令の離婚規定と古代の実態　養老令の戸令28七出条❶では、夫から一方的に離婚できる「棄妻」要件として、無子・淫乱などいわゆる「七出」が挙げられ、夫に対して離別の書類（「手書」）作成を義務付ける一方、離別できない三つの要件も規定している。しかし戸令の婚姻関係法は、例えば正式手続きを経た結婚以外はすべて「奸」として強制離婚対象とする条文（27先奸条）が示すように、中国の理念に基づいたものであり、日本の実態とは大きく乖離していた。当時の律令法律家自身が、結婚の開始は男が女のもとに通ってくることと解釈していたように、当事者自身が結婚を決めていた古代日本では、離婚も男女双方から自由に行えたと考えられる。「手書」の実例は現存せず、言葉としても、中世を通じて「棄妻」は妻子を棄て夫が出家や行方不明となる意味で用いられ、離婚は「離別」と表現された。

　◆中世の法規定と離婚証明　御成敗式目21条❷は、離別された妻妾が所有する、夫より譲与された所領の扱いについて規定し、重科により「棄捐」された場合は夫に所領は返されるが、それ以外は離縁された妻妾の領知を認めている（「悔い還し（取り返し）」を否定）。ここで夫側が決めた離婚のみが対象となっている点や、仏教説話「沙石集」にある「夫コソ妻ヲサル事アレ，妻トシテ夫ヲサル事，イカナル子細ゾ」という一文などから、中世では離婚請求権は原則夫にあったとされる。確かに式目21条の条文は戸令七出条「棄妻」を意識しているが、「かの妻、功ありて過なく、新しき（妻）を賞して旧き（妻）を棄てば」など、離婚請求した夫側の非を殊更に強調し、妻妾領知の結論を導くその論理からは、戸令が必ずしも受容されたとは言い難い中世社会の現実が垣間見える。鎌倉時代には「和議による離別」（『鎌倉遺文』1672号）もみられ、実態としては双方の意志による離婚が多かったと推測できる。その際、紛争防止のため双方合意を示す「暇を得たる支証」が夫から妻に渡され、再婚も自由とされたことが、伊達氏の戦国家法塵芥集❸からわかる。また、説話や狂言にも、離婚に際し妻が夫に「離別の印」を要求したことがみえる。

　◆近世の離縁状と離婚実態　家の確立とともに、比較的自由に行われてきた離婚

も家の規制を受けるようになった。武家では、離婚は婚姻同様主家への届出義務があり、まさに家と家の関係となったが、主家の承認という点が中国の婚姻・離婚の在り方とは大きく異なる。一方庶民層では、夫側が妻側に出した離縁状の実例が多く残り、離婚に際し「三行半（みくだりはん）」と呼ばれた離縁状の必要とされたことがわかる。またその内容から、近世の離婚は夫側が理由も示さず妻に離婚を宣言できる「無因離婚」「夫専権離婚」と解されてきた。しかし離婚実態に関する詳細な研究によれば、妻側からの離婚申し立てもあり、多くは武家同様双方の実家や関係者が介入した「熟談離婚」であることが明らかにされている。また離婚を望む妻の救済策は、調停特権を持つ「縁切寺」のほか種々の権威者への駆け込みとして複数存在し、妻の「飛び出し離婚」も近世の離婚の多さの原因と指摘されている。

◆明治民法と離婚の減少　明治民法（1898年）では裁判離婚のほか、近世以来の在り方を継承する協議離婚も規定された。しかし同時に、妻の財産は夫の管理下におかれ、妻はその法律行為において夫の許可を必要とする「無能力者」とされたほか、離婚承認要件の一つとして妻のみに適用される姦通罪が規定されるなど、夫婦関係そのものがこの民法により大きく変容させられた。その結果、比較的自由に離婚・再婚を行っていた近世までの状況は変化し、離婚率が急激に下がるとともに、離婚や再婚への忌避感も増大していった。この影響は第二次大戦後の新しい民法が制定された後までも続くことになる。（久留島典子）

---

❶ 養老令戸令　28七出条（718年）の現代語訳（義江他　2013年、79頁）
　夫が妻を（一方的に）離別できるのは、以下の七つの場合である。①子がない。②淫乱。③夫の父母に仕えない。④おしゃべり。⑤盗癖。⑥嫉妬深い。⑦悪い病気。これらの場合には、夫は離別の書類を書き、目上の親族や近親とともに署名せよ。（中略）妻が上記の七つのどれかにあてはまる場合であっても、以下の三つの場合には離別してはならない。①夫の父母の喪を助けつとめた。②貧しい時に結婚し、のちに夫が出世した。③結婚の時には実家があったが、今は帰るべき家がない。（下略）

❷ 御成敗式目21条（1232年）（原漢文）（『日本思想大系　中世政治社会思想　上』岩波書店、20頁）
　一、妻妾夫の譲を得、離別せらるるの後、かの所領を領知するや否やの事
　右、その妻重科あるによって棄捐せらるるにおいては、たとひ往日の契状ありといへども前夫の所領を知行し難し。もしまたかの妻、功ありて過なく、新しきを賞して旧きを棄てば、譲るところの所領悔い還すにあたはず。

❸ 塵芥集167条（1536年）（❷と同じ、238頁）
　婦夫（めをとい）闘諍（さかひ）の事。その婦猛きにより、夫追い出す。しかるにかの婦、夫に暇を得たるのよし申、改め嫁がん事をおもふ。その親・兄弟、もとの夫の方へ届にをよばずして、かの婦、夫を改む。いま嫁ぐところの夫・女ともに罪科に行ぶべき也、ただし離別紛れなきにいたつては、是非にをよばざるなり。しかるに前の夫、なかばは後悔、なかばはいま最愛の夫に遺恨あるにより、離別せざるよし問答にをよぶ。暇を得たる支証まぎれなくば、まへの夫罪科にのがれがたし。

イスラーム圏

◆イスラーム法における離婚　イスラーム法において、離婚はなるべく避けるべきだが許容されるものである。これは、複数の法学派のいずれの学説においても同様である。婚姻は必ず契約のもとに成立するため、離婚は契約の解消である。離婚の際には、婚姻契約締結時に定めてあった後払いの婚資を夫から妻へ支払うほか、待婚期間中の妻の扶養料と住居も夫が負担する義務をもつ。夫婦別財産制であり、妻は親族から相続した遺産や婚姻中に得た収入があれば、それに加えて離婚時の婚資を携えて夫婦生活を離れることになる。

◆夫からの一方的離婚権　もっとも簡便で件数も多かったとされている離婚方法は、夫からの一方的宣言による離婚（タラーク）で、妻の同意なく離婚を成立させることができる。妻は3度の月経（あるいは出産）をみるまで待婚期間に入り、その間の扶養料と住居は夫が負担する義務を負う。待婚期間中であれば、夫はいつでも撤回し復縁することができるが、待婚期間の満了後に復縁を望んだ場合には、新たに婚資を支払い婚姻契約を結ぶ必要がある。待婚期間が満了すれば、妻は再婚が可能となり、婚姻契約時に定めてあった後払いの婚資を請求することができる。撤回可能な離婚宣言は2度までで、3度目の離婚宣言をすると確定的な離婚が成立する。もしも確定的な離婚が成立した後に夫が復縁を望んだ場合は、元妻が他の男性と婚姻し、床入りを完了させ、離婚した後でなければ、新たに婚姻契約を結ぶことができないという珍しい規定がある。

◆妻からの離婚請求　妻の側からの離婚請求も可能ではあるが、これを夫が承諾しなければならず、夫からの離婚に比べ手続きが複雑で困難である。妻は、後払いの婚資や待婚期間中の扶養料などの放棄を条件として離婚請求を行うため、身請け離婚（フルウ）と呼ばれる。マムルーク朝のカイロやダマスクスについての研究では、女性が婚資や就労あるいは生家のサポートにより経済力を有する場合などにフルウ離婚は成立しやすく、これが高い離婚率の要因でもあったと分析されている。また、オスマン朝の法廷文書による研究では、フルウによる離婚はタラークと同じぐらい一般的であったという。このほか、イスラーム法の定める離婚の方法には、裁判官によって選任された仲裁人の合意による離婚などがある。

◆離婚後の子の監護権　離婚後の夫婦の子については、成人するまで父に扶養義務と後見、教育の権利があり、母に監護権が優先されるというのがイスラーム法学者たちの一致した見解である。監護の終了時期は、7歳程度とする学説や、男児は成人まで女児は婚姻するまでとする学説など諸説ある。母が近親外の男性と再婚し

た場合には監護権がなくなるが、母方の祖母がつぎに優先される。祖母が不在ある
いは不適格の場合には、母方の伯母に監護権が移るとする学説と、父が優先すると
いう学説とに分かれている。

◆**現代ムスリム諸国の家族法と離婚**　19世紀後半以降、ムスリムの居住するそれ
ぞれの地域では、法の近代化が進められた。学説の集積として万巻の法学書に記述
されてきたイスラーム法が、国／地域ごとの家族法として法典化され、結婚や離婚
についての法の一部には変化が伴った。オスマン家族保護法（1917年）においては、
複婚を制限するとともに、夫婦双方からの離婚請求が可能とされた。同法は、複婚
を完全に禁止したトルコ民法（1926年）の制定により廃止されたが、オスマン朝の領
土であったシリアやパレスチナなどで存続している。

エジプトでは、1920年以降に制定された複数の法律において、離婚請求を含む女
性の権利が拡大され、さらに1985年と2000年に女性からの離婚を容易にする法改正
がなされている。チュニジア「身分関係法」は、1956年の独立とほぼ同時に制定さ
れたもので、イスラーム法に沿いつつも、一夫多妻を禁止（第18条）するなどの大き
な改革を施したことで知られている。離婚についても、夫からの一方的な離婚宣言
によるものを認めず、すべての離婚は裁判によって成立することが定められた（第
30条）。夫婦の間に未成年の子がいる場合には、30日間の間隔をおいた計3回の調停
が必須である（第32条）。イランでは、1979年のイスラーム革命後、イスラーム法に
忠実な家族法が復活していたが、イラン家族保護法（2013年）の制定などにより、女
性の権利は大幅に拡大している。例えば、夫の一方的離婚宣言による離婚に制限が
かかり、あらゆる離婚請求において、裁判所は和解のための調停人を委託すること
が定められた（第27条）。離婚は、裁判所による和解不能証明書の発行もしくは裁判
所の判決によってのみ認められる（第24条）。

現代ムスリム諸国の家族法において、イスラーム法の離婚規定にもとづくジェン
ダー不平等は、少なくとも裁判所の介入や法改正という制度面においては、かなり
是正されてきている。（小野仁美）

▶**参考文献**
三成美保「宗教改革期の道徳裁判所」（1985）稲本洋之助編『フランスの家族法』
義江明子・伊集院葉子・Joan・R・Piggott（2013）「日本令にみるジェンダーその（1）戸令─」『帝京史学』28
田端泰子（1994）『日本中世女性史論』
高木侃（2014）『三行半と縁切り寺─江戸の離婚を読み直す』
森田豊子・小野仁美編（2019）『結婚と離婚（イスラーム・ジェンダー・スタディーズ1）』
柳橋博之（2001）『イスラーム家族法─婚姻・親子・親族』
Yossef Rapoport（2005）*Marriage, Money and Divorce in Medieval Islamic Society.*
Amina El Azhary Sonbol（1996）*Women, the Family, and Divorce Laws in Islamic History.*

4)【比較】家族構成員のあり方

③母の地位 （ヨーロッパ・日本・中国・イスラーム圏）

📖 Ⅱ－1－4－②, Ⅱ－3－2－②, Ⅱ－3－2－③, Ⅱ－3－2－④　🔍【読】世4－2, 日5－2

中世ヨーロッパ王家の母

　◆中世ヨーロッパの王侯貴族の女性　貴族階級の女性は結婚すると、一般に「家」の存続に力を尽くした。すなわち、後継者を確保し家系を存続させるとともに、主人として所領を経営し、支配の一翼を担った。家長は十字軍など長期に留守をすることもあり、奥方はその代役を果たした。とりわけ家長が早世した場合、幼子のために摂政として活躍する母の姿はよくみられ、有能な母后はさらに続けて活躍した。

　◆「王国の母」　10世紀の神聖ローマ帝国皇帝オットー１世（大帝）（912-973年、皇帝962-973年）の皇后アデールハイト（アデライデ（伊））（931年、932-999年）は、もともとイタリア王家の出身でオットー１世にイタリアと皇帝位をもたらす役割を果たしたが、オットーの死後、息子オットー２世（955-983年、皇帝967-983年）によってイタリア管轄代官に任じられたほか、オットー２世、その妃テオファノ（960-991年）が亡くなった後には孫オットー３世（980-1002年、皇帝996-1002年）の摂政となった。オットー３世が成人してまもなく彼女は亡くなるが、ローマ教皇は、彼女を「王国の母」と呼んだ。

　◆ルイ９世の母　サリカ法によって女性が自ら王位に就くことがないフランス王家でも、母后はしばしば摂政として統治にあたった。例えば聖王といわれるルイ９世（1214-1270年、在位 1226-1270年）の母カスーティリャ王女ブランシュ・ド・カスティーユ（1188-1252年）は、ルイ９世の幼少期に摂政を務めただけでなく、ルイが十字軍遠征で長期に王国を離れた際にも摂政となった。ルイと母后が玉座に

玉座のルイ９世と母后ブランシュ『聖ルイの聖書』1226-34年頃。
(New York, Pierpont-Morgan Library 蔵)

並ぶ絵をみると、母ブランシュの持つ意味の大きさがうかがわれる。

　◆3人の王の母カトリーヌ・ド・メディシス　16世紀宗教改革期のフランスのカトリーヌ・ド・メディシス（1519-1589年）もまた、母后として活躍した。カトリーヌ

は、イタリアのメディチ家の出身で、出自でいえば好ましくないとされ、夫のフランス王アンリ２世（1519-1559年、在位1547-1559年）が生きている間には力を持たなかった。しかし、夫の死後、約30年にわたる３人の息子フランソワ２世（1544-1560年、在位1559-1560年）、シャルル９世（1550-1574年、在位1561-1574年）、アンリ３世（1551-1589年、在位1574-1589年）の時代には、カトリックとユグノーの対立に貴族の勢力争いが絡む危機のなかで、息子たちは母を頼り、彼女が政治の表舞台にいたことが知られる。（山辺規子）

日本古代の母

◆**日本古代の母**　日本には、世界史上稀なことに、公権力が作成させた古代の戸籍が残る。戸籍を用いた家族の復元研究は多く、そこにおける母の解像度は高い。しかし母の役割を具体的に考察するには、戸籍に存在が記された母ではなく、史書に言動が記された母、すなわち支配者層の母を取り上げねばならない。

◆**後見としての藤原光明子**　日本古代で最も著名な母といえば、藤原光明子（701-760年）であろう。光明子は、不比等（659-720年）の女子で、某王（727-728年）と阿倍内親王（718-770年、孝謙／称徳天皇、在位は749-758、764-770年）の母である。夫の聖武天皇（701-756年、在位724-749年）には、生母たる藤原宮子（-754年、光明子の異母姉）の他、後見たる義理の母が２人いた。祖母の元明天皇（661-721年、在位707-715年）と、伯母の元正天皇（680-748年、在位715-724年）である。２人は聖武を「我が子」と呼び、母として後見することで、その即位を確実なものとした。光明子も夫亡き後は後見として、娘孝謙天皇の権威と統治を支えた。

◆**後見と摂関政治**　奈良時代以前には皇女を生母とする男子が直系を担ったが、奈良時代以降には藤原氏の女性を生母とする天皇が直系を担うことが一般化し、９世紀後半にはそれら母たちが内裏で天皇と同居を始める。ほぼ同時期には摂関政治が始まる。摂関政治といえば、娘を後宮に入れた藤原氏の男性による専制体制と解されている。しかし藤原氏の女性が妻となり、母として天皇を後見したがゆえに、藤原氏は後宮に入り込んで天皇に近侍し、摂関政治を行えたのである。

◆**母后**　この時代に専権を振るったことで著名な母后が、上東門院彰子（988-1074年）で

誕生した後一条天皇を抱く彰子『紫式部日記絵巻』鎌倉時代。
（東京国立博物館蔵、TNM Image Archives）

ある。彰子は、藤原道長（966-1028年）の娘であり、一条天皇（980-1011年、在位986-1011年）の后であり2人の天皇の母である。父や夫、子供たちよりも長命だった彰子は、親権を行使して摂関や太政大臣の人事のみならず、政務にも強く介入した。長期にわたる彰子の政治関与は、後の政治体制にも影響を与えることとなり、親権による政治介入の先例として、院政期には男院に継承されることになった。（河上麻由子）

中国における「母」の地位

　◆「子（男子）無きは最大の不孝」　中国は伝統的に父系制社会であり、家の継承は父系の男子に限られる。そのため「子（男子）無きは最大の不孝」といわれ、女性には跡継ぎを産むことが求められた。富裕層ではこれを名目に妻のほかに妾を置くのが一般的で、こうした妻妾同居の家には子からみて複数の「母」が存在した。

　◆嫡母と生母　妻と妾には大きな身分の隔たりがある。妾は家族の一員ではあるが、子を産んで母となってもその子の養育や婚姻に関する決定権は父の正妻つまり嫡母が有した。庶子は嫡母がいる限り、生母を公の場で「母」と呼ぶことはできなかった。例えば科挙受験の際は、先祖とともに父母の名を届け出る必要があったが、母の欄に記されるのは嫡母の氏であって、生母の氏ではない。ただし、中国の場合、相続は嫡庶にかかわらず男子による均分相続であり、日本のように長男のみ、あるいは嫡出子のみが全財産を相続することはない。

　◆「母は子を以て貴しと為す」　父系を重んじる中国では生母の身分がどうであれ子は父の子として平等の権利と機会を有したが、庶子は母への孝行では嫡母を優先させる必要があった。しかし、生母の苦労に報いたいと考えるのは人情である。明清時期、官僚の妻には夫の品階に応じて、一品夫人・夫人（二品）・淑人（三品）・恭人（四品）・宜人（五品）・安人（安人）・孺人（七品以下）の命婦の封号が与えられた。妾の身分ではふつうこの恩恵に浴さないが、実子が官僚となり出世した場合は、嫡母のみならず生母にも封贈が許可された。「母は子を以て貴しと為す」という言葉が示すとおり、まさに子ゆえに母の社会的地位が上昇するシステムであった。

　◆母の権威と垂簾聴政　母はその身分に応じた地位を獲得したが、特に権威を有したのは寡婦である。各王朝の正史の列女伝には、顕彰すべき女性として、夫亡き後、家長の代行者として家を切り盛りした寡婦の話が収められている。この現象は庶民から王侯貴族に至るまでさまざまな階層でみられ、皇家では幼帝に代わって嫡母や生母が垂簾聴政（女性による摂政）を行うことがあり、前漢の呂太后、北魏の馮太后、北宋の欽聖太后、清の西太后などがよく知られている。（野村鮎子）

西アジア・イスラーム圏の母の地位

◆イスラーム初期の母のイメージ　西アジアのアラブ社会もまた、7世紀にイスラーム教が開始される以前から父系制社会であったとされる。しかし、母系親族とのつながりが否定されてはおらず、預言者ムハンマドの言行録には、「天国は母の足元にある」などの、母を敬うことの大切さを述べた言葉がいくつも残っている。

◆イスラーム法における母　10世紀頃までに整備されたイスラーム法においては、離別した夫婦の子の監護権は母が最優先とされ、父による扶養義務と後見権とは区別された。しかし、母は実子の監護を強制されることはなく、授乳すらも権利であって必ずしも義務ではなかった。母が（子の親族でない男性と）再婚すると監護権を失うとされ、その場合の監護権は母方の祖母などに移行する。

◆ハレム（後宮）の頂点としての母后　イスラーム法で合法な妻の数は4人までであるが、奴隷との性交渉に制限はない。そのため、歴代の君主や富裕層の男性たちが女奴隷との間に子を設けることは珍しくなかった。母となった奴隷は「ウンム・ワラド（子の母）」と呼ばれ、主人の死後に自由人となるとされ、主人に認知された子は自由人となるというのがイスラーム法のルールである。だが、生前に彼女を解放し正妻にすることもできた。正妻の子と妾の子は同様に養育されることも多かったという。アッバース朝の37名のカリフ（国家の指導者）の妻妾のほとんどは奴隷で、彼らの母の多くも奴隷出身者である。第4代カリフ・ハーディ（764-786年、在位785-786年）および第5代カリフ・ハールーン・アッラシード（766-809年、在位786-809年）の母ハイズラーンのように、カリフの妻・母として、権力を振るい国政をも動かした女性もいた。オスマン朝においても同様に、スルタン（君主）の母や妻妾はほとんどが奴隷出身者であった。ハレム（後宮）には、多い時期で500名を超える女官が働いていたとされるが、ほぼすべてが奴隷であり、彼女たちの頂点に君臨したのが母后であった。有名な母后には、幼くしてスルタンに即位した息子のムラト4世（1612-1640年、在位1623-1640年）の摂政として国政を取り仕切るまでに権勢を誇ったキョセム（1590頃？〜1651年）などがいる。（小野仁美）

▶参考文献
パトリック・コルベ（堀越宏一訳）（2021）『中世ヨーロッパの妃たち』
服藤早苗編（2017）『平安朝の女性と政治文化—宮廷・生活・ジェンダー』
関西中国女性史研究会編（2014）「Ⅰ婚姻・生育」および「Ⅶ政治・ヒエラルキー」『増補改訂版　中国女性史入門—女たちの今と昔』
小笠原弘幸（2022）『ハレム—女官と宦官たちの世界』
小野仁美（2019）『イスラーム法の子ども観—ジェンダーの視点でみる子育てと家族』

4)【比較】家族構成員のあり方

④養子縁組
　（欧米・日本・イスラーム圏）

📖 Ⅱ-1-2-③、Ⅱ-1-2-⑥、Ⅱ-1-5-①、Ⅱ-1-6-④、Ⅱ-2-4-②、Ⅱ-2-4-③、Ⅱ-2-4-④

欧米の養子縁組

　◆2種の養子縁組　養子制度は歴史的にも現代でも多様である。大きくは、扶養・相続・家の継承を目的とする「親（家）のための養子縁組」（成年養子・普通養子・単純養子など）と未成年子の養育を目的とする「子のための養子縁組」（未成年養子・特別養子・完全養子など）に分けられる。前者は古代エジプトや古代ローマ、アジアなどの家父長制社会で広く見られた制度であり、養子としては男性が優先されやすい。後者は近代欧米諸国で登場した新しい制度である。未成年養子縁組では子の利益のために実親子関係は断絶し、養親子関係は原則として解消できず、養親子の年齢差が考慮され、実親に関する情報や養親子関係であることを秘匿することもできる。子の差別や選別を避けるため、縁組斡旋にあたって養子の性別や年齢等を選べないとしているケースも少なくない。現代日本には、明治期から存続する普通養子（成年養子が可能）と1987年に導入された特別養子（2020年改正により6歳未満から15歳未満に変更）の2種がある。家制度下で存在した婿養子制度は戦後の民法改正で廃止された。

　キリスト教では神以外の者が人為的に親子関係を創出するのは冒瀆と考えられたため、中近世ヨーロッパ社会では養子縁組が認められなかった。同様の理由で、トルコとチュニジアを除いてイスラーム諸国家のほとんどでは現在でも養子制度が存在しない。前近代の中国や朝鮮半島では、父系主義に基づき「異姓不養」（姓が異なる男子を養子にできない）が家族法の重要原理とされた。また、前近代東アジアでは「義子」（中国）や「猶子」（日本）など、法的効果を伴わない擬制的な親子関係が存在した。

　21世紀の今日、アジア・アフリカなどでは養子縁組を装った児童婚や人身取引が見られる。これらは「現代の奴隷制」（ILO）と呼ばれ、SDGsでも撲滅が求められている。子どもの権利条約（1989年）は、「子どもが、人格の全面的かつ調和のとれた発達のために、家庭環境の下で、幸福、愛情および理解のある雰囲気の中で成長すべきである」（前文）とし、国内養子を優先すべきとした上で国際養子については子が国内養子と同等の権利を享受できるよう求め、不当な金銭授受を禁じている。

◆**古代ローマ法**　古代ローマ社会では祖先祭祀の存続が重大関心事とされ、そのための確実な手段として養子縁組が利用された。養子縁組は家長が決定し、2種の方式が存在した。自権者養子縁組と他権者養子縁組である。前者はいわば家と家との吸収合併であり、既に独立した地位を有する自権者が養子となる。後者は狭義の養子縁組であり、ある者の支配下に置かれている他権者が他家の家長の養子となる。

◆**近代欧米諸国における養子制度**　17世紀以降、フランクフルトやフライブルクなどの一部のドイツ都市法に財産相続権のない養子関係が規定されているが、一般化はしていない。ヨーロッパで初めて法的な養子縁組（成年養子）を定めたのがフランス民法典（1804年）である。養親者は50歳以上で、養子よりも15歳以上年長でありかつ嫡出子のないことが要件とされた。目的はあくまで養親子間の扶養・相続であり、未成年子を養子とすることはできなかった。子のための養子制度をいち早く導入したのはアメリカである。1851年、アメリカでは「養子縁組を成人の利益ではなく児童福祉に基づく社会的および法的活動」とする法律が施行された。フランスでも第一次世界大戦後の1923年に初めて、婚姻している夫婦に限って戦争孤児となった未成年子を養子とすることが認められた。その後フランスでは、1966年法改正によって未成年養子を原則とし、成年養子を特例とする現行制度が整った。1976年法改正により、30歳以上の者が単独で養親となることも認められた❶。なお、欧米では同性カップルに対しても養子を迎えることを認める国が増えつつある。

◆**「子ども養子大国」アメリカ**　日本の養子縁組は年間10万件（2020年）、アメリカは14万件（2019年）である。両国とも世界有数の養子大国であるが、内訳は異なる。日本は成年養子が多数で、他児養子はほとんどない。一方、アメリカは「子ども養子大国」であり、しかも他児養子の比率が5割に上る❷。アメリカで養子縁組が多様化したのは1980年代以降である。1970年代にピル服用や中絶が可能になって養子対象の婚外子が減ったこと、1980年に連邦政府が「すべての子どもは家庭的環境で養育を受ける権利がある」として里親養子手当を導入したことなどが背景にある。今日では不妊治療を受けながら養子縁組を待つカップルも多い。（三成美保）

---

❶ **近代欧米各国の養子制度**
　ドイツ・ベルギー・イタリア・アメリカでは成年養子と未成年養子、フランスでは単純養子と完全養子、イギリスでは成年養子はなく未成年養子のみが認められている。

❷ **アメリカと日本の養子縁組**
　日本では、成年養子67%、連れ子養子25%、血縁養子7%、他児養子1%である。特別養子は非常に少ない（2020年は693件）。アメリカでは、成年養子は0%で、ほぼすべてが未成年養子である（連れ子養子40%、血縁養子10%、他児養子50%）。他児養子については、4割強が里親養子（里親等の公的なフォスター・

ケアを経由する）、3割強が国内養子（主に婚外子を対象とする）、2割が国際養子である。要保護児童は、アメリカでは約68万人（家庭裁判所による強制的保護のため数が多い）、日本では4万4千人いる（2018年）。アメリカでは要保護児童の8割が里親制度や養子制度を使って家庭で養育されるのに対し、日本では9割が施設で育てられる。

日本の養子

◆古代・中世の多様な養子慣行　日本の養子の特徴は、家継承を目的とする点にある。特に家業・家産・家名を親から子へと直系的に継承していく日本の家が、諸階層に広く成立したとされる近世では、家継承のためのさまざまな形態の養子が存在した。しかし上記のような典型的な家が成立する以前の時代では、必ずしも家継承目的に限定されない多様な養子が見られた。

　古代では、律令の戸令に、子が無い場合は、四等以上の親族で父子の世代が合う者を養子にできると規定されている。しかし、中国とは異なり双系的な家族・親族関係であった当時の日本では、血縁の親疎や有無にかかわらずかなり広い範囲で養子がとられた。実子がいても養子を迎え政治的社会的地位を継承させる例や、娘のいない上層貴族が養女を迎え他氏と婚姻させる事例など、継承目的でない養子も多い。また一般民衆では、無子の者が老後扶養の代償としてか養子に財産を譲る例などが文学史料にみえる。こうした多様な養子慣行は、中世の武士や庶民の間でも確認でき、他姓養子が多くみられた。また、所領を持つ女性がその継承のために養子をとる慣行が広く存在し、御成敗式目には女人養子の規定があった。

◆「家」継承のための養子　鎌倉後期から南北朝時代にかけて、嫡子単独相続で継承される家が形成されるようになると、家継承のための多様な養子があらわれた。とくに他姓の成人養子を許容する養子慣行から、婿養子が一般的に行われるようになり、戦国時代では、他家に養子を入れることで自己の勢力拡大を図る動きもみられた。

　こうした動向を規制するため、近世の武家では、養子縁組は婚姻同様主君の承認を必要とするようになった。特に嗣子のいない武家の当主が死に際に養子をとる末期養子は近世初期には厳しく禁止され、武家の統制手段として用いられた。その後、幕府や諸藩では養子法によって養子の選定順位などが詳細に規定されたほか、婿養子、末期養子、弟が兄の養子となる順養子、参勤交代の際などの仮養子などさまざまな養子制度が置かれた。また百姓や町人は個々の契約により比較的自由に養子縁組を行ったが、なかには経営のための労働力を目的とした養子奉公人なども存在した。なお近世では養女も多く、婚姻の際の同等「家格」付与のためのもの、初期の徳川家のように、養女を外様大名家に嫁がせ関係強化を図るなど政治的手段として用いられたもの、あるい

は実子のいない家が先に養女を迎え、さらに婿養子を迎える形態など多様であった。

　以上、日本の養子は家継承を目的としつつも、母方親族や親族外の他姓養子が多い点、婚姻と関係した養女が多い点など、父系主義が絶対的とはされず、多様な養子制度・慣行の存在することが、もう一つの特徴である。（久留島典子）

イスラーム圏での養子と里親制度

　◆イスラーム法での養子の禁止　イスラーム法では、養子は認められず、実子のみが子として互いに相続や扶養の対象となるとされた。婚姻内での出生（あるいは奴隷の場合は男性による認知）によって父子関係が確認されるため、婚姻契約が証人2名の前で締結されることは重要な意味をもつ。同時に4人まで妻帯することが許されるので、子に恵まれない男性は財力があれば、養子ではなく次の妻を迎えて子を設けることも可能である。また、奴隷であれば数に制限なく妾とすることもでき、そこから生まれた子は自由人となるとされた。多くの地域で奴隷制が存続していた19世紀以前には、妾の子も実子として正妻の子と同様に扱われたという。

　◆棄児の養育義務　養子とは異なるが、棄児を養育することはイスラーム法において合法であったし、イスラーム共同体の義務的な行為とされた。棄児について詳細な法規定があるのは、姦通によって生まれた子が、誰かに拾われることを期待されて棄児となるケースが多かったのではないかと推察されている。ムスリム社会では、孤児院のような施設があまり発達せず、個人によって養育されるケースが多かったことが想像できる。ただし、拾われて養育されたとしても、養子にはなれないため、養父の名を名乗ることはできず、互いに相続の対象ともならない。

　◆現代の里親制度（カファーラ）　養子をいまだに容認していない現代ムスリム諸国は多いが、里親による孤児等の養育は推奨されており、これがカファーラという名で制度化されている国もある。里親による養育は養子縁組とは異なり、子に相続や養親の姓を名乗る権利は付されず、成人すると両者の関係は解消する。ムスリム諸国のなかで例外的に養子を容認するチュニジアでも、同時にカファーラ制度があり、孤児が成人するまで里親として養育することを選択する人も多い。孤児院や乳児院などの施設もあるが、子どもはなるべく家庭で養育されるのが望ましいという価値観が人々に共有されているという。（小野仁美）

▶参考文献

小野仁美（2021）「『子の利益（マスラハ）』とは何か─イスラーム法と現代チュニジア法」小野仁美ほか『中東イスラーム圏における社会的弱者の権利を考える』

大竹秀男ほか編（1988）『擬制された親子─養子』（シリーズ家族史2）

5）家族法と社会

①ヒンドゥー法と家族・社会

📖 Ⅱ-1-6-②, Ⅱ-2-2-③, Ⅱ-2-3-③, Ⅱ-コラム③　🔍【読】世3-2

◆**ダルマ・シャーストラ**　「ダルマ・シャーストラ」と総称されるサンスクリット語の文献群は、バラモン男性エリートによって、紀元前6世紀ころから19世紀半ばまで書き続けられてきた。そこには彼らが理想とするバラモン（男性）を頂点とするカースト秩序が反映されている。「ヒンドゥー法」と訳されるが、原語である「ダルマ」は、ただしい行為・生き方、正義、宗教といった多様な意味を含み、今日的な意味での法とは重ならない。個々の文献の規定は相互に矛盾することも少なくなく、規範的な性格が強い規定がどこまで実効性をもっていたかは不明である。多くの人々の生活を律していたのは、各地域、各カースト集団、さらには個別の家族の慣習であったと想像される。

◆**イギリス支配とヒンドゥー法**　ダルマ・シャーストラの内容がより広く知られるようになったのは、むしろイギリス支配期であるといえる。初代ベンガル総督ヘイスティングズのもとで、1772年、相続、婚姻、カースト、その他の宗教的慣習に関わる訴訟において、ヒンドゥーの場合はシャーストラの法（ダルマ・シャーストラ）、イスラーム教徒の場合はイスラーム法を適用するという司法に関する方針が立てられた。

実際の司法の場では、ダルマ・シャーストラはさらに解釈・再解釈され、それがイギリス流の先例拘束の原則によって判例として蓄積されていった。その過程で、従来のダルマ・シャーストラとは様相を異にする「アングロ＝ヒンドゥー法」と称される先例の集積が生み出された。慣習を否定したわけではないが、慣習を証明にするためには、古くから継続して存在し、公の秩序に反しないといった条件をクリアしなければならなかった。

イギリスの方針は、ヒンドゥー法が有したバラモン的な価値観が、より広く共有される一つの契機となったのみならず、個人が属する宗教によって法律（属人法）が異なるという状況は以来、インド独立後まで引き継がれることになった。また、家族法が宗教コミュニティの境界線を決定づけるものとして、政治的にも重要な役割をはたす結果をもたらした。

◆**合同家族（ジョイント・ファミリー）**　ダルマ・シャーストラ文献が前提としているのは、財産共有体としての合同家族である。合同家族は、同じ父祖から生まれた男系の子供とその妻子から構成される。複数の兄弟とその妻子が同居して暮らす家

族をイメージすればよい。合同家族は祖霊祭祀シュラーッダを行う単位でもある。

　イギリスによってヒンドゥー家族法のなかに、ダーヤバーガとミタークシャラーという二つの学派が存在すると同定され、それぞれベンガル地域とそれ以外の地域に適用された。両派では合同家族の家産に対する男子成員（女子の権利はそもそも問題にされない）の権利の発生に関するとらえ方が異なる。ダーヤバーガのもとでは、家長の権限が強く、男子成員の家産への権利は家長（父親）の死後になって初めて生まれるとされる。成員の取り分はしたがって明確で固定している。一方、ミタークシャラーでは、合同家族の家産への権利は、男子が誕生と同時に獲得するものと考えられた（right by birth）。死亡した成員の権益は残りの成員によって継承される（これを生存者権survivorshipと呼ぶ）。したがって、個々の男性成員の実際の取り分は流動的である。ダルマ・シャーストラ文献には、長子の単独相続や、長子に多めの相続を認める規定もみられるが、財産の分割は、ダーヤバーガにせよ、ミタークシャラーにせよ、息子の間の均等分割が優勢な原則とされた。

　イギリス支配期以降、村落共同体、カースト制、そして合同家族の三つが、しばしばインド（ヒンドゥー）社会を特徴づける要素とみなされてきた。なかでも合同家族はナショナリズムの台頭のなかで、「西洋」からインドの伝統を差異化するポジティブな記号として機能してきた。「近代化」のもとで合同家族制度が崩れつつあるか否かという問いは、イギリス支配期以来、長らくインドで議論され続けてきたが、実際に合同家族がどこまで一般的であったかは不明である。世帯当たりの平均成員数は、独立前に5人を下回り、むしろ独立後に増加しているという指摘もある。平均余命や出生率、居住環境の変化によって合同家族の比率は変化するであろう。いずれにせよ、共有し、維持すべき財産（とくに土地財産）を有する階層、つまり、バラモンなどの上位カースト集団や、家族資本を必要とした商業カースト集団の関心事、かつ理想であったことは間違いないであろう。

　◆婚姻　ダルマ・シャーストラでは、婚姻は解消されえない性格のものとみなされ、「宗教的」な意味を有す。離婚・再婚という概念は基本的にダルマ・シャーストラのもとでの婚姻の概念になじまない。婚姻は受胎から死に至るまでのさまざまな儀礼であるサンスカーラ（通過儀礼の総称）のなかでも、最重要な儀礼と位置づけられた。サンスカーラはもっぱら上位3ヴァルナ（バラモン、クシャトリア、ヴァイシャ）の男性を対象として想定しているが、婚姻は女性とシュードラにとっては唯一の儀礼とされる。娘を結婚させることも庇護者にとって宗教的な義務であり、娘に月経が訪れるごとに胎児殺しの罪になるとする規定もある。庇護者によって婚姻がアレンジされない場合など、例外的に、娘が自選婚（スヴァヤンバラ婚）をすることを認める規定も存在する。

　婚姻は原則的に同じヴァルナ内で行われるべきとされるが、花婿が花嫁より地位が高い場合（アヌローマ、順毛婚）は一定許容され、逆の場合（プラティローマ、逆毛婚）は禁忌される。ダルマ・シャーストラでは、異なるヴァルナ間での男女の交わりによって、多種多様なカースト集団の存在が説明されるのである。

　男子を得ることは、ダルマ・シャーストラで大いに強調される価値である。男子の誕生は、家系の継続のみならず、葬儀や祖霊祭祀に必須とみなされたために❶、男子が生まれない場合には当然重婚は認められる。一方、妻には夫への献身、貞節が期待され、再婚は認められなかった。一生に一人の夫に献身的に尽くす女性（パティーヴラター）が理想である。夫が男子を残さず死去した場合、男子を得るために妻が夫の弟と交わるというニヨーガという慣習も存在したが、早期に否定されていった。

　ダルマ・シャーストラでは、8種の婚姻形態が、より好ましい順に挙げられている（ブラーフマ婚、ダイヴァ婚、アールシャ婚、プラージャーパティヤ婚、アースラ婚、ガーンダルヴァ婚、ラークシャサ婚、パイシャーチャ婚）。理想とされる婚姻は、庇護者によって処女（カニヤー）がなんらの対価なく贈与される形態（カニヤーダーン）である。対価を受けることは、娘を売る行為であると非難される❷。

　ダルマ・シャーストラの規定する婚姻年齢は、とくに女子では低い。『マヌ法典』は、男性が30歳になったときに12歳の娘を、24歳のときに8歳の娘を娶るべきと記す。一般的に娘が初潮を迎える前に結婚させることが良しとされる。上位カーストの男性の再婚相手は常に初婚の女性（つまり処女）とされたので、夫と妻の年齢差が開くことになった。

　以上に概観したのは、バラモン的な価値に彩られたダルマ・シャーストラが語ることである。実際には、離婚・再婚の慣習を有した集団は、バラモンなどの上位カーストを除く圧倒的多数に及んでいたというのが事実である。また、19世紀の状況から判断するならば、男子の婚姻年齢も低い。

　◆**養子**　男子は、家系の存続、葬儀や祖霊祭祀に際して祖霊に供物（ピンダ）をささげる者として必須であると考えられ、男子が誕生しない場合、養子が必要である。ダルマ・シャーストラでは、同ヴァルナの正規の妻から生まれた嫡子（アウラサ）や前述したニヨーガによる息子のほかに何種もの「息子」を列挙するが、養子もここに挙げられている。原則的に、養子は同ヴァルナから取る者とされ、長子、一人息子は養子にできず、ウパヤナヤ（成人式）の前に行うものである。妻は夫の許可なしに養子を取ったり、出したりすることはできないとされるが、寡婦の養子権については殊に意見がわかれた。母系制集団では女子の養子が行われるが、ダルマ・シャー

ストラで女子の養子は考慮のうちに入らない。

◆**独立後のヒンドゥー家族法改革**　ヒンドゥー家族法の全面的な改革は、第二次世界大戦中の第一次ラウ委員会の設置（1941年）から始まり、独立後の「ヒンドゥー婚姻法」（1955年）、「ヒンドゥー相続法」（1956年）、「ヒンドゥー未成年および後見法」（1956年）、「ヒンドゥー養子および扶養法」（1956年）に結実する。これらの法律は、当初提案された「ヒンドゥー法典案（Hindu Code Bill）」を分割したものもある。家族法の改革に対して、「宗教の危機」を叫ぶヒンドゥー保守派からの反発や、法案審議への非協力に直面した初代法相アンベードカルが抗議して辞任するなど、法律成立までの過程は紆余曲折をたどった。

婚姻法は一夫一婦制を定め、離婚条項も盛り込んだ。婚姻年齢は、女子15歳、男子18歳とされた。同カーストであることは条件から外された。相続法では娘に息子と同等（完全な同等ではないが）の相続権を付与した。養子法では女子の養子も認めた。その後も今日に至るまで各法律は改正が加えられきた。例えば離婚条件の緩和、養子権に残っていた男女の格差の解消、婚姻年齢の引き上げなどである。婚姻年齢は1978年に男子21歳、女子18歳に引き上げられたが、さらに女子の婚姻年齢を21歳とする議論が進行中である（2022年9月現在）。

◆**統一民法典のゆくえ**　インド憲法（1950年）は第44条で、国が宗教の別なく適用される統一民法典を作ることを目標として掲げている。しかし、属人法、とくにイスラーム教徒のそれは、分離独立を経て宗教的マイノリティになった彼らにとって、アイデンティティの指標として機能するようになり、改正への動きには鋭い反発が生まれ、一方、ヒンドゥー至上主義勢力は、イスラーム攻撃の手段とする状況が生まれている。統一民法典を、国民国家の統合ではなく、ジェンダー平等の観点からいかに追及すべきか、あるいは、別の道があるのか、フェミニストのあいだで模索が続いている。（粟屋利江）

---

❶ ヒンドゥー教では、人（男性）は三つの負債（リナ）を負っているとされる。つまり、聖仙への負債、神々への負債、父祖への負債である。それぞれの負債は、ヴェーダの学習、供犠／祭式、祖霊祭祀（シュラーッダ）を行う息子の獲得によって返される。息子誕生の宗教的意味づけは、ここにある。

❷ 『マヌ法典』（渡瀬信之訳、東洋文庫842、2013年）
　3-27　［娘を］正装させ、敬って後、ヴェーダを知り、性格の良い男子を自ら招き、娘を与えることはブラフマンの生き方（ダルマ）と称される。
　9-98　シュードラですら、娘を与えるに際して対価を受けてはならない。なぜならば、対価を受け取るときは、隠れた娘売りをすることになるからである。

▶**参考文献**
山崎利男（1991）「インド家族法の原理とその変化―1948年ヒンドゥー法典案をめぐって」『講座現代家族法1』
山崎利男（1990）「イギリス支配とヒンドゥー法」小谷汪之ほか編『権威と権力（シリーズ世界史への問い7）』
田邊繁子（1960）『マヌ法典の家族法』

5）家族法と社会

②イスラーム法と家族・社会

📖 I-3-2-④, II-1-2-③, II-1-6-①, II-2-4-③　🔍【読】世5-1, 世5-2

◆イスラーム家族法　一般に、イスラーム法はすべてを律するというイメージが強い。しかしながら、世界のほかの地域と同じく、イスラーム法のみが社会における家族のあり方を規定しているわけではない。むしろ、西アジアの家族構造に顕著だとされる父系、家父長制、内婚制、一夫多妻の拡大家族はイスラーム以前から存在する。イスラーム家族法は夫婦関係、親子関係に詳しいが、それ以外の親族の位置づけが明確に規定されているわけでも、典型的な家族像があるわけでもないと言える。イスラーム家族法の中心には、未成年者や女性に対する男性父系血族の人格的支配があり、その支配は結婚や離婚、相続等のあらゆる家族イベントに及んだ。

◆男性父系血族の支配する家族　では、男性父系血族はいかなる法的根拠によって家族の成員を支配したのか。一つは、未成年者や禁治産者の財産後見であり、家族の中で財産後見人となるのは父親または父方の祖父である。法律上、後見人は被後見人たる子どもの利益となる行為のみを行い、損失となる行為を行うことはできないのだが、子どもは事実上その経済的な支配下に置かれることとなる。もう一つは、身分後見（婚姻後見）である。結婚は家族の生存戦略上きわめて重大なイベントであり、法律上、広い範囲の男系父系血族が後見人となることができた。特に父親は未成年者の息子娘を、その同意なくして強制的に結婚させることができ、実際には女子に対する支配という意味がより強い。なぜならば、男子は結婚後も家族内にとどまり、将来的な家族の後継ぎを誕生させうるのに対し、女子は結婚すれば嫁いだ先の家族の構成員となり、その生む子も嫁ぎ先の家族の後継ぎになるからである。近代に法整備が進むまで、夫は同時に4人まで妻帯することができ、女奴隷との性交も許されていた。女奴隷の生んだ子の親子認定も可能であったため、上層の家族には、そのための女奴隷も存在した。その目的は後継ぎたる男子を得るためにほかならず、女子誕生は落胆をもって迎えられたとも伝わる。厳しい親子認定と養子制度の不在という点で、日本のイエ制度との隔たりは大きい。

◆結婚相手の選択　法的には平等性（カファーア）、すなわち結婚する相手の家族との釣り合い（身分、血統、財産、信仰心など）の問題も大きい。スンナ派の法学派すべてが、女性は自らより地位が高い、または対等な相手と結婚すべきであるとするのに対し、男性の場合

は地位の低い相手と結婚することは差し支えないとする。これは、娘や女性親族の結婚相手を探す父親または男性父系血族にとって重大な問題であり、結婚相手の選択を誤ることによって財産上の不利益や社会的な名誉を傷つけられることは何としても避けなければならない。後見人が良縁を見出すことができない場合には、女性は家族の内にとどまることとなり、男性父系血族がその扶養義務を負う。屋内のハレムでの生活、屋外でのヴェールの着用を女性に強いる隔離の慣習も、ある程度これによって説明することができる。この慣習は、都市の上層家族に始まり、徐々に農村など、周辺に広がっていったと見られる。

◆夫婦関係　イスラーム法における夫婦関係の基本概念は、夫による妻子の扶養（ナファカ）義務と夫への妻の服従（ターア）義務であり、この二つが一体であった。結婚手続きは諾成契約であり、後見人および証人２名の立会い、結婚当事者間の合意、結婚の申込みと承諾の形式的要件をみたせば有効であり、秘蹟としてのキリスト教の結婚とは本質的に異なる。男女ともに婚外交渉は重罪である姦通（ズィナー）にあたり、それを避けるためにも婚姻契約を交わすことが大事であった。婚姻契約書には両当事者の名前や夫が妻に支払う婚資（マフル）額のほか、花嫁のみ初婚か再婚かの別が記載されることがある。離婚については、一方的に相手を離婚できるのは夫だけであった。ただし、オスマン帝国時代（1299頃–1922年）の法廷台帳には、幼児婚の妻が成人時に婚姻契約解除を申し立てる離婚や、妻が一定の代償を夫に支払って成就する離婚など、妻側から起こされる離婚の記録も残っている。

公証人に婚姻契約書を書いてもらう女性
(https://openartbrowser.org/es/artwork/Q20973156)

◆親子関係　親子関係も、家族イベントとともに変化していく。父親は、一般的に子どもを扶養する義務を負う。一方、母親にはその義務はない。子どもは、男子ならば成年に達し、じゅうぶんな収入を得た時、女子ならば結婚し床入りが完了した時、それぞれ父親の扶養から離れる。父親や母親が貧窮している場合、資力のある息子または娘はその親を、場合により父親の妻や使用人、さらには妻の使用人を扶養する義務を負う。このように広く家族構成員の扶養義務を定めた法解釈は、家族の存続を容易にするためと理解することができるだろう。（大河原知樹）

▶参考文献

小野仁美（2019）『イスラーム法の子ども観—ジェンダーの視点でみる子育てと家族』
ハイム・ガーバー（黒田壽郎訳）（1996）『イスラームの国家・社会・法—法の歴史人類学』
柳橋博之（2001）『イスラーム家族法 婚姻・親子・親族』

Ⅱ-1-2-③, Ⅱ-1-4-②, Ⅱ-1-5-②, Ⅱ-2-4-③　【読】世5-1, 世5-2

6）女性の相続・財産権

①西アジア・ムスリム女性の財産権

◆**イスラームにおける女性の財産権**　7世紀のイスラーム共同体成立以降、西アジア・中東地域のムスリム社会では、女性に財産権が認められていた。イスラームの聖典クルアーンにおいて、女性に財産相続権が認められていることがこの背景にある（例えばクルアーン第4章第11節など❶）。イスラームの教義とムスリム社会においては、ヴェールの着用、一夫多妻の容認、離婚に際しての女性の不利な立場など、なにかと女性の地位が低いとする負の印象への反論としてしばしば取り上げられてきたのは、この古くからのムスリム女性の財産権だった。

　近代以前、一般的なムスリム女性が主に財産を取得する経路として、結婚時に夫から受け取る婚資（マハルまたはサダークという）❷と、配偶者や両親子どもといった近親者の死に際して受け取る相続分（大まかにいうと女性は相続順位同位男性の半分）が注目されてきた。この二つの経路は聖典クルアーンに明記され、天賦の権利とも言えるものである。建前上成人ムスリム女性は自分で自分の財産を処分することができた（夫や父親の許可や同意は不要）。史料の豊富なオスマン帝国支配地域を対象とする研究は、近代以前にも彼女たちが財産をめぐり活発に訴訟を起こし、また不動産など高額な社会経済価値を有する財産を盛んに売買していたことを実証している。一方で、彼女たちが相続から取得した不動産（不動産の持分権も含む）を速やかに男系血族（兄弟や従兄弟）に売却させられた事例も多数知られている。

　◆**ワクフと女性**　ムスリム女性の財産権を考える材料として、財産のワクフ設定をとりあげたい。ワクフとは、ある財産（主として不動産）の所有権を永久に停止し（つまりそれ以降の売買禁止）そこからの収益を特定の使途に充てるイスラーム法上の行為であり、寄進に近い。またワクフの特徴の一つは、その永続性にある。ワクフ設定された財産（＝所有権を停止された財産）は基本的にそれ以降、当初定められた規定に従って、その収益が利用され続けるのである。財産をワクフ設定するには、そもそも設定者がその財産を実際に所有し、自由に処分できる権利・環境を有することが前提となる（自分の財産でないものをワクフ設定できない）。女性によるワクフ設定を調査するということは、ムスリム女性の財産権は名目上にすぎないのではないか、

という疑惑に対する一つの回答になるのである。

　◆家族ワクフ──シリアの事例　ワクフに設定された財産の収益の使途は、モスクや学院（マドラサ）の運営費用や、貧者への施しやクルアーン朗誦といった宗教儀礼の費用など、いわばわかりやすい慈善目的に充てられるばかりでなく、自分の家族を受益対象とすることも可能であった（これを家族ワクフと呼ぶ）。イスラームにおいては、自分の家族のために財産をワクフ設定することも善行と考えられているためである。まず、家族ワクフ研究分野の最新の成果であるベシャーラ・ドゥーマーニーによる『オスマン朝の地中海地域における家族生活』（2017年）で取り上げられている、シリアのムスリム女性のワクフ設定を紹介しよう。この研究は、17世紀後半から19世紀半ばまでのオスマン朝期のシリア地域のナーブルス（現パレスチナ領）とトリポリ（現レバノン領）に関する家族ワクフの比較史研究である。ドゥーマーニーによれば、両市は同じ文化圏・宗教に属し、地理的にも近いにもかかわらず、それぞれムスリム女性の財産権を取り巻く環境が大きく異なっていた。女性の財産権行使としての家族ワクフ設定に着目すると、両市の女性はいずれも、兄弟、従兄弟、伯父甥といった傍系男性親族を潜在的な受益者から排除し、直系子孫のみをワクフの受益者に制限する傾向があった。一方両市の差異として、トリポリでは、家族ワクフの設定件数について有意な男女差は見られないものの（ただし財産規模は女性の方が小さい）、ナーブルスでは、女性のワクフ設定件数が男性に比してかなり少なく、また19世紀になるとその傾向がさらに顕著になるという。ドゥーマーニーは、女性の家族認識の近さ（傍系男系血族排除）が認められる一方で、女性の財産取得とその行使に関しては、近接地域であっても社会経済的背景の違いから（トリポリでは養蚕業などを通して、女性の労働参加が盛ん）、目立った差異が発生しうるという興味深い実態を明らかにしているのである。

　◆聖廟のためのワクフ──イランの事例　次に筆者の専門であるイランを題材に、女性による私有財産のワクフ設定・寄進を紹介したい。イランでは16世紀以来、国の公式宗派はイスラームのなかでも少数派のシーア派となり、住民のシーア派化も徐々に進んだ。ここでは1900年に作成された『レザー廟寄進財産目録』という史料を取り上げる。これはイラン東北部の中心都市マシュハドにある第8代シーア派イマーム（指導者）レザーの墓廟に対するワクフ寄進文書摘要集成である。この財産目録に記録されているワクフは信仰対象に対する寄進であるが、女性の財産権行使という点では、上で紹介したシリアの家族ワクフ研究の例とも共通している。

　『レザー廟財産寄進目録』には合計170件のワクフ寄進が記録され、そのうち女性

による寄進は実質14件ある。14件のうち最古の
ワクフ文書は1589年のもので、17世紀に属する
文書が3件、残り10件は19世紀のものである。
寄進者には、カージャール朝君主の側室やサ
ファヴィー朝宰相の娘といった有力女性が目立
つものの、それほど有名でない女性も含まれて
いる。

レザー廟（筆者撮影）

　この不動産目録の改題によれば、レザー廟に
は、燈火（燭台や蝋燭など）に関わる寄進が数多
くみられるという。女性によるワクフでも同様の傾向がみられる。そこで女性のワ
クフ14件のなかから興味深い2件の例を取り上げ、女性が獲得した財産をワクフと
して寄進することで財産権を行使した実態を少し詳しく見てみたい。

　◆ヌール＝ジャハーン・ハーノム　ワクフ設定した財産の入手経路が明記されてい
る例として、ヌール＝ジャハーン・ハーノムという女性のワクフを紹介しよう。こ
の女性は、イラン南西部ケルマーンのアフシャール族有力者ホセイン＝アリー・ベ
グという人物の妻であり、1803年11月27日付で、自身の財産をワクフとして廟に寄
進した。その財産とは、彼女が住むケルマーン地方にある3カ所の農地の一部とそ
れぞれに付属する水利権である。この財産のうち2カ所は、寄進者が結婚の際の婚
資として得たもので、残る1カ所は、夫から贈与されたものであった。これらのワ
クフとして寄進された財産から得られる毎年の収益のうち、管財人の手数料1割を
除いた残額は二分され、半分はレザー廟に送金され、残り半分は現イラクのナジャ
フにある初代シーア派イマーム、アリーの聖廟へ送金される規定になっている。こ
の事例からは、ヌール＝ジャハーン・ハーノムという女性が、結婚や贈与を通じて
得た財産を、自らの信仰心に基づく自由意思で、2つのシーア派聖廟にワクフとし
て寄進していたことが読み取れるのである。これはイマームによる死後のとりなし
を期待したものであろう。

　◆アニーソッドウレ　アニーソッドウレは、カージャール朝第4代君主ナーセ
ロッディーン・シャー（在位1848-1896年）の寵姫である。彼女は当時のイランで有数
の高位にある女性で、婚資や相続だけでなく、宮廷からの支給金という形でも多額
の収入や財産を得ていたと推測される。彼女が1874年に寄進したワクフ財産は高額
であり、具体的には廟の聖域に隣接している二つのバーザールの約3分1の持分で
ある。このワクフ財産からの収益のうち、25％を廟の正面扉に設置された燭台のた

めの蠟燭の費用に、15％を廟の門の清掃修理代に充てている。さらに、廟従僕1名の俸給として40％が充てられている。この従僕は通常業務のほか、寄進者アニーソッドウレのために代理参詣を行うと規定されている。（残りの15％は、ワクフ管財人などの手数料）。ワクフ財産は建前として永続するので、この代理参詣は彼女の死後も継続することになっていた。つまり、この高貴な女性はシーア派イマームの聖廟を燈火で永遠に照らして、参詣を繰り返すことで、死後のとりなしを期待し、来世の安寧を願っていたのであろう。なお目録には寄進財産を彼女が購入したことを証明する売買証書が廟の図書館に保管されていると追記されている。彼女は自ら取得したことを証明する売買証書を添えて、大きな財産を聖廟にワクフとして寄進したのである。

◆**ワクフ寄進から見たムスリム女性の財産権行使**　ここまでイスラームに独特なワクフという手段を用いたムスリム女性の財産権行使の実態を、シリアとイランの事例から紹介してきた。むろん、ワクフ設定のほかにも不動産売買、賃貸借などムスリム女性が財産権を行使していた例も多数ある。一方ワクフは永続であるため、それ以降財産の売買ができず、処分が完結しているため、彼女たちの財産の使い道に込められた、現世と来世への生々しい思いを特に読み取りやすい。自分の（来世の）ため、家族のため、さまざまな願いが財産処分に込められているのである。（阿部尚史）

---

❶ **クルアーン第4章第11節**（『日亜対訳・注解　聖クルアーン』日本ムスリム協会、2002年）
　アッラーはあなたがたの子女に就いてこう命じられる。男児には女児の2人分と同額。もし女児のみ2人以上のときは遺産の3分の2を受ける。もし女児一人の時は、2分の1を受ける。またその両親は、かれに遺児のある場合、それぞれ遺産の6分の1を受ける。もし遺児がなく、両親がその相続者である場合は、母親はその3分の1を受ける。（後略）

❷ **クルアーン第4章第4節**（同上）
　そして（結婚にさいしては）女にマハルを贈り物として与えなさい。だがかの女らが自らその一部を戻すことを願うならば、喜んでこれを納めなさい。

▶**参考文献**
Beshara Doumani (2017), *Family Life in the Ottoman Mediterranean: A Social History*.
Tomoko Morikawa and Christoph Werner (2017) *Vestiges of the Razavi Shrine, Āthār al-Raẓavīya: a Catalogue of Endowments and Deeds to the Shrine of Imam Riza in Mashhad*.
林佳世子（2016）『オスマン帝国500年の平和（興亡の世界史）』

| **問い** | なぜムスリム女性の財産権に疑念が発生するのか、そうした視線の問題点を考えてみよう。 |

②ヒンドゥー法と女性の財産権

📖 Ⅱ-1-5-①, Ⅱ-2-2-③, Ⅱ-2-3-③　🔍【読】世3-2, 世14-2

◆ダルマ・シャーストラ（ヒンドゥー法）と女性の財産　ヒンドゥー法研究者山崎利男は、「女性は合同家族財産に対して権利はなく、女性の財産について終身にかぎり享有できるにすぎない制限された財産を設定できる、といったように、女性の法的地位はいちじるしく低かった」と指摘した（山崎 1992: 239）。ヒンドゥー法と訳されるダルマ・シャーストラとは、紀元前から綿々とバラモン男性によって書き継がれてきたサンスクリットの文献群である。ヒンドゥー家族法の項目でも指摘したように、ダルマ・シャーストラの規定は相互に矛盾する規定も少なくなく、また、そこに盛り込まれた規定が実際に施行されていたとは言えない。ここでは主に、ダルマ・シャーストラにおける女性の財産権に関する理念的規定と、イギリス支配期以降の立法による改革をみることとなる。

◆合同家族と女性の相続権　ヒンドゥー法における相続とは、男子が合同家族の家産を分割することを意味し、男子が相続人である。イギリス支配期、ヒンドゥー法の中に、ダーヤバーガとミタークシャラーという二つの学派（school）が同定され、前者はベンガル地域、後者はそれ以外の地域の法体系として家族法の分野に導入された。ミタークシャラーの場合、家産に対する権利は「出生」によって男子のみに生じ、男子のみが家産合有者（coparcener）となり得る。男子成員の家産の取り分は、男子の誕生や死亡によって変わってくる。一方、ダーヤバーガでは、家長の権限が強く、息子たちの家産への権利は父親の死後になって生じ、その取り分は固定され明確である。娘は扶養される権利以外には、後述するストリーダナがほぼ唯一の権利である。妻に関しては、単純化するならば、ダーヤバーガの方が妻の相続権が生じる余地が高いと言える。実際、19世紀初頭、ベンガル地域でサティー（寡婦殉死）の件数が多かった要因として、同地域において妻の相続権の順位が高いダーヤバーガが行われていたからであるという指摘もされたのである。妻の相続財産についても、売却や贈与などの権限はなく、一生限りのもので、死後は財産の種類によって夫や父親の相続人によって相続されるといった制限がかけられた。

◆ストリーダナ（女性の特有財産）とダウリー　合同家族の家産への権利が否定されてきた一方、ヒンドゥー法において早くから、ストリーダナと呼ばれる女性の特有財産が規定されてきた。これは主に婚姻に際して女性に贈られる動産からなる❶。ストリーダナ

の特徴は、原則として所有者の死後、娘に相続されることである。しかし、こうした「母系制」的な相続はイギリス支配期の司法判断によって制限がかけられたという指摘もある。

　1970年代頃から、ダウリー（持参財）をめぐる女性への暴力、すなわち、夫側が妻側に法外な現金、ゴールド、大衆消費財その他を要求し、それにこたえられない場合、殺人を含む虐待、妻の自殺などにつながるという問題がインドで議論を生んできた。しばしば、ダウリーがストリーダナと同一視され、ダウリーは娘への生前贈与だという認識も存在する。しかし、現代的なダウリーは夫側からの「要求」であり、贈与の受取り手は娘だけではない。また「相続」とは区別されるべきである。1961年の「ダウリー禁止法」を皮切りに、1980年代に刑法の改正を含め、ダウリー抑制のための法的規制が強化されてきたが歯止めはかかっていない❷。

　◆**独立インドにおける家族法改革**　20世紀になると妻の相続権を強化しようとする動きが現れた。重要な法律の一つが、1937年のヒンドゥー女性財産権法である。同法は、寡婦に息子と同等の相続権を認める内容を持ったが、土地には適用されず、その権利はやはり終身に限られた。

　女性の相続権に関しては、1956年に成立したヒンドゥー相続法によって息子と同等の権利が認められ、妻の財産権を終身に限るといった制限も撤廃された。しかし、娘の権利は合同家族に生まれた時点で獲得されるのでなかった（つまり娘は家産合有者ではない）。娘に息子と同じ家産合有者としての権利が認められたのは、2005年のヒンドゥー相続法改正法によってである。ただし、既婚の娘が実家の財産（特に土地）に対して相続権を行使するか否かは別問題である。兄弟との関係性を悪化させる可能性を恐れて放棄される事例も少なくないとされるからである。（粟屋利江）

---

❶『**マヌ法典**』（渡瀬信之訳、東洋文庫842、2013年）
　9-194　［結婚式の］祭火の前で与えられたもの、［父の家から新郎の家に向かう］行列の際に与えられたもの、愛情の印として与えられたもの、兄、母および父から得たものの六種は妻の財産（ストリーダナ）と言われている。

❷ ダウリー問題
　1914年、ダウリーの支払いに苦しむ親を思い自殺したとされるベンガルのバラモン少女スネーハラタの事件は当時、世論を騒がせた。夫側からの要求を過剰化した要因として、イギリス支配期に登場したホワイトカラー職を持つ夫の「結婚市場」での価値の高まりがあったと指摘される。近年に関しては、消費文化の浸透との親和性が重要である。かつて花婿側から花嫁側に慣習的な額（ブライド・プライス）を支払う慣習に従っていた多くのカースト集団も、ダウリーに移行してきた。ダウリーは、バングラデシュ、パキスタンのムスリム社会、海外の南アジア系移民社会にも広まっている。

▶参考文献
小林磨理恵（2012）「インドにおける「結婚持参金（ダウリー）問題」の諸相」『クヴァドランテ』14
山崎利男（1957）「古典ヒンドゥー法の婦女の家産相続および strīdhana に関する規定」『東洋文化研究所紀要』13
山崎利男（1991）「インド家族法の原理とその変化──1948年ヒンドゥー法典案をめぐって」『講座現代家族法 1』

6) 女性の相続・財産権

③近代法と女性の財産権

📖 Ⅱ−1−3−① 🔍【読】世10−4

◆**財産権と所有権**　財産権とは、財産的価値を有する権利の総称である。財産権には、所有権をはじめとする物権のほか、債権、社員権、鉱業権や漁業権などの特別法上の権利、さらに新しい権利としての知的財産権（著作権や特許権などの無体財産権）が含まれる。多様な財産権のうち、中核に位置づけられる権利が物権（所有権）と債権（契約）であり、その主な対象は不動産（土地や建物）と動産（金銭や物品）である。財産権移転の方法は、売買・譲渡・相続などである。日本の現行民法典は全5編からなり、第1編総則（民法全体に共通する一般的ルール）、第2編物権（所有権）、第3編債権（契約）、第4編親族、第5編相続である。このうち、第2編と第3編が財産法と呼ばれる。

◆**女性の財産権**　多くの社会で、女性の財産権はさまざまに制限されてきた。一般に、女性の財産権は、家族関係（兄弟姉妹の有無）や婚姻状態（未婚・妻・母・寡婦）によって大きく規定された。ヨーロッパ社会で女性が個人として財産権の完全な主体となったのは、フェミニズムの第二の波以降（1960／70年代以降）ときわめて新しい。19世紀に近代法が個人の財産権を保障した時ですら、それは男性（夫）の権利保障に過ぎなかった。妻の財産は夫の管理下に置かれた。それは、家族内の資本を夫の手に集中することを意味し、資本主義の発展には好都合であった。

　女性の財産権については、①土地の相続（男性限定か、男性優先か、男女平等か）、②婚姻締結・婚姻解消時の財産移転（実家から婚家に持参する嫁資か、婚家から実家に支払われる婚資か）、③夫婦財産制（妻の財産を管理する方法）、④妻財産の管理・処分（夫の許可なく妻が単独で自分の財産を売買・譲渡できるか）といった問題がある。前近代社会では、土地などの重要財産が家に結びついていたため、主に①と②が女性の財産権を規定した。近代的所有権が成立してはじめて個人の財産権が確立したが、夫の家父長権（夫権）が強くなった結果、夫婦財産制に関わる問題（③と④）が「妻」（女性一般ではない）の財産権を規定することになる。

◆**前近代ヨーロッパ社会の土地所有権**　資本主義が発展する以前の最も重要な財産は、土地（特に農地）であった。農地に対する所有権（土地所有権）の在り方は、近代法の成立とともに根本的に変化した。

　前近代身分制社会における土地所有は「封建的土地所有」として特徴づけられる。
　一つの土地には複数の権利が重畳的に存在した。権利の重畳性とは、領主（貴族）
が領地（農地）に対する上級所有権を持ち、農民が農地の保有権（実際に耕す権利）を
持ったことを指す。領主といえども領地を自由に処分（売買）することはできず、農
地は慣習的に三世代保有や畢生保有（一代限りの保有）という形で農民に貸し与えら
れた。貴族の所領は男系継承が優先されたとはいえ、息子がいなければ娘が領地や
爵位を相続した。また、貴族の婚姻は家門戦略という意味を帯びたため、結婚でき
る子女の数を限って、財産の細分化を防いだ。結婚する娘は、実家の相続分の先取
りとして城や領地を持参財産（嫁資）とするケースも少なくなかった。このため、広
大な領地を有する富裕な女性領主は珍しくなかった。女性の財産はすべて子どもに
相続されたが、子がいない場合には、不動産（領地）は実家に復帰し、動産は夫が相
続した。農地保有農民は原則として男性であり、妻は農業労働を補佐し、菜園など
を管理した。封建社会における農地貸与は、近代法上の自由な土地賃貸借契約とは
異なり、労働提供（夫役）の義務や移動の禁止などの経済外強制を伴うものであっ
た。地代は慣習法で決定されて現物あるいは金銭で納付されたが、穀物収穫高の半
分以上を占めるなどきわめて高く、しばしば農民を飢餓に追いやった。男性継承者
のいない農地は領主のもとに復帰し、別の農民に貸し与えられた。

　◆近代市民法における財産権　封建的土地所有を否定して成立した「近代的土地
所有」では、「私的所有権の絶対性」が保障された。その最も重要な特徴は、「一物
一権主義」（一つの物に対しては一人の所有者のみが存在する）と私有財産に対する「使
用・収益・処分」の権利の保障である。19世紀ヨーロッパで成立し、世界に大きな
影響を与えた近代市民法は、私的所有権を個人の権利（財産権）として保障した。今
日、財産権は、基本的人権の自由権（経済的自由）の一つとみなされる。

　フランス人権宣言（1789年）は、財産の所有を自由や安全、圧制への抵抗と並ぶ自
然権と位置づけ（2条）、所有権を「侵すことのできない神聖な権利」（17条）と定め
た❶。しかし、こうした財産権の主体は男性であった。オランプ・ドゥ・グージュ
はこれを批判し、「女権宣言」（1791年）第17条でこう記した。「財産は、結婚してい
ると否とにかかわらず、両性に属する」。

　◆妻の「無能力」　近代法は、個人主義に基づく所有と契約の自由を確立した。相続
による財産分割は、男女を問わず、原則として均分とされた。その意味で、女性にもま
た近代的所有権が保障されたと言える。しかし、問題はその権利が「妻」には制限され
たことである。妻として夫の後見下に置かれた女性は、夫婦財産制の効果として、妻自

身の私有財産は夫の支配・管理下に置かれた。これを妻の「無能力」（法的行為能力の否定）と呼ぶ。代表的な近代法であるフランス民法典（1804年）は、妻の無能力❷、身分上・財産管理上での妻の地位の制約と強い夫権、子に対する父権の強さ、厳格な有責主義の離婚制度、相続法での孫のための補充指定制度などの仕組みによる「善良な家父」が身分的にも財産的にも統率された近代的家父長的家族を確立させたのである。

　◆**フランスの夫婦財産制**　アンシャン・レジーム期のフランス法は、ゲルマン法の伝統を引く北部慣習法とローマ法の影響が強い南部成文法に分かれていた。夫婦財産制に関しては、北部では動産・後得財産（所得）共通制、南部（グージュは南部出身である）では嫁資制が取られていた。いずれの財産制でも夫は妻の財産を管理する権限を持つが、資本主義の発展に好都合なのは、金銭（動産）と経営の収益（所得）が共通財産とみなされ、その管理権が夫に委ねられる動産・後得財産共通制であった。フランス民法典は、動産・後得財産共通制を法定夫婦財産制とし、嫁資制を約定財産制（夫婦財産契約）の一つ（事実上は第二法定財産制）とした。

　動産・後得財産共通制では、夫婦の財産は、共通財産、夫の固有財産、妻の固有財産から成る。共通財産の管理権・処分権は夫に帰属し、夫の固有財産の管理権・処分権は夫に専属する。妻の固有財産は、その管理権が夫に専属するため、「虚有権」（所有権から収益権を除いたもの）の処分権のみが妻に属する。この夫婦財産制は、経営に必要な権限を夫に集中させ（不動産については管理権、動産については管理・処分権）、夫のみが取引社会での行為主体となるのに適していた。妻は「公の商人」（夫と別個の経営主体）である場合を除いて、「無能力者」とされ、取引社会では夫の保護下に置かれ、夫による経営には関与し得ないものとされた。

　一方、嫁資制は別産制の一種であって、共通財産は存在せず、妻の固有財産は嫁資財産と嫁資外財産に区別される。嫁資財産は、夫が管理・収益権をもつが、処分はできない。明確に嫁資財産とされなかったものすべては嫁資外財産とされ、妻の特有財産となって、管理・処分権は妻が有する。ただし、その財産にかかわる訴訟行為には夫の許可あるいは裁判所の許可が必要とされた。19世紀には財産価値の変動が大きくなったため嫁資制は廃れ、動産・後得財産共通制が主流になっていく。

　19世紀末以降、フェミニズムの影響を受けて、妻の財産権は徐々に改善されていった。1938年に妻の行為能力が認められたが、ファシズム下で夫婦の主従関係が明記され、家父長制が強化された（1942年）。1958年に配偶者相続権が認められ、1965年、夫による動産管理が外され、法定夫婦財産制は後得財産共同制に変更された。夫婦が法的に完全に平等になったのは、ようやく1985年である。

◆**ドイツ民法典と妻の財産権**　ドイツ民法典（1896年）の編纂にあたって、200に
も上る夫婦財産制の整理統合が図られた。ドイツで法定夫婦財産制とされたのは、
管理共通制である。管理共通制とは、別産制を基本としつつ、妻の財産を夫が管理
する制度を指す。明治民法も管理共通制を採用した。当時のドイツでは、どの制度
を法定夫婦財産制にするかで意見が分かれていた。保守派は一般的財産共同制（夫
婦の全財産を夫の管理下に置く）を唱え、純粋な自由主義者は別産制を唱えた。実際に
選ばれたのは、最も普及していた制度であり、かつ、家父長制と妻財産の保護を両
立できるとみなされた管理共通制であった。ドイツ民法典第一草案が「夫は婚姻の
首長である」と家父長制を法定しようとしたとき、フェミニストは強い失望を示し
た。1895年、ドイツ女性団体連合は民法典審議に際して考慮すべき3点を請願した。
その筆頭が、別産制を法定夫婦財産制にせよとの要求であった。しかし、実現せず、
管理共通制は1956年まで存続する。ドイツ基本法（1949年）は、家族保護条項を入れ
るのと引き換えに一般的な男女平等規定を設けたが（ヴァイマル憲法の時には公的領域
における男女平等）、ナチス以前の「古き良き市民家族」を美化する復古主義の世相を
反映して、立法府は家父長制規定の改正に消極的であった。動いたのは司法である
（司法積極主義）。1954年に管理共通制は違憲とされ、1956年に剰余共同制（後得財産共
同制に相当）に改められた。しかし、「妻は固有の責任において家事を管理する」とい
う主婦婚モデルは維持され、夫婦の姓選択の自由とともに家父長制が完全に否定
されたのは1976年である。（三成美保）

---

❶ フランス人権宣言（1789年）

　第2条（政治的結合の目的と権利の種類）　すべての政治的結合の目的は、人の、時効によって消滅することのない自然的な諸権利の保全にある。これらの諸権利とは、自由、所有、安全および圧制への抵抗である。

　第17条（所有の不可侵、正当かつ事前の補償）　所有は、神聖かつ不可侵の権利であり、何人も、適法に確認された公の必要が明白にそれを要求する場合で、かつ、正当かつ事前の補償のもとでなければ、それを奪われない。

❷ フランス民法典（1804年）

　第217条　妻は、夫と財産を共有しておらず、又は、財産を分離したときでも、文書による夫の参加または夫の同意がなければ、有償または無償で、物を贈与し、譲渡し、抵当に入れ、取得することはできない。

　第1124条　以下の者は、契約を締結することに関して、法律が定める範囲内で、無能力（Les incapables）である。未成年者、禁治産者、既婚女性。そして一般的に、これらすべての者に法律は契約を禁じた。

▶**参考文献**

稲本洋之助（1985）『フランスの家族法』
石部雅亮編（1999）『ドイツ民法典の編纂と法学』
三成美保（2005）『ジェンダーの法史学─近代ドイツの家族とセクシュアリティ』

6) 女性の相続・財産権

④中国・台湾の女性と相続の歴史

Ⅱ-1-2-②, Ⅱ-2-4-④　【読】世4-4, 世15-4

◆**男子均分相続の伝統**　中国は伝統的に父系（男系）社会であり、生まれた子は男女ともに父の姓を名乗るが、宗祧とよばれる家督を継承するのは男子に限られた。寡婦は男子が無いときに家を一時的に管理することができるが、養子をひきとり、相続させなければならなかった。その場合の養子は必ず父方の男子であり、異姓の養子は認められない。遺産相続では嫡出子か庶出子かにかかわらず男子による均分相続❶が原則で、嗣子が先祖の祭祀を行うための共有財産を受け継ぐことはあっても、長男嫡出子のみが相続するということはない。それに比して、女子は未婚の場合は嫁資として財産が与えられることはあっても、すでに出嫁した娘に実家の家督を継ぐ権利や財産を相続する権利はなかった。

◆**女性と粧奩（持参財産）**　富裕層の女子は出嫁の際に父母兄弟から持参財産（中国では粧奩と呼ぶ）として金品や田産、奴婢などを与えられることが多く、社会通念上、これは妻個人の財産として意識された。ただし、事情によって実家に戻る場合や夫が亡くなり再婚する場合の粧奩の扱いは、時代によって異なっている。おおむね南宋あたりまでは妻の財産として持ち去りが許容されていたが、元明清では法律でそれを禁じ、夫家にとどめ置くように定めている。これは、朱子学の厳格主義が広まり、一旦嫁した女性はその夫家こそが家なのだという考え方が社会に浸透したことの反映でもある。

◆**「女子分法」をめぐって**　父系原理の下では娘には財産の相続権はなく、史料によれば唐代以降、女性の相続を認めるのは、継嗣がおらず戸絶（断絶）となった場合に限られた。しかし、近年、南宋の判例集である『名公書判清明集』に収められているある遺産相続の訴訟の判決文にあるいわゆる「女子分法」❷が研究者の間で注目されている。実家の父母がともに没している場合、女子が法によって男子の半分を受け取ることができるというもので、これを宋代女性の法的位置を示すものとして積極的に評価する説や一官僚の個人見解に基づく判決にすぎないとする説、またこの法自体の性格や判決文の解釈についても諸説あり、学界で論争が続いている。

◆**「中華民国民法」の男女平等の相続権**　女性に初めて財産相続権を認めたのは1931年施行の「中華民国民法」親属・継承編である。長い間家制度を支えてきた宗

祧相続は廃止され、財産相続は男女平等主義に基づき順位の第一を男女の別なく直系血族の卑属とし、同じ順位で妻の相続権を認めた。三民主義の理念と当時の女性解放運動の高まりを反映したものであった。ただし、男子相続の慣習は一般民衆の間で改まることはなく、実効性には乏しかった。この男女平等の原則は中華人民共和国でも継承され、1985年の相続法や2021年施行の「中華人民共和国民法典」相続編❸においても平等は貫かれている。ただし、父母の扶養の義務と相続は一体のものと考えられており、特に農村地域では他家に嫁いだ娘は実家の父母を扶養することはないので、遺産相続の資格を有しないとみなされがちである。

◆**台湾における女性相続**　　清朝支配下の台湾では清の相続法が適用されていた。1895年に日本の植民地となった台湾で日本の民法が施行されたのは1923年だが、親属編と相続編については適用外とし、そのまま台湾の慣習によった。裁判所は、慣習に基づき、1906年に継嗣となる男子がいないときには、例外的に女子が父の遺産を相続できることを示したが、裁判所は父方の一族による相続人選定の権利も認めてきた。そのため父方の親族が寡婦や娘を選定対象から排除する事案も頻発した。台湾で男女平等の中華民国民法が施行されたのは、1945年の日本敗戦以降である。その後、戒厳令下での民主化運動とそれにともなう女性運動の成果として、憲法と民法の親属編・相続編は何度か改正され、法規範上、女性には男性と同等の権利が賦与されるに至っている。しかし、実際には男系中心の相続慣習は残存している。現在でも相続放棄同意書や生前贈与という形で女子は相続から排除されがちであり、遺産分配の額も男子より少ないのが実情である。（野村鮎子）

❶　近現代まで続く中国の男系の家制度の根幹をなす相続概念である。異母兄弟を多く有した晋や南朝の貴族社会で一般化し、隋唐で法的にも整備された。

❷　『名公書判清明集』巻八戸婚門「女婿不応中分妻家産権」（劉後村）
　「法に在りては、父母已に亡く、児女の産を分つに、女は合に男の半を得べし」と見える。

❸　「中華人民共和国民法典」（2021年）第7篇継承第2章法定継承第1126条「財産継承権は男女平等である」
（出典）http://www.npc.gov.cn/npc/c30834/202006/75ba6483b8344591abd07917e1d25cc8.shtml

▶**参考文献**
滋賀秀三（1967）『中国家族法の原理』
小川快之（2015）「宋代女子財産権論争について」『上智史学』60号
陳昭如著・林香奈訳（2010）「「不孝」の権利─台湾女性の相続をめぐるジレンマ」野村鮎子・成田静香編『台湾女性研究の挑戦』

問い　①中国や台湾の財産相続において女性が排除されてきた背景について考えてみよう。
②日本においても同様の問題がないか、考えてみよう。

6) 女性の相続・財産権

⑤寄進に見る日本中世女性の財産権

📖 II-1-2-⑥　🔍【読】日6-5, 日6-6

◆**中世の女性相続**　男女問わず、一般的に財産形成・獲得の大きな契機としては、自己の労働・経営と相続・譲与とが想定できる。特に後者については、法と実態の両面で研究されてきたが、日本中世の場合、経済的な不動産・動産の相続が、政治的・社会的地位、例えば律令制官職や地頭職など在地領主の所職の継承と密接に関連した点に注意を要する。11世紀以降の在地領主層では、所職と一体化した中心的財産である所領は、男子とりわけ嫡男子に譲与され、それ以外の男女では田畑・家地などの土地が分割相続されることが多かったと指摘されている。ただし、女性が継承できない律令制官職と異なり、在地領主の所職は女性が継承することを必ずしも制限されなかったので、娘や妻など相続・譲与によって所領所職を有する女性は中世では少なからず存在した。また婚姻に際して、女性は自己の相続財産を持参したが、その扱い、すなわち婚姻後妻の財産が夫の支配権に属するか否かについては、律令の系譜を引く公家法が夫婦同財を原則としたのに対し、御成敗式目等の武家法は夫婦別財だったとされる。さらに武家では、親は子への譲与をいつでも変更できたが、夫から妻への譲与は一般的な他人譲与として変更を禁じられるなど、夫から所領所職を得た女性の存在も確認できる。

◆**財産処分権としての寄進**　財産権には、売却・寄付・譲与といった処分を行える権利や、権利実現のための訴訟権なども含まれるが、特に鎌倉時代半ばまでは、女性による所領処分や訴訟を示す多くの文書が残されている。しかし武家の家内部と幕府の両方向から女性への所領譲与が規制され始める14世紀になると、女性主体の土地譲状や女性提訴の訴訟文書は激減し、女性財産に関する考察自体が難しくなる。そのなかで、神仏に祈願や感謝の意を示すため、寺社に金銭・物品・所領所職等を寄付する行為である寄進は、減少といっても中世末期まで女性寄進状が存在し、かつ動産所有も示す点で、女性財産を考える際に重要である。寄進の目的は父母の追善供養や自身の生前供養など個人的なものから、国家・地域の安全といった公共的なものまで多様であり、その規模も、少額な燈明料から大口の堂塔建立費用までさまざまであった。多くの場合、寄進内容は寄進状・奉納状などと呼ばれる文書に

書かれ寄進先に残された。また中世では、寄付された物は仏物・神物として、俗人には戻らないとの観念が存在した。

◆天皇家の追善仏事と女院領　古代に遡ると、天平勝宝8（756）年に聖武天皇の冥福を祈って光明皇后が東大寺に寄進した物が正倉院宝物の中心であることはよく知られている。その女子孝謙天皇が東大寺や法隆寺に土地の寄付を行うなど、古代ではこうした王族女性の所有する土地の官寺への寄進（施入）が多くみられた。この流れは、院政期以降も女院領という形で継続した。平安時代末期になると、国家的給付の代替や国家的儀礼・仏事の経費として公的承認を得た中世的荘園が新たに各地で形成される。その際、天皇や上皇のみならず、院・門院の称号を得て、上皇に准ずる待遇を得た天皇の近親女性たち女院（にょいん）も多数の荘園を所持するに至った。女院は天皇家の追善仏事の主催者で、仏事を行う寺院（御願寺）の所領が女院領として集積され保持されたのである。特に鳥羽天皇の娘八条院暲子（しょうし）内親王（あきこ）には多数の荘園が集中し、鎌倉時代末期まで八条院領として伝えられた。女院の権勢を頼って寄進される荘園も多く、例えば保延5（1139）年に藤原周子なる女性は、鳥羽天皇皇后待賢門院が復興した法金剛院に、越前国河和田荘を寄進している（仁和寺文書）。

◆中世前期、寄進と女性の財産処分権　鎌倉時代に入ると、小規模な土地寄進が増加し、特に女性名義の寄進状にその傾向が顕著である。寄進内容も、領域的支配権を含む荘園所職ではなく各土地からの収益権が多くなり、寄進者は階層的に拡大し多様となった。特に夫婦別財であった武家の女性たちの寄進状が増加する。例えば安芸国沼田荘（ぬた）（広島県三原市）内の一郷の地頭小早川浄蓮が、正応3（1290）年、一族結集の核である氏寺楽音寺に一町の田を寄進し、三重宝塔の建設支援に充てた例などは、女性地頭の寄進と言える（楽音寺文書）。また鎌倉時代後期以降、特に女性への土地譲与で、所有を一代限りとした一期分が拡がるが、一方で「一期の後」と明記した自身供養のための女性寄進状も多くみられるようになる。一期分が必ず実家に戻るわけではなく、女性自身の意思による処分もあったと言えよう。また中世の女性寄進状のなかに夫や男女の子などが連署するものもあるが、これは寄進後の紛争回避のための関係者の意思確認と言え、男性名義でも同様である。女性が自己の財産について、自由な処分権を有していたことは確かである。

◆中世後期の変化　15世紀中世後期になるにつれ、守護や戦国大名関係者の地方寺院への所領寄進が増加し、女性名義の寄進状は明らかに減少傾向となる。そのなかでも、「村の御堂」規模の小寺院に対する、小片の土地寄進状は逆に数が増えていき、少数ながらも女性の寄進状は存在し続ける。しかし次第に妻や母といった男性

との関係を直接示した寄進状、記載がなくても有力領主の妻や娘と判明する寄進状がほとんどとなり、その数もわずかとなる。女性名義の寄進状の数自体、鎌倉時代を頂点として次第に減少していき、17世紀では例外的位置づけになっていく。これは男性が代表する嫡継承の家が広く武士をはじめ庶民層にまで形成され始め、妻の僅かな持参財を除けば、女性はもちろん家族構成員各自にとって、個人の自由な処分財産はなくなり、家産として統合されていくためだと考えられる。

◆寄進札・結縁交名と女性財産　寄進状が作成される場合、寄進対象物のほとんどが土地、不動産である。しかし若狭小浜の明通寺（福井県小浜市）本堂に打ち付けられた寄進札のように、鎌倉時代から寄進物は土地に限らず、米・銭の場合もあった。そして、そこには寄進状以上に女性名の多いことが注目できる。また仏像胎内に納められた結縁交名（寄付者名簿）にも女性名は多い。例えば「中御門逆修」といわれる奈良の興福寺子院で行われていた生前・追善のための供養行事では、結縁交名のみならず多数の印仏（木版刷の仏像）が仏像内に納められた。南北朝初期の例では、女性名も多く含む庶民層と思われる名前が記されており、印仏には一文・六文といったごく少額の喜捨銭も記載されていると言う。多数の人々から銭などを集めて造像したことがわかり、女性財産を考える場合には、労働・経営によって獲得された可能性を持つ銭・米・布などの動産も十分に考慮しなければならないことを示している。

◆女性の信仰と寄進　中世でさまざまな財産処分の文書を見たとき、男女あわせると売券が圧倒的に多いが、女性名義のみで比較するとその差は縮まる。また「比丘尼」「尼」を冠した寄進状が俗人女性に比して増加していく傾向もある。こうした状況から、親や夫・子などの親族供養は、中世女性自らが女性に期待された役割として行ったとの見方もある。しかし出家自体は、ある程度の年齢以上の者は男女問わず在俗のまま出家する習慣が中世には広まっていた。また、女性単独で自身の救いを求める表現はしばしばみられるし、特に親への供養文言は男性名義の寄進状にも記されているから、親族の供養と女性の関係については慎重な検討が必要であろう。いずれにしろ女性財産を考える際、寄進は重要な処分形態と言える。（久留島典子）

▶参考文献
田端泰子（1998）『日本中世の社会と女性』
服藤早苗（1991）『家成立史の研究—祖先祭祀・女・子ども』
藤原重雄（2010）「「中御門逆修」地蔵菩薩像の像内納入印仏」町田市立国際版画美術館編『救いのほとけ—観音と地蔵の美術—』

第 2 章

社会的ヒエラルキーとジェンダー

> 1）概論
>
> # 社会的ヒエラルキーとジェンダー

◆**不平等な上下関係が当然視される社会**　日本の縄文時代など、歴史の初期には権力者が不在で、人々の生活圏内で大きな上下関係が形成されずに相互に協力しながら暮らした社会が存在した。しかし権力者の出現以降、人々は社会的上下関係を当然視し、そのためのさまざまな制度形成の歴史を積み重ねてきた。代表的なものは、時代・地域的にその表れ方はさまざまで複雑だった奴隷制と、血統・出自によって人々を区分する身分制である。身分制は、奴隷制の側面を合わせもった東アジアの良賤制、ヒンドゥー教のカースト制度、日本の士農工商、ヨーロッパの祈る人（聖職者）、戦う人（貴族）、働く人（平民）の区分など、さまざまな形態で幅広く制度化されていた。また職業差別（刑吏・娼婦・屠殺業など）や異民族差別（ユダヤ人、シンティ・ロマ）も行われ、マイノリティ扱いをされるとともに、身分制以下の地位に置かれていた。こうした制度の下での人々の区分には、ジェンダーによる違いより、身分による差の方が大きな影響力を持っていた。

◆**平等理念の誕生とその実践**　ヨーロッパで「人間は生まれながらにして自由で平等」という平等理念が誕生したのは、まだ身分制が支配していた近代の黎明期、啓蒙の時代だった。平等理念に従って国民を主権者とする国家形成を実践したのが、イギリスによる植民地支配を打倒したアメリカの独立と身分制を打破したフランス革命だった。1776年のアメリカ独立宣言の冒頭には、「すべての人間は生まれながらにして平等」が、1789年のフランス人権宣言第1条には、「人は自由かつ権利において平等なものとして生まれ、存在する」と記された。現代まで継承され、その重要性をますます高めている人権理念の誕生である。平等は近代社会の基本原理と原則となり、国民主権の原則が確立した。

◆**平等理念成立による排除の可視化**　「すべの人間の平等」を原則とする近代の人権や市民権は、すべての人間に与えられたわけではない。人間とは男性であることが自明視され、女性は市民権の対象とならなかった。またフランス革命時の市民権は当初有産男性市民に限定され、無産者や外国人は排除された。フランスのオランプ・ドゥ・グージュ（1748-1793年）やイギリスのメアリ・ウルストンクラフト（1759-

1797年）は、女性排除に異議申し立てをしたが、当時、そのような女性は例外的な存在であった。女性排除の理由とされたのが、女性は無知・無能力で感情的であり、政治には不向きという啓蒙時代に形成されたジェンダー観＝自然の性差論だった。女性には家庭を守るという女性にふさわしい徳があるとされたのである。

　しかし、近代の平等理念は現実に存在する差別や不平等を可視化する役割も果たし、「平等」から排除された人々が平等を要求する論拠にもなった。それゆえ差別・排除されている人たちの抵抗や統合、そして権利としての平等を求める動きを生むことになる。

　◆前近代の抵抗の形態と近代の社会運動　近代以前にも、江戸時代の百姓一揆のように領主の圧政に対して立ち向かったり、ヨーロッパでの穀物価格の高騰による食料事情の悪化に抗議した食料暴動など、現状に不満をもつ人々が徒党を組んで抵抗する動きは頻繁に見られた。フランス革命時の1789年10月には、市場の女たちが「パンを寄こせ」と叫びながらパリからヴェルサイユに行進したが、これも現状への不満を国王や議会に直接訴えようとしたもので、徒党を組んでの抵抗の一種であった。自分たちの論理や行動の正当性を主張しても、権利の獲得を目指すものではなかったのである。

　長期的視野にたって目的意識的に社会変革をめざす動きは、啓蒙の時代にはじまった。政治的発言権をもたない市民たちは公然と政治活動をするわけにはいかなかったが、読書協会や秘密結社のフリーメイソンなどさまざまな団体を結成し、支配者である貴族と対峙しながら自らが政治的主体となるための議論を重ねた。

　市民社会形成後には、政治的結社の結成こそ制限がついたが、さまざまな社会改革のための団体が作られた。市民層（ミドルクラス）の女性たちが参加した（＝できた）のは、一つが人道的な団体である。18世紀末から奴隷制廃止に向けて動きだしたイギリスでは、信仰深い女性たちがその中心となり、砂糖のボイコット運動や議会への請願書の署名運動を展開し、1807年に奴隷貿易廃止法が成立した。キリスト教的隣人愛の精神から出発し貧民救済を行ったチャリティーは、女性が主な担い手だった。いま一つは、愛国的な団体である。ナポレオン戦争期には、祖国のために戦う兵士とその家族の支援と看護活動に女性が活躍した。女性団体は、たとえ女性が家庭外で活動するにしても、女性が普段、家庭で行っているケアや配慮を祖国のために行うという、女性は家庭という規範に抵触しない形の活動を展開した。こうした活動は、19世紀後半から20世紀初頭にかけてますます活発になり、第一次世界大戦期の銃後の支援につながった。

　平等理念を実現するための権利獲得運動は、1830年代に開始されたイギリスの
チャーティズムなど、最初は男性の普通選挙を要求していた。女性参政権要求は、
1830年の7月革命や1848年革命の民主化闘争の際に出されたが、運動として組織化
されるのは1860年代以降であった。女性参政権運動はアメリカとイギリスが牽引し、
19世紀末から欧米各地で活発化して第一次世界大戦前夜にピークに達した。日本で
は、男子普通選挙実現が現実性を帯びた1920年代に女性参政権運動が本格的に成立
するが、参加する女性の数は少なかった。

　女性参政権は第一波フェミニズムの最大の獲得課題であり、近代の女性の社会運
動として人口に膾炙しているが、参加人数は相対的に少なく、女性の社会運動全体に
占める比重はそれほど大きくなかった。参政権要求の論拠も、男女平等というより、
女性の特性の社会的発揮のためという観点を前面に押し出す勢力がかなり強かった。

　◆われわれ／他者の区別　　近代は国民国家の時代である。その国民形成が目指さ
れ、人々が国民意識をもちはじめるのは、他者である敵の存在が具体的にイメージ
され、それと対峙する集団としての一体感を抱くことができたときであった。この
一体感が、ベネディクト・アンダーソンの主張する、水平的な同志愛を持つものと
して心に描かれる「想像の共同体」としての国民である。イギリスでは1689年から
130年間続いたフランスとの継続的な戦争のさなか、ドイツでは1806年のナポレオン
によるベルリン占領という屈辱感によって愛国心（＝ナショナリズム）が芽生えた。ナ
ショナリズムはわれわれと他者を差異化し、両者の間に明確な境界線を引いてわれ
われの共同体に帰属する人々は男性も女性も包摂するが、それ以外の人々は排除す
る。その際、われわれを勇敢で規律があり戦闘的な「男性」として優位化し、敵＝
他者をか細い退廃した臆病な「女性」に貶めて一体感を煽る常套手段も誕生してい
る。後には他者である非植民地国が女性的とされ、宗主国である、われわれ征服者
は男性的とされた。ジェンダー間の優劣が、われわれ／他者の優劣と重ねられるの
である。

　他者形成は、自国内で生活する他民族や移民労働者にも向けられた。列強との植
民地獲得をめぐる覇権競争が激化していた19世紀末のドイツのナショナリズムは人
種主義的色彩を帯びるようになり、国内では反ユダヤ主義が強まり、ポーランド人
労働者が排斥された。19世紀初頭にキリスト教に改宗した同化ユダヤ人をはじめド
イツ国籍をもつ人々も、民族・人種の観点から他者視されたのである。この観点は
ナチによって極端化され、スラブ民族の劣視と東方進出、ホロコーストへとつながっ
ていった。女性たちも人種主義的観点を共有し、他者形成や排斥、さらに自文化の

優位を示す活動に参加した。

◆人種差別とジェンダー　近代の他民族の他者化と差別の根幹には、啓蒙時代に形成されたヨーロッパの人種観がある。頭蓋骨の形態に注目する骨相学や顔のかたちや表情から人間の性格・知能・道徳的素質を読み取る観相学、さらに比較解剖学といった「科学」に基づき、人種は白人を頂点にヒエラルキー的に分類され、黒人が最下層に位置づけられた。黒人の身体的特徴は、奴隷制支持者の論拠ともなった。

アメリカでは南北戦争での北軍の勝利による1863年の奴隷解放宣言以降も黒人排斥の意識は根強く、1913年に異人種間結婚禁止法として41州で制度化された。この異人種間結婚禁止は、19世紀末以降、ヨーロッパの海外植民地進出の際にも制度化されている。さらに社会ダーヴィン主義的観点から、白人と現地人との性交渉も白人の「文化的汚染」とみなされた。人種とジェンダーの絡み合いは、性問題に象徴的に示されていた。

◆多様性の重視か自文化の尊重か　アメリカの異人種間結婚禁止法が廃止されるのは、公民権運動によって黒人差別禁止と統合が推進された後の1967年のことであった。その後も南アフリカのアパルトヘイトに見られるように人種差別は継続し、当地ではようやく1994年に撤廃された。第二波フェミニズム運動の勃発によって70年以降は女性差別撤廃が推進され、さらに90年代には女性間の差異、つまり民族や階級の問題に配慮しながらジェンダー平等を達成していく方向が目指されるようになった。その背景には、西洋中心主義を批判するポストコロニアルな観点の浸透と異文化共生や多様性の尊重をめざす社会文化の形成がある。

他方で現在、アメリカやヨーロッパにおける移民の増加はあらたな民族間の葛藤を醸成し、移民の他者化と排斥を生み出している。ジェンダー問題も葛藤の対象となり、移民女性の「解放されていない女性像」が「文化的後進性」の表れとして強調されたり構築されたりしている。逆に移民女性の夫や家族が彼女たちに出身国の女性規範や文化を守るよう促したり、彼女たち自身が西洋化に抵抗して自分たちのアイデンティティを示すために出身国の慣習を重視したりする姿勢も見られる。（姫岡とし子）

2) 身分制とジェンダー

①ヨーロッパの身分制とジェンダー

📖 Ⅱ-1-3-① 🔍【読】世6-5

◆身分制と周縁化された人々　ヨーロッパ身分制社会では、男女差別よりも身分差別や嫡庶の差別のほうが大きかった。中世ヨーロッパの身分制は、神が身分ごとに職分を決めたという三職分論（「祈る者（聖職者）、戦う者（世俗貴族）、働く者（農民）」）によって正当化され、教会婚姻法に基づく庶子（婚外子）差別によって補強された。生産労働以外の多様な生業は身分制の周縁に置かれて賤視され、差別された。水車番、徴税吏、亜麻織工、風呂屋、外科医、床屋、刑吏、楽士、娼婦などである。ユダヤ教徒やシンティ・ロマ❶などの異民族も差別された。

◆嫡庶の別と身分制　ヨーロッパの王侯貴族では嫡庶の別が厳格であった。ゲルマン的伝統では所領は嫡出男子間で分割相続されたため、中世前期には分割を避けるべく結婚と内縁が意図的に使い分けられた。中世中期には教会婚姻法が成立し、王国も所領も男系の嫡出男子が単独で継承するようになる。サリカ法典が妥当したフランスなどでは王位は嫡出男子に限定されたが、貴族の称号や所領は嫡出男子がいなければ嫡出女子にも認められた。封地相続人である女性には求婚者が絶えず、大領主女性も多かった。王侯貴族の庶子は王爵位・封地の相続から排除されたが、「高貴な血統」に属するとされ、父は庶子に相応の待遇を与える義務があった。例えば、男子は騎士に叙任され、女子には貴族との結婚あるいは内縁が準備された。

都市でも15～16世紀ごろから都市の「名誉」を守るべく、嫡庶の別が厳格化された。庶出は不名誉とされ、都市共同体から排除された。庶出男子にはツンフト親方権も市民権も認められなかった。庶出女子を妻にした者も市民権を失った。庶出者の厳しい排除は、貴族庶子が都市に入り込むことを防ぐためと農民身分への優位性を示すためであり、市民身分の特権を他の身分に浸食させないことが重視された。

◆生産身分と家経営　前近代ヨーロッパでは、どの身分でも家が経営単位であった。しかし、多産多死社会であったことに加え、教会婚姻規範に基づいて一夫一婦婚と嫡出継承原理が働いたこと、養子制度が認められなかったことによって、安定的に家を継承することは難しかった。家経営の記号としての家名も発展しなかった。

生産身分における家経営の不安定さを補ったのが共同体である。都市共同体や村

落共同体の成員資格（農地保有農・手工業親方）は共同体の承認が必要で、特に都市では定員補充は親方試験制度によって管理された。家経営は夫婦共働きを前提としたため、夫婦財産制は多様に発展した。妻の労働は家経営に不可欠であり、妻は農作業に従事したり、家母として職人・徒弟の面倒を見たり、夫を代理したりした。若いうちから奉公人として住み込みで働く女性も多かった。成員資格を得なければ結婚できなかったため、独身者比率も初婚年齢も高かった。夫婦の年齢差は少なく、再婚は頻繁で年上の妻も多く、夫への従属は妻の属性とは言えなかった。

　中世中期に成立した都市共同体は、自治権（独自の裁判権を含む）と営業特権をもった。大都市では都市貴族（門閥）が市政を握ったが、都市の大半を占める中小都市ではツンフト市民男性（親方）が市政に参加した。中世末期以降、ツンフトが閉鎖化し、親方ポストが空席にならない限り親方になれなくなったため、親方の寡婦との再婚が増えた。一部の織物業では女性親方も存在した。中世後期に都市人口が飽和すると市民としての受け入れが停止された。それ以降、農村から都市への流入者は下層民となって、都市の治安を悪化させた。村落共同体の自治権は制限されており、農民は領主の裁判権に服した。農民の性規範は他の身分ほど強くなく、地域によっては「試し婚」の風習があった。領主にとっても農民にとっても妻には労働力及び生殖能力が期待されたため、すでに子をもつ女性はむしろ歓迎された。

　◆都市の周縁民　都市の周縁民のうち代表的なものが、刑吏・娼婦・ユダヤ教徒である。刑吏は都市共同体に雇用された男性役人であり、拷問・死刑執行に携わった。刑吏は、人体骨格に関する知識に秀で、整形外科のような仕事を行ったほか、都市共同体が経営する売春宿の管理も請け負った。売春はキリスト教規範では罪とされたが、職人・徒弟などの若い独身男性が売春宿に通うことは大目に見られた。ユダヤ教徒にはキリスト教徒に禁じられた金貸し業のみ認められた。金融業は都市経済には不可欠であったため、市壁周辺にユダヤ教徒居住地（ゲットー）が作られた。啓蒙期の同化政策でユダヤ教からキリスト教への改宗が進むが、19世紀末に宗教差別が民族差別に変質してナチスのホロコーストにつながる。（三成美保）

---

❶ シンティ・ロマは、15世紀にヨーロッパに登場した民族で出自はよくわかっていない。博労や鍛冶、行商や占いなどの職業で収入を得る者が多い。彼らの中には定住者もいるが、国籍も定住地も持たない者もいる。ナチス時代には絶滅対象民族とされた。

▶参考文献
フランツ・イルジーグラー，アーノルド・ラゾッタ（藤代幸一訳）（1992）『中世のアウトサイダーたち』

2）身分制とジェンダー

②イスラーム法と奴隷制

📖 Ⅱ-1-4-③, Ⅱ-1-5-②, Ⅱ-4-1, Ⅱ-4-2-①　🔍【読】世5-1, 世5-2

　◆**イスラームの成立と奴隷**　アラビア半島には、イスラームの成立以前より、売買の対象となる奴隷が存在した。のちのムスリム社会の奴隷と同様に、家内奴隷や妾として、あるいは家畜の世話や農作業に携わるなどして、主人に仕える存在であった。預言者ムハンマド（570頃-632年）が開始したイスラーム教は、奴隷を所有することを禁止しなかったが、奴隷の存在は、彼らがムスリムとして活躍することで、民族や人種や身分を問わずあらゆる人間が、神の前では平等であることを示す証左として語られることもある。メッカの有力者に所有されていた黒人奴隷ビラール（?-638年など諸説）は、初期の改宗者のひとりで、ムスリムによって買取られて解放され、その美声が認められて最初のムアッズィン（礼拝の呼びかけを行う人）に任命されたという。預言者ムハンマドが養子として迎えたザイド（?-629年）も、妻ハディージャ（555-619年）が所有していたアラブ人奴隷であった。彼はハディージャについで2番目のムスリムとなった人物であるという説もある。初期イスラーム史を専門とする清水は、奴隷はイスラーム法において、自由人と明確に区別される身分であったとしつつ、その実態においては、「奴隷」にきわめて近い自由人や、「自由人」にきわめて近い奴隷が存在し、ときには自由人よりも大きな権力をもつ奴隷も存在したことがムスリム社会の特徴であったとする。19世紀に奴隷制が廃止されるまで、各地で記録に残された奴隷像は実に多様である。

　◆**イスラーム法における奴隷**　イスラーム法で奴隷とは、主人が完全に所有権を有するモノであり、売買の対象である。奴隷は、モノを所有する権利をもたず、自らを所有することもない。女奴隷を所有する主人は、婚姻契約を結ぶことなく—すなわち婚資の支払いなどの義務を果たすことなく—彼女と性交する権利を有した。ただし、奴隷にも生存する権利はあり、主人は奴隷を扶養する義務を負う。また、主人は奴隷に取引許可を与えて商売をさせることができたし、奴隷を結婚させることもできた。奴隷男性の子として生まれた者は奴隷となったが、奴隷女性の産んだ子は必ずしも奴隷とは限らない。自由人男性と、彼の所有でない女奴隷の間に生まれた子は、奴隷として母の主人のものとなる。一方で、自由人男性が、自身の所有する女奴隷（こ

の場合、2人は婚姻契約を結ぶことはできないが）との間に生まれた子を認知すれば、子は自由人となり、母は「ウンム・ワラド❶」と呼ばれて、主人の死亡後に自由人の身分を獲得できるとされた。このほか、主人の死亡後に解放することを約束しておく死因解放奴隷（ムダッバル）や、一定の金額を稼ぐこと等を条件とした有償解放奴隷（ムカータブ）などの奴隷解放の諸形態がある。奴隷を解放することは、イスラーム法において奨励される行為であり、善行であるとともに、贖罪行為でもあった。

◆ムスリム社会における様々な立場の奴隷たち　イスラームの開始時にすでに主人のもとで使役されていた奴隷のほか、戦争時に捕虜として捉えられた者が奴隷とされた。またイスラーム世界の外で生まれた者が、奴隷商人によって「輸入」の対象となった。ムスリム社会における奴隷の多くは、男女を問わず家内奴隷であり、過酷な肉体労働者のイメージとは異なる。権力者の私的空間において親しく交流することができた奴隷たちのなかには、宮廷内で重要な役割を担う者や、要職につくまでに上り詰める者もいた。奴隷出身者によって形成された軍隊が発展し、マムルーク朝（1250-1517年）を開いたことはよく知られている。だが一方で、宦官や奴隷少年は、しばしば主人の性的対象となり、この点においては、女性と同様にその性を搾取される存在でもあった。奴隷女性は、家事や育児を担うことが多かったが、妾として主人の子を産んだのちに解放されて正妻となる者もいた。権力者の母が奴隷出身であることも稀ではなく、アッバース朝（749-1258年）においては、第二代カリフ・マンスール（712?-775年、在位754-775年）以降、ほとんどのカリフの母は奴隷女性であった。前近代のムスリム社会における奴隷は、主人とともに暮らし、さまざまな役割を果たしていた。イスラーム法における奴隷は、女性や未成年者と並ぶ「半人前」の存在であったが、奴隷身分は必ずしも固定的なものではなく、主人に対する隷属状態にはあったものの、社会における立場は多様だったのである。19世紀末以降、ムスリム地域のほとんどにおいて奴隷制は廃止されたが、家内奴隷や妾として主人と共に暮らしていた奴隷たちのなかには、解放後もそのまま使用人として同じ生活を続けた者もいた。（小野仁美）

---

❶ ウンム・ワラド
　アラビア語で子（ワラド）の母（ウンム）を意味する。主人の子を産んだことで、自由人の子の母となり、その後は売却や譲渡されることがなくなる。主人の生前に解放されて正妻となることもあった。

▶参考文献
清水和裕（2015）『イスラーム史のなかの奴隷（世界史リブレット101）』
馬場多聞（2017）『宮廷食材・ネットワーク・王権──イエメン・ラスール朝と一三世紀の世界』

2）身分制とジェンダー

③カースト秩序とジェンダー

📖 Ⅱ-1-5-①, Ⅱ-1-6-②, Ⅱ-2-3-③, Ⅱ-コラム③　🔍【読】世3-2, 世12-2

◆カースト秩序：ヴァルナとジャーティ　カーストという言葉が「血筋、血統」などを意味するポルトガル語カスタに由来することはよく知られる。我々が「カースト制」と結びつけて考え、実際に日常生活を律する内婚、共食、世襲職業などの慣行が実践される単位はジャーティ（生まれを意味する）という。一方、バラモン、クシャトリヤ、ヴァイシャ、シュードラという4種姓（ヴァルナ）は、バラモン男性エリートが理想としたバラモンを頂点とするヒンドゥー社会の理念的単位である。4ヴァルナの下位にはさらに、差別の対象となってきた不可触民の諸集団が存在する。特定のジャーティが4ヴァルナと不可触民のいずれかに属すると同定されることによってヴァルナとジャーティが結びつき、かつ序列化されることになる。

◆歴史的変容　カースト制がいつ、どのように成立したかについては不明な点がいまだに残されているが、これまでの研究が明らかにしてきたのは、地域的な多様性、カースト集団やその序列の歴史的な流動性である。イギリス支配期に生じたカースト制の変容も指摘されてきた。例えば、司法の分野で、バラモンの価値観を濃厚に反映したヒンドゥー法の適用が方針とされたことによって、同価値観が規範として一般化したこと、センサス（国勢調査）におけるカースト調査、カーストとトライブ（部族）に関する民俗誌的な刊行物などによって、カーストの固定化・実体化、およびカースト間の競合が加速したことなどである。

◆カースト秩序とセクシュアリティの管理　父系制をとる社会において家系の存続のために、息子、それも「嫡子」の誕生が必要であり、そのためにも女性の貞節が重視されるのは一般的である❶。カースト社会においては、カースト内婚という要素が、女性のセクシュアリティの管理を強化したと考えられる。実際には異カースト間の婚姻も行われていなかったわけではないが、男性がカースト的に上位で女性が下位である場合（順毛婚）は許容される一方、その逆（逆毛婚）はタブーとされた。カースト制とジェンダーとが有機的に結びついており、カースト秩序の維持のために、ことさら女性、とくに上位カースト女性のセクシュアリティの管理が厳格になる点がインドの家父長制の特徴であるとして、それを「バラモン的家父長制」、

もしくは「カーストに基づく家父長制」と概念化したのは、インド古代史研究者ウマ・チャクラバルティである。

　19世紀以降、社会改革の対象となってきた極端な幼児婚や寡婦の再婚禁止、女性の隔離（パルダ）などは、いずれも、幼児婚を別にすれば、もっぱら上位カーストのあいだに見られる慣行であった。言い換えるならば、女性の行動規範が厳格であることが「上位」カーストの指標であったといえる。そのため、下位カースト集団が自らの社会的ステータスを上昇させようとするとき、菜食主義や禁酒、聖紐（男性が肩にかける紐）の採用以外に、当該カースト集団に属する女性の行動規範を厳格にするなど、上位カーストの慣行を取り入れるという試みを生んだ。具体的には、寡婦の再婚禁止や外出の制限（例えば、野外での労働から女性を引き上げるなど）である。こうした現象を、インド人社会人類学者M. N. シュリーニヴァースは「サンスクリタイゼーション（サンスクリット化）」と名づけた。

　◆バラモン的家父長制のゆくえとダリト・フェミニズム　幼児婚（早婚が消滅したわけではない）や寡婦再婚タブー、世襲的職業や共食に関するカースト規制は時代とともに崩れてきた。カースト制の要素として最後まで維持されているのは内婚、およびそれを支える親や親族による見合い結婚（アレンジド・マリッジ）であるといえよう。逆に言えば、内婚こそがカースト制の根本要素であることを示唆している。

　1990年代以降、ダリト・フェミニズム❷と呼ばれる潮流が登場する。彼女たちは既存のインド・フェミニズム運動がカースト差別の問題を軽視してきたことを批判し、カーストとジェンダーの交差性を重視する。ダリト女性のセクシュアリティの搾取を糾弾するが、ダリトとしてアイデンティティを全面にだしており、これまでのところ内婚制の打破は中核的なアジェンダとして挙げられてきていない。（粟屋利江）

---

❶ マヌ法典『マヌ法典』（渡瀬信之訳、東洋文庫842、2013年）
　5-154　夫は、性悪で、勝手気ままに振舞い、良い気質に欠けていても、貞節な妻によって常に神のように仕えられるべし。
　9-15　この世において、女たちは注意深く守られても、男に対する関心、移り気、そして生来の薄情から夫を裏切る。

❷ ダリト
　ダリトとは不可触民を総称する用語。「踏みつけにされたもの」の意味。ガーンディーが使い始めた「ハリジャン」（神の子の意味）がもつ温情主義的な呼称を批判した不可触民活動家たちによる自称である。必ずしもすべての不可触民がこのように自称するわけではない。

▶参考文献
ウマ・チャクラバルティ（2022）「初期インドにおけるバラモン的家父長制を概念化する」森本一彦・平井晶子・落合恵美子編『家族イデオロギー（リーディングス　アジアの家族と親密圏　第1巻）』

　　📖 Ⅱ-1-2-②, Ⅱ-1-6-④, Ⅱ-2-4-④　🔍【読】世3-3, 世7-8

3) 空間のジェンダー配置

①中国における男女隔離

◆**女性を隔離する「男は外、女は内」**　「男は外、女は内」とは、現代日本でも時に聞かれる言い方であるが、これは儒教の古典である『礼記』内則に源流を持つ。日本では、性別役割規範として捉えられることが多いこの語は、中国ではそれ以上に男女の居るべき空間を分けるものとして影響力を持った。

　この語がジェンダー規範として影響力を持ち始めたのは、近世以降である。唐代には貴族の女性もしばしば騎馬で外出していて、家の中に隔離などされていなかった。しかし宋代に新儒教（朱子学）が盛んになると、徐々に「男女の別」が強調されるようになる。北宋の都・開封の繁栄を描いた「清明上河図」には街に女性の姿がほとんど見えない。この絵は南宋の画家・張瑞澤が北宋の繁栄を懐かしんで描いたとされているが、画家は女性は家の内にいるべきという理念でそのように描いたのである。（もちろん実際の路上には、外で働かなくてはならない女性が行き交っていただろうが。）

◆**貞節の強調と纏足の広まり**　男女の空間的分離が重視されるようになるのは、女性の貞節が強調されるようになったことと軌を一にしている。現に夫の居る女性が他の男性と性関係を持つことは多くの社会がタブーとするが、生涯に1人の男性としか関係をもってはならないとする「従一而終也」の厳しいジェンダー規範は、中国では古い時代には重視されず、唐代には公主（皇女）もごく当たり前に再婚・再々婚をしていた。宋代には、新儒教の大家・程頤が「餓死は小、失節は大」つまり餓死しても貞節を失ってはいけない、というエキセントリックな言葉を口にするが、偶発的な発言であった。だが明清時代になると、寡婦となっても亡夫への貞節を守るべきとする考えが広まり、さらには婚約者が死んで生涯結婚しない女性とか、夫に殉死した女性なども官から顕彰されるようになった。先の程頤の言葉は絶対の真理のように広まり、女性にとって第一に重要なのは貞節となった。古代より才女として名高かった漢の蔡琰（蔡文姫）や中国史上最高の女性詩人とされる宋の李清照の評価も、彼女たちが複数の夫を持ったために清代には微妙なものになった。

　近年の研究は、このような極端なまでのジェンダー規範の浸透は、基本的に身分制がなくなって競争社会となった近世の中国で、女性がいかにジェンダー規範を守っている

か―すなわち「良い女性」でいるかどうかが、その家の社会的地位の標識として機能するようになったからだと指摘している。近世中国には一方で、通俗小説に登場するような淫婦や、あちこちの家に出入りして働く「三姑六婆」と呼ばれる職業婦人もいたのだが、そうした人々と区別される上層の女性は、家の中に留まって姿を見せないものとされた。

　さらに明清中国では、女性の纏足も広まり、小さなよく手入れされた纏足を持つことが貞淑な良い女性の徴として称えられた。纏足した脚では家の中をよちよちと歩くのがせいぜいで、外を闊歩することは難しい。纏足の普及は、女性は家の中にいるものだという観念の広まりと表裏するものであった。とはいえ、纏足して家の中に居る女性も「女紅」と呼ばれた紡織や刺繍などをすることは可能で、女性の居るべき場所を守った、ジェンダー規範と衝突しない女紅は、明清中国の商品経済を支える家内手工業であり、また女性の文化の結晶でもあった。

◆「女が家を出る」―近現代の中国　19世紀末、列強が中国を圧迫するようになると、国家の滅亡を救うために、国民の母たる女性は教育を受け、纏足を解いて強健な次世代を生み育てる身体をもつことが期待されるようになった。上層の女性たちも学校に通ったり仕事に行ったりするようになり、「女が家を出る」ことが大きな注目を集めた。20世紀前半の中国都市ではイプセンの『人形の家』が大変な好評を博して何度も上演されているが、これも「女が家を出る」ことのインパクトを示しているのだろう。とはいえ魯迅が「ノラは家出してからどうなったか」で問うたように、当時、家の外で女性が生きていくことは容易ではなかった。

　20世紀前半には、外の世界で女性が「活躍」していたのは、上海などの都市に限られていた。中華人民共和国成立後、社会主義体制下で集団農業が行われることになり、農村女性も人民公社の農場で働くようになった。男女が厳格に隔離されて自由恋愛などできようはずもない社会のあり方は大きく変わり、女性も婦女主任などの公的領域での役職にも就くようになった。とはいえ、家庭内の家事やケア労働は相変わらず女性の役割だったので、女性は二重負担を背負うことにもなった。

　「男は外、女は内」の近世社会の儒教的性別規範は、近代になって「男は仕事、女は家庭」の近代家族というアイデアが西洋から伝わった時、東アジア社会がそれを受容する基盤となり、強固な性別役割が現在まで続く要因となったのかもしれない。
（小浜正子）

▶参考文献
スーザン・マン（小浜正子ほか訳）（2015）『性からよむ中国史―男女隔離・纏足・同性愛』／小浜正子・下倉渉・佐々木愛・高嶋航・江上幸子編（2018）『中国ジェンダー史研究入門』／ドロシー・コウ（小野和子・小野啓子訳）（2005）『纏足の靴―小さな足の文化史』／魯迅（竹内好編訳）（1981）『魯迅評論集』

3）空間のジェンダー配置

②日本近世の政治空間とジェンダー

📖 Ⅱ-1-2-①, Ⅱ-1-2-⑥, Ⅱ-4-2-④　🔍【読】日7-2, 日7-3

◆**政治空間としての城と江戸藩邸**　17世紀初頭に成立した日本近世の政治システムは、中央政府としての江戸幕府と、その幕府から領地を与えられた200を超える藩とで全国を統治したので、一般的に幕藩体制と呼ばれている。その特質の一つは、「家」を構成単位とする政治権力であったことにある。江戸幕府は、将軍職を世襲する徳川氏が、直属の家臣（旗本・御家人）と譜代大名を従えて、全国支配を行う統治機構である。藩は、大名のもとに臣従した家臣を構成員として、領地を治める統治機構であった。将軍と大名の居城や江戸の藩邸は、そのため公的・政治的機能をもつ空間となった。その内部で、当主の正妻をはじめ家族の居場所は、当主と男性家臣が政務や儀式を行う空間から分離・峻別されていた。

◆**「表」と「奥」の分離**　男性当主とその家臣のいる空間は「表」と呼ばれ、当主の正妻をはじめ家族と、かれらに奉仕する女中のいた空間は「奥」と呼ばれていたことは、よく知られている。表と奥は、家の公私の機能を分別した用語でもある。ただし、表の一角に中奥や奥の名で呼ばれる当主の日常の居所があり、女性の空間とされる奥の一角に男性家臣もいるなど、空間の実態は入り組んでおり、これを捉える用語も多義的で曖昧なところがある。

将軍の住まいである江戸城本丸についてみると、儀式や対面が行われる黒書院・白書院・大広間や、役人の執務部屋がある区域は、表と呼ばれている。この後方に、将軍の日常の居場所で、奥と呼ばれた区域がある。表と奥の間には錠口が置かれ、表の役人が将軍の許可なく御座之間のある奥に出入りすることはできなかった。一方、将軍の妻子が日常生活を営み、かれらに仕える女中がいた空間は、大奥と呼ばれた。建物の構造としては、表と奥が収まる殿舎の後方に、大奥の殿舎が隔離されていたが、奥と大奥には将軍の生活空間としてのつながりがみられる。また、大奥には、事務と警備を担当する男性家臣が勤務していた。

このように複雑な武家屋敷の構造を捉える概念として近年、「表向」と「奥向」を機能の別として分けた上で、奥向を男性が中心となり運営する「表方」と、女性が中心となり運営する「奥方」に分けることが提唱されている。概念図に示したよう

に、江戸城では、将軍の日常の居所である奥は奥向表方に、大奥は奥向奥方に該当する。奥向奥方の内部はさらに、妻子の住居である御殿向と、かれらの世話をする女中の住居である長局向、さらに男性役人が勤務する広敷向に分かれている。この理解に基づいて性差の境界を見渡せば、線引きされる場所は、奥向のなかの表方と奥方であり、さらに厳密にみれば、奥方の深部となる。ともあれ、近世の政治空間には、このように、男女の性差で居所を分けるジェンダーの壁が導入されていたのである。

◆**隔離の構造と法規制**　男女の隔離は、建物の分離と、法規制の双方で推進された。江戸城本丸の場合、表の殿舎と大奥の殿舎は、17世紀前期には石垣で、17世紀中期以降は土手と銅塀で仕切られていた。両者をつなぐ２本の廊下には、錠口と番所が設けられ、将軍以外の行き来を禁じた。大奥への男性の出入りを規制する法的な整備は、２代

図　表と奥の概念図

将軍の時代の17世紀前期から、「奥方法度」の制定により進行し、改定を繰り返して、18世紀前半にはほぼ完了した。一方、女中に対して、17世紀後期に、規律を誓約させる「女中法度」が定められ、大老・老中が大奥内部の人事や所用に介入するようになる。女中は将軍の血統維持を担う役割により、将軍に最も近い存在であることから、女中の意向が将軍の意思として表向に影響を与えないように、日常が厳しい規制の対象となったのである❶。同様の建物構造と法による規制は、大名の居城と江戸藩邸にも及んでいた。

　女性の空間は、奥向奥方の錠口の内部にあり、閉鎖的な構造であるだけでなく、居室の配置も複雑である。女中の住居である長局は、総二階の複数の棟を連結した建物群で、外庭も狭小であった。そのため、地震や火事などの発生に際しては、外に遁れるのが困難で、被災のリスクを高めていた実態がある❷。

　◆**正妻と奥女中の公的役割**　奥向奥方は、表向や奥向表方から隔離されていたが、当主の正妻は家の維持・継承に不可欠な存在であり、その役割を支える女中の仕事も、公的な側面を帯びるものとなった。当主の子女を出産し養い育てることは、父

系血統を維持し、世襲の家を存続させることになる。親族と挨拶や贈答を行う交際は、相互のネットワークを強め、当家の安定に寄与するものとなった。当主が幼少や病床にあるなどして、その役割を十全に果たせず、また帰国や役務めで不在のときなどに、正妻は当主に代わる判断の拠り所とされた。これによって、正妻の指示を表向に取り次ぐ女中の役割も、重要であった。

　◆奥女中の職制と待遇　近世中期以降、奥方の職制の整備が進み、女中は勤務年数やキャリアを評価され、昇進するシステムができあがった。老女・若年寄・中老など上位の役職にある者は、就任時に当家への忠誠を誓い、血判を押した誓詞を提出する❸。この形式には基本的に、男性役人との違いはみられない。だが、男性家臣は俸禄と役職が世襲されるのに対して、女中は当人一代限りの奉公を原則とされた。老女をはじめ上位の役職のなかには、俸禄をもとに生前の養子や跡目の養子を認められ、みずからの家を興こすことを許された者がいる。女中としての功績が家臣家の創設に結びついたのである。ただしそうした例にあっても、始祖に当たる女中が系図に初代として位置づけられない。それは女性の家督を認めない、厳格なジェンダー規制が存在していたからである。

　◆男性役人と奥女中の協業　奥向の内部は男女の性差により分けられていたが、女中と男性役人の仕事は隔絶していたわけではなく、正妻が行う親族との音信・贈答や、子女の養育、教育などは双方で任務を分掌していた。大名の正妻には将軍家に挨拶と献物を行うことを許された者がおり、その使者となる御城使の仕事は、献物の準備に広敷向だけでなく、表向の役人が加担することがあった。また、正妻に将軍家から上使（使者）が派遣されて拝領物がある際には、上使の送迎と案内に表向・奥向双方の男性役人が、役職に応じて任務に就き、拝領の儀式空間には御城使の女中と広敷向の奥年寄が同席している。女中と男性役人は協業して奥向を運営し、当主とその家族を支えていたのである。

　◆家政治の解体と女性の排除　江戸幕府が廃絶し、天皇を中心とする新政権が成立した1868年、江戸城では、女性の政治的役割が浮上する場面が生まれた。新政権から追討令を発せられ、江戸城外に謹慎した旧将軍徳川慶喜に代わり、前代（家茂）の正妻静寛院宮は、みずから日記を書き始めることで、当主たる責務を果たす姿を示した。さらに、慶喜の要請を受け入れ、姑の天璋院（家定正妻）とともに、それぞれ新政権に連なる実家の関係者のもとに女中を使者として送り、江戸への攻撃の猶予と、徳川の家名存続を嘆願した。2人の正妻と、その使者を務めた女中の行動が実を結び、徳川家は敗北しながらも廃絶を免れ、近代に生き延びることができたのである。

　明治政府は、公領域と私領域を分別する近代社会の原則に基づいて、政治・行政機関と家政機関を切り離し、新たな支配体制を構築していく。朝廷の女官については1871年、いったん罷免した後に、宮内省の官吏に準ずるものとして、あらためて採用していたが、これを例外として、女性を任官の対象外とした。これにより中央政府も地方の官庁も、男性の吏員だけで占める組織となった。近代の政治空間には、封建時代と異なる、より強固なジェンダー秩序が編成されたのである。（柳谷慶子）

---

❶ 寛文10（1670）年2月22日付「女中法度」（「教令類纂」国立公文書館蔵）
①一、奥方上下共二、公儀之ためを第一に存、うしろくらき儀仕へからす、惣してほうはい（傍輩）中申合、悪しき儀二一味いたし、かたん仕へからさる事
②一、側近き奉公いたす輩、別して申合、あしく仕へからさる事（以下略）
　▶解説　①は、奥女中は将軍への奉仕を最大の任務と心得て私意をはさまない態度で臨むこと、②は、将軍の側近くで奉公する者はとくに①を心得るように命じている。同日に出された7か条と合わせて、将軍の側近くにいる女中たちに対して、表向の政治に関わる言上や取次ぎを行う行為を禁じた。

❷ 1855年（安政2）10月2日の夜間に江戸を震源として発生した大地震（安政二年江戸地震）では、直後に火災が広がり、江戸城と大名屋敷で長局向の多くが倒壊・焼失し、甚大な被害が出た。
　将軍・大名とその家族は、ただちに安否が確認され、無事が公表されたのに対して、奥女中は被害の実態に伝聞と憶測が入り混じり、正確な数字の把握は難しかった。幕府老中の酒井忠顕（ただてる）の屋敷で奥女中に多数の犠牲者が出ていたが、その要因には、立退場所の空地がなく、狭小な地面が倒壊した建物で塞がったことが伝えられている。

❸「御中老女中書継起請文」（仙台市博物館蔵　伊達家寄贈文化財）

　▶解説　仙台城二の丸の「中奥」に老女として仕えた女中が就任に際して提出した誓詞。忠勤に励み法度を守ることを誓約した前書の後ろに、誓約に背いたときに罰を下す神仏を列挙した神文が貼り付けられている。老女の署名に続いて、役職を継いだ女中の署名と血判が書き継がれている。

▶参考文献
竹内誠ほか編（2015）『徳川「大奥」事典』
国立歴史民俗博物館編（2020）『企画展示　性差の日本史』
福田千鶴（2021）『女と男の大奥—大奥法度を読み解く』
柳谷慶子（2023）『江戸のキャリアウーマン—奥女中の仕事・出世・老後』

問い　①近世の政治空間に男女の区分が設けられた事由・背景は何か？
　　　②女性が奥向空間で担った役割は政治的にどのように位置づけられるものか？

> 3）空間のジェンダー配置
>
> # ③南アジアにおけるパルダ（女性隔離）
>
> 📖 Ⅱ-1-5-①, Ⅱ-1-6-②, Ⅱ-2-2-③　🔍【読】 世3-2

◆南アジアにおける女性隔離：パルダ　パルダ（パルダーとも）とは、南アジア社会において女性を空間的に隔離する慣行をさす言葉である。パルダとは、ペルシア語起源で、カーテンを意味する。地域によって、パルダではなく、ゴーシャー（隔という意味）とも言われる。パルダを守る女性はパルダナシーンと呼ばれる。住居に女性専用の空間が設けられる場合があり、それをザナーナ、ベンガル地域ではアンタプル（ベンガル語ではオントップルと発音される）と呼ぶ。その空間に訪れることができる男性はさまざまな指標によって制限され、女性の外出はきびしく制限された。パルダの慣行を論ずる際、しばしば、ヴェールで顔を隠す動作（グーンガト）を含めて理解されることが多い。

　女性隔離やヴェールといえば、イスラームと結びつけられる慣行としてイメージされるが、南アジアにおいては、ヒンドゥーの間でも存在してきた。パルダの慣行が、どのように確立したかは不明である。南アジアにおけるイスラーム政権の誕生とともに持ち込まれたと論じられることがあるが、それ以前の南アジア社会においても、上層ヒンドゥーのあいだでは女性の行動を制限する規範と慣行は存在しており、かれらがイスラーム権力者の慣行を取り入れても不思議ではない。

◆多様性：地域・階級・コミュニティ　パルダの慣行は南アジアの全域、すべての階層でみられた（みられる）ものではない。地域的には、北インド、中央インド、東インドで目立つのであり、南インド、西インドではほとんど守られていなかった。この分布は、いわゆるイスラーム勢力の範囲と重なる。北インドのラージャスターン地域では、同地域の有力カースト集団であるラージプートのほか、代表的な商人カーストで、かつウダイプル藩王国で官僚層も形成したオスワルなども厳格なパルダを守っていた。後者の場合、独立後、急速にパルダの慣行は衰退した。

　南インドでは見られないといっても例外はある。例えば、南西インドに位置するケーララのナンブーディリ・バラモンのあいだでは、厳格な女性隔離（ゴーシャー）が行われていた。ナンブーディリ・バラモンは、ケーララにおけるカースト序列で最上位を占めてきた集団である。物心がつく頃から、ナンブーディリ女性の外出は

厳しく制限された。アンダルジャナム（内に居る者という意味）という彼女たちの呼称に、隔離の慣習が反映されている。彼女たちはまれの外出の際は、体をすっぽり覆う布をかぶり、さらにヤシの葉製の大きな傘をかざして他者のまなざしを避けた。1930年代以降、こうした慣習は批判され、改革派女性によって否定されていき、今日では消滅している。

◆**パルダの機能・意味**　それぞれの社会において、空間的に女性がどこにいるべきか、どのようにふるまうべきかについてジェンダー化された規範が多かれ少なかれ存在する。インドにおけるパルダは、女性らしい徳とされる「恥じらい」、「慎み深さ」を体現する行為とされるが、パルダの厳格さは同時に、家格の高さを示す記号でもある。また、女性固有の空間を家屋内に設けることは、それを可能とする財力が必要である点からも、パルダは階級的な要素を持っていた。パルダを守る女性には尊敬が払われる一方、女性自身はパルダを遂行することに名誉（izzat）を感じるという側面もある。

ヒンドゥーとムスリム（イスラーム教徒）のあいだで、女性が顔や姿を隠す行為を行う対象や意味づけが異なる。北インド、中央インドのヒンドゥーの場合、夫方居住の慣習によって嫁いだ嫁が、嫁いだ先の合同家族（ジョイント・ファミリー）や村落における自分より年上の男性（時には、義理の母親に対しても）に対してヴェールで顔を隠すことが求められるが、ムスリムの場合、近親者に対してではなく、外部者に対してパルダが守られる。ヒンドゥーの場合も、実家や生まれた村に戻れば、パルダは守られない。パルダを厳格に守らねばならないのは若い嫁であり、彼女が年齢を重ね、婚家での地位を確立するにつれ、パルダは緩くなっていく。ヒンドゥーの場合、「よそ者」である花嫁を婚家に統合する機能が負わされていると言えよう。

パルダの実践（中谷純江提供）
ラージャスターン。中央の女性は年齢が高く、周りが年下ばかりであり顔をだしている。右側の女性は中央の女性の嫁でまだ若く、深くヴェールを引いている。

◆**バルダからの「解放」**　イギリス植民地支配は、女性の地位の低さを理由に、南アジア社会の後進性を強調し、「文明化の使命」イデオロギーによって支配を正当化

した。極端な幼児婚や寡婦再婚の禁止（これらは処女寡婦という現象を生んだ）と並んでパルダは、女性抑圧の指標の一つとされた。また、インド人女性への白人（男性）のアクセスを拒否する隔離の慣行は、植民地支配者にとって、自らの支配の限界を示唆するものとして苛立ちや不安を覚えさせた。男性と比してザナーナやパルダを守る女性との接触が可能であった白人女性たちの多くもまた、インド人女性たちのパルダからの「解放」を説いた❶。

　イギリス支配のもとで19世紀初頭から始まるインド人（男性）自身による社会改革の動きのなかでは、いわゆる女性の地位をめぐる問題が中核を占めた。女子教育の普及はその一つであるが（そのほか、サティー、寡婦の再婚、幼児婚の抑制など）、パルダは女子教育を推進するうえでの障害として批判の対象になった。

　ムスリム女性としてパルダへの批判を著述活動やムスリム女子のための学校運営を通じて表明した人物として、ルカイヤ・サハーワト・フサイン（ベンガル語読みでは、ロケヤ・シャカワト・ホシェン）が有名である。パルダを守る家庭の女子を学校に通わせるために、送り迎えの乗り物を布で覆うなど苦労した。彼女は、幼いときに他人が家を訪れると大急ぎで隠れる場所を探した自身の経験や、パルダの慣行によって起きた悲喜劇をエッセーで発表した。とはいえ、彼女はパルダそのものを否定はせず、その非合理的な行き過ぎを批判したのだった。彼女は生涯を通じて、公の場に現れるときにはブルカを着ける一方、彼女の学校や友人、親族との交わりではサリーの端を頭にかけるスタイルをとったと言う。

　20世紀初頭から全国的に組織され始める女性運動においても、1930年代に「アンチ・パルダの日」などが設定され、パルダからの解放が要求された。上層エリート出身のムスリム女性による全インドムスリム婦人会議（All-India Muslim Ladies Conference）の創設大会（1914年）では厳格にパルダが守られた。パルダはイスラーム法（シャリーア）の規程にないとは主張しないものの、現行のパルダが行き過ぎであると批判し、その緩和を求めた。ナショナリズムが高揚すると同時にヒンドゥーとムスリムそれぞれの宗教的なアイデンティティが明確化されるにつれ、パルダが「イスラーム文化」のシンボルとされ❷、ムスリム女性によるパルダの批判やパルダ慣行（とくにヴェールやブルカの着用）からの逸脱は、ヒンドゥー女性に比して問題含みとなる傾向があった。

　女性隔離の慣行は、女性たちの就業を制限する側面もあるが、医師や教師といった領域に女性の進出を促しもした点は看過できない。

　◆**パルダのゆくえ**　前述したケーララはムスリム人口の多い地域である。同地域

のムスリム女性たちは、1980年代初頭ころにはカラフルなスカーフを被っていたが、近年ではブルカが浸透してきた。その背景の一つには、1970年代からの湾岸産油国への出稼ぎがある。また、バングラデシュやパキスタンといった「イスラーム」国においてブルカの着用が広まっているとされる。こうした現象は、社会の「イスラーム化」の強化とみなすのではなく、グローバル化の進展に伴う社会変動のなかで、スカーフやブルカが当該地域の女性たちにとって持つ意味を探らねばならない。また、19世紀、20世紀にそうであったように、女性隔離やヴェールを、経済活動のパターンや社会的ヒエラルキー、親族構造や婚姻制度、宗教イデオロギーが複合的に絡み合った現象として理解する必要がある。（粟屋利江）

❶ Mrs. Marcus B. Fuller, *The Wrongs of Indian Womanhood*, 1900, p. 99

（インドの）女性は隔離のなかで満足しているといわれます。これは真実です。籠のなかで生まれ自由な空気の甘さを決して味わうことのなかったカナリアも同様です。女性は解放を要求していないとも主張されます。しかし、こうした言明は正しいとしても、決して女性と社会に対するこの制度の悪を軽減しはしません。私たちは、それが早期に廃止されることを心から望みます。

　▶解説　著者フラーは、ボンベイ在住のキリスト教宣教師（？）。著書では、女性隔離以外にも、幼児婚、寡婦再婚の禁止、女児嬰児殺し、寺院への女子の貢納など、インド女性に関する「悪習」を取り上げ、キリスト教の福音のみが真にインド女性を救うと説く。「イングリッシュ・ホーム」を理想的な家庭として位置づけるのも特徴的である。

❷ Sayyid Abul A'la Maududi, *Purdah and the Status of Women in Islam*, 1939, p. 252

クルアーンの詩節や、それらのよく知られ、広く受け入れられてきた意味、預言者の時代の実践を注意深く考察する者は、イスラームのシャリーアが女性に他者から顔を隠すよう命じており、そしてこれが預言者自身の時代からムスリム女性たちの実践であったことを否定しようとはしまい。ヴェールはクルアーンに明示的に示されていないが、精神においてクルアーン的である。

　▶解説　イスラーム主義団体ジャマーアテ・イスラーミーの創設者マウドゥーディー（1903-1979）は、パルダは後世に取り入れられた慣習ではなく、預言者その人によって確立されたと強調した。パルダの成立を歴史をたどって考察しようとする行為それ自体が、西洋の「進歩」、「文明」概念に魅了されてしまっていることを示すものとして糾弾した。男女は平等であっても「生まれながらの資質」が違い、男女の性別分業が自然であり、両性の見境のない交流によって、西洋にみられるような性的アナーキーが生じると主張した。

▶参考文献

H. Papanek and G. Minault (eds.) (1982) *Separate Worlds: Studies of Purdah in South Asia*
中谷純江（1995）「インド・ラージャスターン州のラージプート女性の宗教慣行―ヒンドゥー女性にとっての自己犠牲の意味」『民族学研究』60(1)

3) 空間のジェンダー配置

④西アジア・ムスリム社会の男女分離

📖 Ⅰ-3-2-④, Ⅰ-コラム㉗, Ⅱ-1-2-③, Ⅱ-2-4-③　🔍【読】世5-1, 世5-2

◆**空間**　中緯度乾燥地域にある西アジアでは、古くから都市文明が栄えた。都市はもちろん町や村も凝縮した居住形態が多く、茫漠たる荒地や砂漠に点在し、風土に起因して比較的「密」な居住空間が普及した。こうした環境において生じたイスラームでは、聖典クルアーンが男女の区別を明言し、空間形成に影響を及ぼし、伝統的社会において公的性格の強い男性空間が主流を占める側面は否めない。例えば大モスクでの金曜礼拝の要件は「男性成年ムスリム」で、バーザールやスークと呼ばれる伝統的市場には男性が多い。また歴史的情景を伝える細密画の多くは男女別の空間を描き、住宅など私的な領域に限って男女が同一空間に描かれる。

◆**公私と男女**　とはいえ、男性空間が公的で、女性空間が私的とは限らない。例えば、前近代の都市における空間を考えると、都市−街区−住宅という公から私に向かう相互浸透可能な空間ヒエラルキーを設定でき、そこには市民−街区民−家族という同様に境界が明確ではない人間集団が対応した。それぞれのまとまりは、男女双方から構成されることが大半で、そのまとまりの中にも公私の軸が内在し、男女分離の比率も異なる。住宅レベルでの公私は性差ではなくよそ者と家族で、この考え方は拡大家族や部族という血縁をとおして時には街区のレベルまで達した。あるいは公的性格の強い都市や街区において、女性はヴェールをつけて性差を乗り越え、通りや都市という公的空間を利用してきた。

◆**歴史に現れる女性と空間**　男女区別が明確なムスリム社会で、預言者は年若い妻アーイシャの私室に葬られた。ムハンマド係累の女性は各地で信仰を集め、彼女たちの名を冠するモスクや廟も多い。加えて女性聖者の廟もあり、女性パトロンが寄進した公共建築は数多い。例えば13世紀マムルーク朝のカイロで、最初のスルターンは女性で亡き夫（アイユーブ朝最後のスルターン）のために墓建築を建て、浴場や邸宅付きの自廟も建設した。女性パトロンには為政者の母や妻が圧倒的ながら、裕福な市民階層の女性も含まれる。彼女たちが寄進する建築は、自身の係累や聖者など死者にまつわる建築が多く、女性的な華やかな造形をもつものもある。女性が宗教的あるいは社会的に否定され差別されたわけではなく、イスラームという宗教の求める理想の女性像が前面に

押し出された。ただしモニュメントの寄進や崇敬の歴史から垣間見えるのは、そこに登場する女性達は、女奴隷など出自は多様ながら高位／裕福／聖なる人々である。

◆**モスク建築史にみる女性空間**　モスクの建築空間の歴史から女性空間を見出すのは難しい。しかし、西アジアから影響の強いインドのモスクにはザナナと呼ばれる14世紀の実例がある。ザンはペルシア語で女性を意味し、女性礼拝室と訳される。石製の透かし壁で囲まれ、一段高い場所に設定される場合が多い。オスマン朝のモスクには２階席があり、現在は女性用として使われる。イスラーム初期から為政者用の囲われた貴賓席があるので、インドのザナナは、その位置と装飾から貴賓席の発展形として、高位の女性用の空間であったのかもしれない。現代、中東の国々では女性がモスクで礼拝することは男性に比べるとそれほど一般的ではないが、カーテン等の仕切り、別に設けられた入口、２階などの別空間など、女性用の礼拝の場所が設定される。このようにモスクでは総じて男女の空間分離が目指される。同様に前近代、高等教育機関として各地に普及したマドラサは男性用が主流で、学識者層も圧倒的に男性が多い。

◆**聖者廟**　モスクと並ぶイスラームの信仰の場として、聖者からの恩寵を求めて庶民がお参りする聖者廟がある。スンナ派の国々ではムハンマドの血族、あるいはスーフィーや著名な人物を祀った墓建築が崇敬を集め、大きな廟では男女の空間が柵などで区分される。あるいは小さな聖者廟では、個人あるいは家族等、男女一緒に参詣する姿も見かける。シーア派イランでは、イマームの末

ファラジュ複合体（カイロ、1402年）
中庭の左手が男性廟、右手が女性廟、その間は礼拝室。廟は、双方ともに同様な装飾がなされるが、内部空間は、ドーム模様など、女性廟の方がより華やかである。死者の街の一角に位置している。

裔を祀ったイマームザーデ（墓建築）が数多く、モスクが男性空間であるのに対し、女性たちが集まる場となる。一方、死者を葬る墓は全般的には個人墓とする傾向が強いが、エジプトでは家族墓が一般的で、囲まれた敷地の中に女性と男性の遺体安置場を別に設ける。歴史的な墓建築では夫妻（タージ・マハルなど）や家族係累を同じ廟に葬ることも多い。特筆すべきはティムール朝のサマルカンド、マムルーク朝カイロのファラジュ複合体❶では廟を男女別に建設した。

◆**ハンマームでの嫁探し**　庶民の男女分離の公共空間の代表にハンマーム（公衆浴場）があった。水が希少な西アジアにあって、古代ローマあるいはビザンツの公衆浴場

を継承したハンマームは、イスラーム教の清浄に対する概念とあいまって広く普及した。古代ローマの浴場と比較するとスポーツという側面は抜け落ちたものの、大衆が語らう娯楽施設という側面は維持された。ハンマームでは時間帯等によって使い分けられ、あるいは男女別のユニットが対になって造られ、内部で働く労働者たちもそれにあわせた。男性に比して公的場面に参加することが限られていた女性にとって、広い脱衣室で過ごす時間は楽しみの一つで、格好の縁組の場となったという。ただし、1980年以後、衛生概念や風紀から多くの国でハンマームは閉鎖され、庶民の浴場は個別住宅の浴室へ変容し、むしろその形はエステや高級ホテルのスパ施設などに特化される。

　　◆**住宅の女性空間**　禁じられた場を意味するハリームは、ムスリムの宮殿・邸宅建築の中で、男性為政者／主人のための女性たちの空間として発展をとげた。トプカプ宮殿のハレムではスルターンとその母の空間を中心に、4名の妃の部屋、その他大勢の侍女や奴隷女性が暮らす部屋が作られ、彼女たちを管理する男性宦官の中庭が供えられる。貴顕が都市に築いた邸宅の女性空間は、外部からその姿が見えないよう、透かし窓や隠れた通路あるいは中庭を別にするなど、家族以外の男性から女性を遠ざける工夫がなされた。経済的余裕がない場合には、客のジェンダーにより住宅空間を使い分けた。住宅における空間区分の基本は、性差ではなく血縁で、血縁関係のない他者が入り込む場合には、同性による対応がなされ、血縁関係のない男女の接触をさける工夫が窺われる。

　　◆**性風俗の空間**　イスラーム法では真っ向から否定される結婚関係のない男女による性交渉、あるいはトランスジェンダーな存在も、歴史的には存在した。17世紀末のイスファハーンに滞在したフランス人宝石商人シャルダンは以下のように描く。彼が居住した家は、12トマンの家と呼ばれる遊女出身の女主人が経営する元高級娼館であった。隣家も同様な娼館で、美しい中庭邸宅に女たちが暮らし、男性客を迎えた。またヴェールなし女の隊商宿と呼ばれるいかがわしい娼婦街があり、王の広場には夜になると売春のテントも設けられた。宰相を務めたサルタキは男色の罪で宦官となり、バーザールにあるコーヒー茶寮やコクナール（麻薬）茶寮には小姓たちの姿が見え隠れする。空間として記録に残りづらいが、前述した公的性格の強い都市空間の最も私的領域の空間として考えられよう。そこでの性差の概念はクルアーンの説く男女観とは異なる側面が存在したのではないだろうか。

　　◆**現代の女性空間**　一例として、カイロ旧市街は建物や住民の改変はあるが、上述のような空間を生み出した前近代にさかのぼる都市組成を保ち、世界遺産に登録される。住民は多様ながら、20世紀に田舎から移り住んだ人も多く、庶民的で伝統

的意識が強い。彼らとともに遺産意識の覚醒のプロジェクトを行った時、女性たち
は同性で集まることを望み、女性が集まる場所がないことを嘆いた。前近代には聖
者廟やハンマーム、あるいは邸宅などの場が機能したが、近代的変容のもとに女性
の公共の場が消失した。接客室を伴わない狭小な家は核家族の空間で、他者が入っ
てくる余地はない。プロジェクトでは伝統的邸宅の大空間で女性のワークショップ
を定期的に開催、共有空間を実現し、現在も継続する。彼女たちは、自身の決断で、
自分の自由になるお金を得る手段として、手芸等の手仕事を学ぶ場となった。彼女
たちの多くはヘジャーブを被るが、家族以外の男性と話をしないわけではない。た
だ、彼女たち自身が男性から隔離された女性空間を選択し、そこには本音を語れる
女性に特化したコミュニティが存在する。

◆カイロの公共空間　一方、旧市
街のアフワ（伝統的喫茶店）は、男性
たちの情報交換の場で、道端の椅子
で、水タバコやゲームを楽しみ、そ
こに女性の姿は滅多にない。この姿
は、コーヒーを店で飲用することが
始まった16世紀から変わらない姿で
あろう。ところが19世紀末から開発
が始まった西欧風のダウンタウンに
は、開放的なカフェや、スターバッ

カイロ旧市街の街路沿いのアフワ
もっぱら男性の空間で、店内だけでなく路上まで客席が設け
られ、特に地元の女性が利用することは滅多にない。

クスなど外国資本の喫茶店も多く、男女でくつろぐ姿や女性グループも利用する。
また、古くは男女別であった結婚式も様変わりし、男女ともに夜更けまで踊り続け
る。カイロの地下鉄には女性車両があるが、女性は普通車両に乗ることも可能であ
る。西アジアにおける男女空間分離は、イスラームの慣習に基づくとはいえ、公か
ら私にいたる空間のグラデーションに応じて、時代、地域、経済力などのさまざま
な要因により、振れ幅のある対応がなされてきた。それは現代も同様で、その空間
に参加／利用する人の意思に基づいて、ジェンダーを利用しながら、空間の分離や
共有が推進されている。（深見奈緒子）

▶参考文献
羽田正編著 (1996)『シャルダン『イスファハーン誌』研究』／Amira el-Ashary Sonbol (ed.) (2006) *Beyond the Exotic*／Mary Ann Fay (2012) *Unveiling the Harem*／https://www.toyotafound.or.jp/research/2015/data/D15-R-0158NaokoFukami.pdf (2020年10月15日最終閲覧)

4）宗教・信仰とジェンダー

①仏教とジェンダー

📖 Ⅱ-1-6-⑤　🔍【読】世3-6、日4-6、日6-7、日6-9

◆仏教の女性差別的要素　残念ながら仏教には、女性差別的要素が存在する。女性は梵天・帝釈・魔王・転輪聖王・仏になれないとする五障の考えや、「幼いときは親に従い、嫁しては夫に、老いては子に従え」という三従の教えが見える。極楽をはじめとする浄土には女性がおらず、女性が往生・成仏するには変成男子（男に生まれ変わること）が必要とされた。また、仏教教団において尼僧には八つの誡め（八敬法）が課されており、尼は長老であっても年少男僧の下位とされた。尼僧は男僧の言動を批判することも許されなかった。このように尼僧は、男僧の従属下におかれた。

◆差別に関心をもたない社会　しかし、仏教の女性差別的要素に関心をもつ社会や時代もあれば、もたない社会もある。例えば飛鳥・奈良時代の日本社会は、こうした女性差別観に関心を示さなかった。得度・受戒して正式な僧となった最初の人物は女性（善信尼）である。国分尼寺で尼僧は、男僧と同じく平和と繁栄を祈る国家祈禱に従事しており、仏教界の4割余りが尼僧で占められていた。五障三従に言及した文献もほとんどなく、出家の尼天皇である称徳天皇の時代は、尼僧がもっとも活躍した時代でもある。武則天が弥勒菩薩の化身と称したように、仏教が女帝権力を正当化する役割を果たす時代もあった。

◆平安貴族社会の受容　称徳天皇が亡くなると、仏教重視のその政策は全否定された。そして、南都仏教の抑圧策の一環で、尼僧の排除がすすんだ。天台・真言宗の平安仏教には尼の養成制度がなかったし、尼の仕事はやがて国家祈禱から洗濯に変化し❶、尼寺が消滅していった。平安中期には顕密仏教界から正式の尼がいなくなり、他方では延暦寺・高野山や東大寺大仏殿などの女人結界が増えていった。そして、五障三従観が貴族社会にも定着するようになり、院政時代には「所有三千界の男子の諸煩悩、合集して一人の女人の罪障となる（一人の女性の罪の重さは、三千世界の全男性の罪の総計に匹敵する）」といった女人罪障偈まで偽造された。

◆女人救済　とはいえ、顕密仏教は女人救済を拒絶した訳ではない。貴族女性の多くが檀越（仏教の保護者）であった以上、その救済を拒絶できようはずがない。そして実際のところ、「女人は彼の国（極楽）に生まると云うべき也」（『浄土厳飾抄』）の

ように、顕密諸宗の多くの著作が女人の往生・成仏を説い
ている。その結果、女人往生や女人成仏は平安末には今様
のような民衆歌謡にも取りあげられるほど流布した❷。

◆**差別的救済論**　ただし、顕密仏教における女人救済は
いずれも差別的救済論であった。女性の罪深さをことさら
に強調しているし、往生・成仏には変成男子が必要であっ
た。しかもその言説はパターン化している。「女性は男より
も罪深いため、数多くの経典や仏菩薩は女性の救済を拒絶
してきた。しかしそうした中にあって、○○だけは女性を
お救いになる」。ここでは女性の罪深さが強調されればされ
るほど、救済のカタルシスがいっそう劇的なものとなる。
そして、この「○○だけは」の箇所に、法華経・阿弥陀仏・
光明真言・転女成仏経など、さまざまな言葉が入った。

大峰山の女人結界（筆者撮影）

　女人罪業観や蔑視観をまき散らしながら、来世救済を説
く女人往生論は差別的救済論そのものである。女人救済論と女性差別観は楯の両面
であり、女性差別観が深まれば深まるほど、女人救済論が発達するという関係にあっ
た。そして仏教は、日本社会の実態に先んじて、女性差別を先導していった。

◆**女性差別の批判**　それに対し、鎌倉時代の道元は女性が罪深いという考えを真
正面から批判した。そして、高野山や比叡山の女人結界を「魔界」と呼んで、それ
を破却するよう主張した❸。仏教の教えの根源に立ち返ることで、女性の差別と排
除をきびしく批判した。仏教は日本社会における女性差別を先導したが、それを明
確に否定する考えも仏教から登場した。（平雅行）

---

❶『日本三代実録』元慶 4（880）年 5 月19日条「西隆尼寺を以て、西大寺僧の法衣を浣濯せる処となす也」
❷『梁塵秘抄』208「龍女は仏に成りにけり、などか我等も成らざらん、五障の雲こそ厚くとも、如来
月輪隠されじ」
❸ 道元『正法眼蔵』礼拝得髄「女人何の咎かある。男子何の徳かある。悪人は男子も悪人なるあり。
善人は女人も善人なるあり。聞法を願い出離を求むること、必ず男子女人によらず。（中略）また日本国
に一つの笑いごとあり。いわゆる、或いは結界の地と称じ、或いは大乗の道場と称じて比丘尼・女人等
を来入せしめず。邪風久しく伝われて、人弁うることなし。（中略）かくの如くの魔界はまさに破るべし」

▶参考文献
勝浦令子（2003）『古代・中世の女性と仏教（日本史リブレット16）』
平雅行（1992）『日本中世の社会と仏教』
大隅和雄・西口順子編（1989）『シリーズ 女性と仏教』全 4 巻

4) 宗教・信仰とジェンダー

②キリスト教とジェンダー

🔍【読】世6-11

◆**キリスト教におけるジェンダー**　ジェンダー視点から
らキリスト教を考える時、以下の3点が重要な論点となる。
①教義と教会の男性性（父権的神、聖職位階からの女性排除）、
②女性嫌悪（ミソジニー）、③聖母マリアの教義である。

①キリスト教は、厳格な一神教であり、「父なる神」を
頂点とする父性宗教である。ニカイア公会議（325年）で
正統とされた三位一体説によれば、「父なる神─子なるイ
エス・キリスト─精霊」は、同一存在の三つの位相（ペ
ルソナ）とされる（図1）。ローマ・カトリック教会では、
教会は「キリストの花嫁」とされ、神と教会は上下関係
に立つ。過去も現在も、司教・司祭等の聖職位階は男性
に限られる。

図1　ジェロニモ・コシーダ
「三位一体」（1570年）

②18世紀頃までの伝統的なカトリック教義では、女性は本質的に「罪深い」とさ
れた。女性の始祖であるエヴァ（イブ）は、蛇（悪魔）に唆され、神に最初に背いた
最初の者となった（創世記）。エヴァが夫アダムを誘惑したくだりは女性の罪（性欲）
の証とされ、中世を通じて聖職者はさかんに女性の罪深さを説いた（女性嫌悪）。

③カトリック教会には四つのマリア教義がある。「神の母」「永遠の処女」「無原罪
の宿り」「聖母被昇天」である。前二者は初期教会の遺産とされ、プロテスタント教
会もこれを否定していない。「無原罪の宿り」とは、処女懐胎とは別で、マリア自身
が母アンナの胎内に宿ったときにすでに無垢であったことをいう。13世紀に賛否両
論に分かれて、その後も長く論争が続いたが、1854年に教義として確立した。

◆**二つの正典**　キリスト教の正典は、旧約聖書と新約聖書である。「新約」という
呼称は、イエス・キリストによって神との契約が更新されたと考えた初代教会の人
びとによって用いられた。新約聖書は、1～2世紀にかけてイエスの使徒などキリ
スト教徒たちによって書かれた文書を指す。この新約聖書に対して、それ以前の古
代ユダヤ教の聖書をキリスト教の立場から「旧約」聖書と呼んだ。したがって、旧

約聖書と新約聖書では、ジェンダー観がかなり異なる。例えば、旧約聖書では一夫一婦婚を基本としつつも、父方の家系維持のために息子を得ることが重視され、不妊女性は呪われたものとされて、一夫多婦婚、義兄弟婚、離婚、側女も容認されていた。神によってソドムの町を逃れたロトと2人の娘は父—娘間の近親姦により子を得ている。王や族長が複数の妻を持つことは律法でも認められていた。

◆ヒエラルキー　「ヒエラルキー」（hierarchia）は、ヘブライ語聖書にも古典ギリシア語にもない言葉である。教父時代（1世紀末〜8世紀）に「hiera（聖なる）arche（源泉／支配）」を意味する語としてつくり出され、神を源泉とする被造物の秩序を指した。やがて、「聖なる支配」は地上でも実現されるべきと考えられるようになり、叙階権と司牧権を独占する教会は聖職位階制によって「地上における神の代理人」を名乗り、「聖なる支配」の実行役となった。今日、キリスト教会の一般的用法では、聖職位階制をヒエラルキーと呼ぶ。中世には聖職者と信徒が分離され、聖職者は特権化していくが、その過程で女性は位階制から排除されていった。こうしたヒエラルキーをカトリック教会の法ならびに支配原理として確立したのがトリエント公会議（第19回公会議：1537-45年）である。

◆**聖職位階からの女性排除**　教会の拡大につれ、1世紀末に「司教・司祭・助祭」❶という三つの聖職位階が成立し、2世紀に確立した。カトリック教会では現在もこの職階が維持されている。これらの職階に就くには独身男性でなければならず、女性は排除されている。1976年、バチカン教理省は、「役務的祭司職を女性に授ける問題に関する宣言」において、女性排除を正当化する伝統的見解を繰り返した。すなわち、イエス・キリストは男性であり、イエスが十二使徒として男性のみを召命したことは女性を聖職から排除するという意図をイエス自身が持っていたことの現れであって、聖職位階からの女性排除は「主に忠実に従う」ことを意味すると表明したのである。これに対して、1970年代以降のフェミニスト神学や歴史研究は、聖書の男性的解釈を修正し、旧約・新約聖書や初期教会運動における女性の活躍を発見して、使徒や司祭などに女性が含まれたことを明らかにしている。

◆**旧約聖書の女性たち**　旧約・新約を問わず、聖書は家父長制社会の下で男性によって書かれたものであるため、女性に関する記述は乏しい。ほとんどの女性が無名であるが、旧約聖書には140ほどの女性名が登場する。特に族長夫婦にあっては正当な妻から息子が生まれることが重視されたため、家における妻・母の地位はかなり高く、母が息子に名付けをしている例もある。また、預言者や政治的指導者として活躍した女性の物語もある。例えば、モーセの姉妹ミリアムは旧約聖書で最も多

く名が挙げられている女預言者であり、神への賛歌を歌っている。預言者デボラは、イスラエルの土地取得時代に決定的な役割を果たし、なつめやしの木の下で公的な裁きを行っている。ソロモンの母バト・シェバは太后という法的称号を得た。ユディトは、武装した敵将を欺いて殺すことに成功し、その知恵を称えられた。

◆**キリスト教会と女性**　新約聖書でも無名の女性が多いが、原始キリスト教会では、多くの女性が使徒、執事（助祭に相当）、伝道者として活躍していた。イエスがガリラヤを出たとき、女弟子たちも随伴した。その中で最も有名な女性がマグダラのマリアである。彼女はイエスの磔刑・埋葬・復活に立ち会った。2～3世紀までは複数の女預言者の名が登場しているが、4世紀には登場しない。中世中期まで女性司祭が存在したことが回勅等で明らかにされている。しかし、13世紀にトマス・アクィナスが『神学大全』で、アリストテレスの説に拠りながら女性を「劣った性」とした結果、女性には叙品の資格がないとされるようになった。

◆**修道会**　今日、男子修道会や修道士よりも女子修道会や修道女の方がはるかに多い。歴史的に見ても、男子修道院制度が組織化される以前に寡婦や処女の修道共同体が存在した。しかし、女性の修道生活に関する関心は低く、研究も少ない。

　初期のキリスト教徒は、結婚生活と家族を放棄することによって性を超越すると考えていた。このため、修行者は兄弟姉妹として「霊性的婚姻」をし、男女の別なく共同生活を送ることもあった。ユスティニアヌス法典（6世紀）も、修道院に関する法は男女同等に妥当すると定めている。しかし、12世紀に確立した教会法は、修道院を完全に男女別に分離し、修道女が男子修道院に立ち入ること及びその逆を禁じた。修道院改革運動として、13世紀に托鉢修道会（フランチェスコ会・ドミニコ会）が成立し、カタリ派などの異端者を正統信仰に回心させるよう宣教・司牧活動に努める新しいタイプの修道士が登場した。しかし、修道女は、托鉢修道会に属したものであっても、旧態依然のまま、修道院から外に出ることはなく、聖務と祈りに明け暮れた。カタリ派などの異端運動では初期キリスト教的な男女平等が実践され、多くの女性信者を集めたが、ベギン会などの世俗修道会は奉仕と祈りという伝統的修道女像を超えることはなかった。一方、12世紀以降、修道女の中から優れた女性神学者が登場する。最も有名な女性神秘思想家が、ビンゲンのヒルデガルト（図2）である。彼女は、医者、自然科学者、詩人、作曲家としても活躍した。

図2　神からの啓示を受けているヒルデガルトと書記（作者不詳、1180年頃の写本の扉絵）

◆**女性嫌悪**　キリスト教神学では、5〜12世紀にかけて、「原罪」は「傲慢の罪」から「性的な罪」に変えられていった。その過程で、女性の本質をエヴァに見る考え方が教父たちによって生み出された。12世紀頃の司教や修道院長の説教には、女性を「悪魔の入り口」とか、「罪において貪欲」といった女性嫌悪の言説が繰り返されている。女性が悪魔に誘惑されやすいという観念は、17世紀をピークとする魔女裁判を正当化する根拠ともなった。魔女はきわめて性欲が強いとされ、魔女となる契約は悪魔との性交とされた。このため、魔女裁判の手続きは、魔女である証を見つけるために性的拷問に等しいものとなった。

◆**2人のマリア**　新約聖書には、処女懐胎以外に母マリアの記述はほとんどない。教会がマリアを「聖母」と認定したのは、431年のエフェソス公会議である。歴史上のマリアは、木材加工業者である夫ヨセフとの間に少なくとも7人の子をもち、イエスは長男であった。イエスが宣教活動を始めたときには衝撃を受けて、イエスを家に引き戻そうとしている。その後、イエスのエルサレム行きに同行し、イエスの死を看取った。

マグダラのマリアは、イエスによって「7つの悪霊」から癒やされ、彼の弟子となった。彼女は、イエスの磔刑を遠くから見守り、埋葬に寄り添い、イエス復活の啓示を受けてそれを告示した（図3）。初期キリスト教では、マグダラのマリアは中心的役割を果たし、ペトロ以上の弟子とされた。マグダラのマリアを、イエスに香油を塗った無名の女性と同一視したり、改悛した遊女と一体化したりするのは、後代の作り話である。フェミニスト神学では、マグダラのマリアは、聖女というよりも、イエスとの親密な関係で自己実現した女性と評価されている。（三成美保）

図3　ラファエロ作「キリストの埋葬」（1507年）、中央の女性がマグダラのマリア

❶「司教・司祭・助祭」は、新約聖書に萌芽的に見られる「監督・長老・執事」という奉仕職が、2世紀に職階として確立したものである。司教は、使徒たちの後継者とみなされ、後継者を任命（叙階）し、権能を承継させた。やがて、大司教、総大司教（総主教）などの首位権が発達し、ローマ司教が教皇としてローマ・カトリック教会の指導者となった。司祭は、司教の下で宣教と司牧に従事し、神父とも呼ばれる。助祭は、特に聖餐式で司教を補佐し、教会共同体の物質面での管理や貧者・病者の世話に携わった。

▶**参考文献**
エリザベート・ゴスマンほか編（1998）『女性の視点によるキリスト教神学事典』／竹下節子（1998）『聖母マリア―〈異端〉から〈女王〉へ』／大貫孝ほか（2002）『岩波キリスト教辞典』

問い　①聖書における女性活躍が軽視されたのはなぜか。
②母マリアを崇拝対象とし、マグダラのマリアを遊女に見立てたのはなぜか。

---

4) 宗教・信仰とジェンダー

③イスラーム教とジェンダー

📖 Ⅱ-1-2-③, Ⅱ-1-5-②, Ⅱ-1-6-①, Ⅱ-2-2-②　🔍【読】世5-1, 世5-4

　◆聖典クルアーンとジャーヒリーヤ時代の慣習　西暦7世紀のアラビア半島に暮らすムハンマド（570頃～623年）が神から授かったイスラームの教えは、それ以前のジャーヒリーヤ時代の慣習を大きく変えた。とくに、婚姻についての詳細が示され、性交渉は、婚姻内および右手の所有（奴隷）においての異性間でのみ合法とされた。女児の誕生を悲しんで生埋めにすることもあったというジャーヒリーヤ時代の悪習も、神によって厳しく戒められ、男性父系血族の絆をもとに成り立っていた社会に、女性の権利を拡げるいくつもの改革がなされた。クルアーンは、女性の財産権を明示し、男女ともにそれぞれの権利があることを述べた。一方で、男性には女性よりもより多くの権利があることも示唆した❶。

　◆預言者ムハンマドと妻たち　預言者ムハンマドは、イスラーム教徒にとって模範とすべき存在となり、その慣行が伝承された。それらを記録したハディースの集成は、クルアーンに次ぐ第二の聖典とされる。伝承者のなかには、ムハンマドの日常の様子をよく知る妻たちも名を連ね、なかでも晩年の最愛の妻といわれるアーイシャ（614-678年）は多くのハディースを伝えている。例えば、あるとき薄手の服を着て現れた女性に対してムハンマドが、「初潮を迎えたら顔と手以外の場所は隠すように」と示したという伝承がある。これがヒジャーブ（頭髪を覆う布）の根拠となり、当初は預言者の妻たちにのみ命じられたが、その後は女性一般に広がっていったものと考えられている。

　◆イスラーム法の形成とジェンダー　クルアーンとハディースを典拠として、神が人間に命じた行為規範を示したものがイスラーム法である。その形成過程で織り込まれた各地域の規範や慣習を含みつつ、複数の法学派の学説として10世紀頃に確立し、19世紀頃まで継承された。イスラーム法には、男女それぞれに権利義務が定められたが、必ずしも男女間で平等ではなかった。売買契約の締結者やイスラーム法の寄進制度であるワクフの設定者などには男女差は設けられていない。一方で、礼拝の導師や統治者に女性は不向きであるとされ、法廷での証人として男性であれば1名で足りるところ、女性の場合は2名が必要であるとされた。また、同害報復刑を金品によって解決する「血の代償」制度においては、被害者が女性であった場合の賠償金は男性の半分と定められて

いる。婚姻契約にあたっては、男性は同時に4人までの妻帯が許されるとされ❷、離婚に際しても夫にのみ一方的離婚宣言を行う権利が付されている。女性からの離婚も可能であるが、一定の権利を放棄したうえで夫の承諾が必要とされる。相続においても、同じ親等であれば、男性は女性の2倍の取分の権利をもつという不均衡がある。

◆**シャリーア法廷と女性たち**　イスラーム法を裁判規範としたシャリーア法廷には、女性たちも自身の権利を主張するために訪れていたことが、法廷文書を史料とした研究によって明らかになっている。女性は、主に相続や夫から支払われる婚資によって財産を築くことができ、彼女自身が処分権を有するため、財産行為に関わる訴訟や、離婚に際しての債権の請求など、さまざまな機会に法廷を利用していた。マムルーク朝時代（1250-1517年）についての研究によれば、女性が一定の稼ぎを得ることができた社会においては、離婚率が高い傾向があったという。

◆**現代におけるジェンダー公正の模索**　19世紀末以降、ヨーロッパの影響を受けた女性解放論がムスリムの学者たちによっても発信されるようになり、女性教育の重要性が説かれ、後進性の象徴としてのヒジャーブの廃止論を唱える学者もいた。クルアーンの再解釈によって、一夫多妻などの近代化の障壁となる規範を改革しようとする動きもあったが、一方で、女性に妻と母としての役割をイスラームの文脈で強調する価値観も強まった。最近では、イスラーム法そのものを見直そうとする女性たちの活動が活性化している。彼女たちは、神の教えは普遍的であるが、これに基づいて作られたジェンダー規範は、あくまでも人間によって作られたものであり、時代に応じて再考すべきであるとする。かつて、男性の学者たちによって担われてきたイスラーム法について、女性たち自らの解釈により、現代社会の実情に合った解決とジェンダー公正が目指されている。（小野仁美）

---

❶「女は、公平な状態の下に、かれらに対して対等の権利をもつ。だが男は、女よりも一段上位である。」（クルアーン2章228節）

　▶解説　この章句は、現代のムスリム・フェミニストらによって再解釈が試みられている。

❷「あなたがたがもし孤児に対し、公正にしてやれそうにもないならば、あなたがたがよいと思う2人、3人または4人の女を娶れ。」（クルアーン4章3節）

　▶解説　クルアーンは、イスラーム以前に無制限だった妻の数を限定した、あるいは戦乱が続き未亡人となった女性たちの救済のため一夫多妻を許した、などと説明される。

▶**参考文献**

鷹木恵子編（2020）『越境する社会運動（イスラーム・ジェンダー・スタディーズ2）』
ライラ・アハメド（林正雄ほか訳）（2000）『イスラームにおける女性とジェンダー──近代論争の歴史的根源』
林佳世子（2016）『オスマン帝国500年の平和（興亡の世界史）』

4）宗教・信仰とジェンダー

④儒教文化におけるジェンダー

📖 Ⅱ-1-2-②, Ⅱ-2-3-① 🔍【読】世4-4, 世7-5, 日7-4

◆**儒教と近世東アジア社会**　「儒教」が人が内面で信仰する宗教かどうかは、じつ
は議論が分かれるのだが、東アジアの社会に長期にわたって多大の影響を与え続け、
ジェンダー秩序も大きく規定した教えであることは間違いない。儒教は漢代以来、
中国の王朝の祭祀や統治システムに取り入れられてきたが、東アジアの民間社会の
日常生活に大きな影響を与えるようになったのは、宋代に成立した新儒教（いわゆる
朱子学）が各地に広まった近世のことである。それは、なによりも人と人との関係を
父系の家族関係（父系血統）に基づいて尊卑のヒエラルキーをもって秩序づける思想
体系である。

◆**父系血統に秩序づけられる社会**　朱子学では、基本的な人間関係は、父子・君
臣・夫婦の三綱であるとされ、それに兄弟・朋友を加えた五倫が重視されるが、血
縁関係以外のものは血縁に擬して論じられる。そこでは親族関係の疎遠・尊卑に応
じてどれだけの喪に服するかを表す「五服」に、人間関係のあり方が象徴されてい
る。これは、男性である自己を中心に父系血統のつながりによって関係のあり方を
決めるものである。女性は基本的に夫と一体化して、夫の先祖の祀りに参加する。
実の父母への孝養以上に、夫の父母に孝養を尽くすことが重視される。また、男尊
女卑の秩序が貫かれ、夫の死に際して妻は最高の3年の喪に服するが、夫は妻の喪
には1年服するだけである。母系血族（母の一族）・姻族（妻の一族）は、せいぜい1
世代程度しか服喪の関係にない（＝親族とみなさない）。

　とはいえ、実際に親族関係がどのように捉えられ、いかなる儀礼が行われたかは、
地域や時代によってかなり異なっていた。

◆**中国近世の儒教化社会**　中国では、宋代以降、基本的に身分制がなくなって、
競争の厳しい流動的な社会における相互扶助組織として父系同族集団である宗族が
発達し、族産・族譜・家廟を備えて祖先祭祀を行った。が、その祭祀は必ずしも朱
熹が『朱子家礼』で提唱した方法に則ってはいなかった。すなわち『朱子家礼』で
は、古代の宗法に則って嫡長子が宗族を率いて4代前までの高祖を祀る方法が提唱
されているが、近世中国ではむしろ最初に一族の現住地に移住してきた始遷祖の子

孫が宗族を作り、自分たちは何代目であると数えて、始遷祖以来の祖先を祀り、その血を引く男系の男子とその妻子が祭祀に参加する。また、男子は皆、父の気を伝える点において同じ資格があるとされる。したがって財産も息子たちの間で均分され、長男と二、三男、嫡子と庶子との間の区別はないのが原則であった。

◆**近世朝鮮社会の儒教化**　一方、朝鮮半島では高麗時代には双系制の社会で仏教が盛んであったが、朝鮮時代（李朝）になって朱子学的な儀礼が王朝によって推奨されて徐々に両班層に浸透し、中国以上に『朱子家礼』に忠実な、嫡長子が祭主となって高祖までを祭る祠堂での祖先祭祀が行われるようになった。朱子学の浸透とともに社会は父系化して、男帰女家婚と呼ばれる妻の家に夫が（一定期間）住む結婚のあり方は嫁入り婚に変化してゆき、複数の妻がいることもあった婚姻形態は、1人の正妻と妾とが厳格に区別されるようになった。正妻の産んだ嫡子と妾の産んだ庶子の身分差は大きく、中国と異なって庶子には科挙の受験資格もなかった。また女性の貞節が非常に重視され、再婚した女性の子は科挙が受験できなかった。一方で、朝鮮社会では著名な人物の父系子孫の集団である門中が発達し、財産を擁して皆で先祖の墓参りを行って親睦を深めた。尊卑のヒエラルキーを重んじる祭祀集団と、父系血族男性の平等性を重んじる門中とが相補的に機能して、儒教化した朝鮮社会を発展させたと言える。

◆**「同姓不婚」と「異姓不養」**　儒教の経典である『礼記』などの経書は、父系の同族である（と観念される）同姓での結婚を「禽獣に近い」として忌避する。中国では古代以来、「同姓不婚」は守るべき原則というのが社会通念となり、法でも禁じられていた。とはいえ、清代の中国では地方によっては同姓通婚がかなり見られ、同姓でも同宗でなければ問題ないとする地域もあった。一方、近世以来の朝鮮／韓国では、同姓同本（本貫＝祖籍の地が同じ）での婚姻は、近年まで法でも禁じられていた厳しい規範であった。

　また、息子がいないときには、（娘がいても嫁出させて）父系血統の同姓の男子を迎えるのが正統とされ、他姓の者には家を継承させてはならないとされた（異姓養子の禁）。養子に迎える男子は、本来の息子と同じ世代でなくてはならず、兄弟の息子が望ましく、ダメなら同姓の従兄弟の息子がよい。でないと、世代が混乱して尊卑の序が乱れる。こうした養子の取り方は、明清中国の士大夫層の規範となっており、朝鮮の両班層でも厳格に守られた。だが、息子がなく適切な養子も迎えられずに祭祀の絶える家は少なくなかったし、中国の庶民層では正統ではないとされた贅婿（婿養子）もかなり見られた。

◆**近世日本および琉球における儒教**　日本社会でも、江戸時代には儒教が官学とされ、四書五経などの経書もよく読まれた。しかしながら婿養子の習慣が多くの地域や階層で見られるなど、父系血統を絶対視する観念は弱かった。また、女性の再婚を忌避することもなく、貞節の規範も強いものではなかった。日本社会の「儒教化」はかなりユニークなものであったと言える。

　近世の琉球王国には、明および日本から儒教的なものが入った。士族は家譜を編纂し中国風の一字姓を王府から下賜されて家統のよすがとしたが、下賜された姓は恣意的に選んだもので父系血統を示すものではないし、長男継承が困難な時は、弟や甥、さらには女系親族等による継承も頻繁であった。琉球の士のあり方は、中国的／儒教的な父系血縁制度と日本的な家制度を巧みに整合させた独自のものだった。

◆**近世ベトナムにおける儒教**　ベトナムでは、大越・越南諸王朝の下で11世紀から科挙が行われ、知識人層は儒教に親しんでいた。近世ベトナムでは強固な村落共同体結合をもつ小農村落が形成され、儒教化／朱子学化が進んで、ゾンホと呼ばれる、祠堂・族譜・族産をもつ父系親族集団が形成された。とはいえそこでは、女性も含めた均分相続が原則で女性の土地所有も見られるし、祖先祭祀は重視されたが必ずしも『朱子家礼』のようなやり方ではなく、すべての男女が祀られるなど、現地化した方法であった。

　このように東アジア各地はそれぞれ特徴のある「儒教化された」近世社会を形成した。一般にそれぞれの地域で「伝統社会」と呼ばれるのは、こうした歴史性をもつ近世社会のことで、けっして古代から変わらぬ「伝統社会」があったのではない。

◆**近現代における多様な儒教への対応**　19世紀後半以降、これらの地域はそれぞれに西洋文明の影響のもとで大きな変化を経験するが、そこにおける儒教の位置づけは、地域によって大きな違いがあった。

　明治維新によって近代国家の建設を開始した日本は、西洋の思想制度を取り入れるとともに儒教的な要素も活用した。とはいえ一見儒教的な「教育勅語」の「父母ニ孝ニ兄弟ニ友ニ夫婦相和シ朋友相信シ」との文言は、「父子の親、君臣の義、夫婦の別、長幼の序、朋友の信」のオーソドックスな五倫とはかなり異なっている。また、女性のあるべき姿とされた良妻賢母は、伝統的な儒教教義の中にはない、国家の臣民である男性を家庭内で支えることを期待するものであった。こうした良妻賢母像は、中国・朝鮮・台湾など東アジア各地で模倣され、賢妻良母、賢母良妻などのバリエーションができた。

　琉球は、大日本帝国に編入されて沖縄県となったが、双系だった農村社会にも長

男単独相続を規定する明治民法が適用され、また士族の特権だった家譜や系図の所持が解禁されて、むしろ近代以降に社会は父系化・男系化していった。

　近現代の中国では、伝統の重みに対する反発は大きく、儒教的なものが厳しい批判の対象となった。1910〜20年代の五四新文化運動では、儒教的な伝統との徹底的な訣別が主張された。呉虞は著名な「家族制度は封建主義の根拠である」（『青年雑誌』2-6、1917年）で儒家の宗法主義を厳しく批判し、魯迅は儒家的な蒙昧からの覚醒を説いた。中国国民党および中国共産党の革命運動の中でも、儒教的なものは封建主義として批判打倒の対象であった。儒教文化に対する批判のピークは1966年からの文化大革命であり、各地の伝統的な文化財が破壊された。しかし改革開放によって経済発展した21世紀の中国は、西洋近代的価値の普遍性に公然と異を唱えるようになり、その文化の柱として儒教的伝統が掲げられることもある。

　日本の植民地となった朝鮮では、旧日本民法にならって民事令（1912年）が定められたが、それは両班層の習慣によるものであったので、家父長権の弱かった地域・階層にとっては家父長権の強化となった。その後の改定の中で戸主権はより強化され、姓不変の原則と異姓養子の禁の慣習を変える日本式の婿養子制が導入され、さらに第二次世界大戦期には「創氏改名」が行われた。独立後の韓国は「民族の伝統」に復したが、それは男系の直系家族を念頭に置いた戸籍の下で同姓同本婚を禁止するものであり、植民地とそこからの独立を経て儒教的な伝統が再建されたと言える。1980年代以降、韓国では民主化が進展し、フェミニズムの運動も活発に展開されるようになって、家父長的な民法が改正されてゆき、2005年には同姓同本婚の禁止も廃止された。2008年には戸主制（戸籍）が廃止されて個人ごとの登録簿に変わった。近年、従来認められていなかった門中＝宗中の財産の女性のメンバーへの分配を求めた訴訟が起こされて、勝訴した例が出ており、韓国社会の変化は大きい。

　社会主義化を経た現代ベトナムでは、祖先祭祀は変わらず重視されているが、息子がいないと娘やその息子が両親を祀るといった、柔軟な対応がみられる。

　現在の東アジア各地域では、儒教の脱／再構築がさまざまなベクトルを持ちながら進展しているのである。（小浜正子）

▶参考文献
小浜正子・落合恵美子編（2022）『東アジアは「儒教社会」か？―アジア家族の変容』
五味知子（2022）「同姓不婚と同姓為婚について」小浜正子・板橋暁子編『東アジアの家族とセクシュアリティ』
小山静子（2022、初版1991）『良妻賢母という規範（新装改訂版）』
陳姃湲（2006）『東アジアの良妻賢母論―創られた伝統』

コラム② 「女人禁制」と空間のコントロール

◆女人禁制とは　宗教的に特別な意味を持つ空間には固有の禁忌がある場合が多い。女人禁制はその一つで、特定の聖域への女性の立ち入りや特定の宗教行事への女性の参加を禁ずる慣行である。聖域への立ち入りや宗教儀礼への参加には、男性でも資格や禁忌の遵守等が求められることが多いが、定められた条件を満たせば可能になる。これに対して、女性は無条件に排除される。その点で、女人禁制は宗教的な空間における男女の差を明確に示す。

◆日本史の中の女人禁制　日本の女人禁制には、時代による変化と場所ごとの多様性が見られる。女性を忌避する理由としては、山地と平地の境界をめぐる民俗信仰、異性間の接触を禁ずる戒律、女性は精神性の点で男性に劣るという仏説、月経や出産に関わる禁忌などが考えられ、それらが複合している場合も多い。このうち月経・出産に関わる禁忌は女性の一生のうち特定の期間だけに限定されるはずだが、女性の生理に対する不浄観と仏教的な女性の罪業観を結びつけた『血盆経』の影響で、女性という存在自体が不浄で罪深いという観念が一般化し、中世以降はこれが女人禁制の主要な理由とされた。

「女人禁制」という語は戦国時代から江戸時代に一般化したが、女性は聖域に入れないという観念やそこから女性を排除する慣行は、平安時代から比叡山・金峰山など近畿地方の山岳仏教や修験道の本拠地で見られた。こうした観念や慣行は時代を追って多くの地域と階層に広まり、江戸時代後半には村の神社の山や酒造・麹作りの作業場等でも女性が排除されるようになった。聖域を侵犯した女性が災難に遭う説話や、聖域で修行する男性を訪ねて来た母や娘が再会を拒まれる説話等も、女人禁制の観念や女性排除の慣行の普及を促進した。

その一方で、戦国時代後半には女人禁制が形骸化する徴候が現れた。例えば東大寺は焼失した講堂の本尊を再造像するために、1516年女人禁制だった大仏殿の参拝を女性にも許し、再造像に協力すれば女性特有の罪業から救われると寄付を募った。ここには、正当な理由があれば聖域の管理者の権限で女人禁制を改変できるという考え方が見られる。

◆富士山の女人禁制　富士山は日本の代表的な聖山の一つであるが、江戸時代後半に女人禁制をめぐる葛藤の舞台となった。富士山の信仰は多様な要素を包摂しながら発展した。古来山麓や周辺の住民はこの山を恐れ敬って祭祀を行い、平安時代以降仏教や修験道の修行者はここを神仏の世界と見なして修行を行った。各登山口に集結した修験や御師等の宗教者は、戦国時代になると遠方に赴いて富士信仰を広めた。彼らは信者が住む町村を巡回して祈祷や護符配りを行い、地域ごとに信者をまとめて「富士講」という組織を作らせ、参詣者を誘致した。富士山で女人禁制を実施したのは、こうした登山口の職業的宗教者だった。

都から遠い富士山では女人禁制の成立が遅かった。例えば北麓吉田口の御師の文書に女人禁制が明記されるのは、江戸時代初期以降である。そこでは月経の不浄と、修行中の男性を女性から隔離する必要の二つが女人禁制の理由とされた。ただし当時は富士登山する女性が稀だったので、女性の排除はまだ現実のものではなかった。

◆食行身禄と不二道の女人禁制批判　修験や御師が指導する富士信仰とは別に、近世には俗人の修行者が独自の教義をもつ富士信仰集団を作った。その一つが江戸の俗人行者の食行身禄（1671-1733年）を元祖と崇める一派で、他の富士講と区別するため富士講身禄派と呼ばれる。食行は人間がみな富士山の神の教えに従って正直・慈悲・倹約・謙遜等を実践すれば理想的な世が実現することや、人間の価値は身分や性別に関係ないことなど独自の教説を唱え、富士山の高所で死に至る断食を行った。彼の教えには独特な女性観が含まれていた。彼は人間の善悪は性別に関係ないとして女性は罪深いという仏説を批判し、出産や月経は人間誕生に関わる清浄なものとして女性不浄観を否定し、女人禁制に反対した。彼の遺志を継いで、弟子の中には富士山を模した塚を作って神を祀り、男女を問わず登拝させる者もいた。

食行の門弟の系譜に連なる江戸近郊の俗人行者禄行三志（1765-1841年）は弟子たちと共に不二道という信者集団を作った。不二道は地縁・血縁や商取引等の関係を通じて、19世紀中期までに関東・東海・信州・近畿・長崎等に広まった。不二道は

食行の教えを継承し発展させ、家業出精・孝行・相互扶助を説いた。また陰陽五行説に基づき、陰陽や男女の間から均衡が失われれば天地の恵みも子孫相続も危うくなると考え、当時の男尊女卑を批判した。「女を上に、男を下に」等の標語を掲げて陰陽男女の均衡の回復を目指し、家業でも性生活でも男女の役割を見直すように提唱した。こうした教えのためか、不二道には女性信者が多く参加した。

◆**女人禁制への挑戦と禁制の強化**　不二道は女性不浄観に基づく女人禁制に反対し、信者たちは積極的にその廃止に取り組んだ。村の神社の山など身近な場所での女人禁制に対しては、男女混成で集団参詣し、女性が禁制場所に立ち入っても異変が起こらないことを村人に示した。村の神社ではこの方法で成功することがあったが、富士山は別だった。

富士山では登山を望む女性が増えるに従って女人禁制が厳しくなる傾向があった。富士講身禄派や不二道の信者の多くが訪れた北麓の吉田口登山道を例にとれば、女性たちが富士山を遥拝していた18世紀前期までは、女性の登山規制の記録が見られない。18世紀後期に富士講身禄派が盛んになり登山を望む女性が現れると、二合目（標高1710メートル付近）が女性の限界とされ、そこに「女人禁制」の立て札が建てられた。

19世紀に不二道が盛んになると、この境界を越える女性信者が続出した。1832年には女性信者一名が三志らと共に人目を避けながら登頂を決行した。富士山東麓の須走口登山道でも、この前年法華宗の女性信者が六合目まで登る事件が起きた。こうした女性の富士登山に山麓の村落住民は反発した。女性の登山は長雨など異常気象を招き、飢饉をもたらすという伝承があったからである。1830年代の天保の大飢饉を契機に山麓の村落は連合し、この地域を管轄する代官所と登山道を管理する御師に対し女人禁制の厳守を要求した。代官所は女性の境界侵犯を取り締まり、吉田口の御師たちに登山道二合目に検問所を設置させ、女性の登山を強制的に止めるように命じた。

◆**女性の富士登山解禁**　御師にとって参詣者は大切な顧客だった。女性登山解禁を求める顧客とこれに反対する地元民の間に立たされた吉田口の御師たちは、60年に一度の庚申という富士山縁年に限り女人禁制を緩和するという妥協的な方策を採った。彼らは江戸幕府の寺社奉行の許可を得て、1860年の庚申年に管理下にある北麓登山道八合目（標高3300メートル付近）までを女性に開放した。不二道信者はこれを理想の世の前兆と解釈して歓迎し、男女混成の大集団を作って登山した。

この方策で吉田口が集客に成功したのを見て、他の登山口の職業的宗教者もこの年に限って女人禁制を停止した。適当な理由があれば聖地管理者の権限で女人禁制を改変できるという考え方が、ここにも見られる。その結果、女性たちはこの年初めて公然と富士登頂を果たした。

◆**近現代の女人禁制**　1872年、新政府は女性も寺社や山岳信仰の場へ随意に参詣できると布告した。文明開化を掲げる政府が女人禁制を不合理な旧習として廃止したように見えるが、実はそうではない。第一回京都博覧会を訪れる外国人男女を比叡山等に誘致するうえで、障害となる女人禁制の解消を図ったのである。この布告に強制力はなかったが、これを機に多くの寺社や山岳で女性の立ち入り規制が解かれた。しかし20世紀末まで女人禁制が続いた所もあり、現在も一部の山岳や大相撲の土俵等では女性の立ち入りを拒否している。こうした現代の女人禁制は、女性の不浄ではなく伝統の尊重を主な理由として行われているが、その「伝統」とは何に基づいて、いつ、どのように成立したかを、個々の場合に即して検討する必要があるのではないだろうか。（宮崎ふみ子）

▶**参考文献**

岩科小一郎（1983）『富士講の歴史―江戸庶民の山岳信仰』
平雅行（1992）『日本中世の社会と仏教』
青柳周一（2002）『富嶽旅百景―観光地域史の試み』
鈴木正崇（2002）『女人禁制』
竹谷靭負（2011）『富士山と女人禁制』

5）近代社会の統合と排除

①自然の性差論

📖 I‒1‒2‒⑤，II‒1‒3‒①，II‒2‒2‒①　🔍【読】世8‒8，世9‒1

◆**性役割は社会的な取り決め**　1739年に発行されたドイツの百科事典は、男性と女性の違いを自然とモラルで基礎づけていた。男性にとっての自然は生殖器官で、モラルは夫としての、また家経済の経営に携わるものとしての身分だった。男女の相違も、身体的なものやのちに「本性」と言われるものより、社会のものの方にはるかにウェイトが置かれていた。身分制の下では、性が決定要因になるのではなく、男性も女性も社会的空間や社会関係のネットワーク、目的に適合していった。したがって、役割分担も社会的な取り決めによって決まった。

　「男性」という項目では、男性として語られるのは、結婚して家長としての責任をはたせる基盤を獲得しうる30歳以上の者であった。男性とは、生物学的な男性ではなく、自分と家族の構成員を養いうる社会的立場が前提となっていた。夫は生計獲得の中心とみなされてはいたが、夫婦が状況の許すかぎり、できるだけ多く稼ぐべきとされ、女性も生計獲得に寄与することが前提とされている。夫が多く稼ぐのは、妻は妊娠と子どもの養育という労働のために時間を割かなければならなかったからである。この時期には日常生活を維持するための労働、つまり家事労働——のちに「愛による行為」とされる——は労働だとみなされていた。

◆**自然の性差論の登場**　身分制の価値基準が揺らぎはじめた18世紀半ばの啓蒙の時代には、あらたな知や考え方に基づく将来社会の構想が語られた。啓蒙思想家たちは、近代社会の基本原理となる自由や平等を唱えたが、あくまで男性間の平等であって、女性は念頭にはなく、逆に女性が男性に従属する性であることを強調した。ルソーは『エミール』のなかで理想的に育てられた青年の妻として夫に従い家庭をつましく守る女性を描いた。カントは、自らの理性の力で判断・決定する成熟状態に達せられるのは男性だけで、女性は「未成熟状態」の従属した存在だと考えた。

　こうした性差論登場の背景にあったのが、17世紀の科学革命以降の自然科学の台頭であり、男女の「本質的」な相違に関する「科学的」、「客観的」論拠を提供した。近代医学や解剖学は逞しく子どもをつくる力をもつ男性の身体ときゃしゃで妊娠・出産する女性の身体と、男女の知性の違いを示す頭蓋骨の大きさなどの身体的性差

を指摘した❶。こうした知見に基づき、例えば孕ませる力をもつ男性は能動的、受けとめ・身籠もる女性は受動的などの精神的性差が導きだされた。アンソロポロジー（人間学・人類学）は、医学と連携しながら人間をカテゴリー化していった。

　◆**両性の対極化と性役割**　ドイツでは1770年以降、近代市民家族が形成される過程で、従来の家族の社会的な役割把握は後景に退き、生物学的な性差から導き出された男女の対極的な生得的特性に関する言説が頻出するようになった。男女の性特性は、男性／女性、力強さ／弱々しさ、大胆／控えめ、自立／依存、貫徹／順応、攻撃的／受身的、力／愛、理性／感情、知／信仰、という風に、二項対立的に把握された。この特性により18世紀から19世紀への転換期には、事典にも「生まれながらにしてより強い男性には重労働や軍務が、女性には穏やかな任務、とりわけ子どもの養育が適している」といった自然の性差から性役割を根拠づける記述が登場する。19世紀には、ジェンダー（性差）概念から社会的内容が消え、自然の性差論に完全に変化した❷。そして、この二項対立的なジェンダー把握に基づいて、男性には公的領域である政治・経済・社会が、女性には私的領域である家庭が割り当てられた。ジェンダーは構造をつくり出す力となり、政治・経済・社会・文化のあらゆる領域で秩序化や序列化の基盤となった。さらに、こうしたジェンダー把握は、男性優位の法制度、女性の参政権からの排除、男子とは異なる女子の教育内容など、近代社会を編成する基本原理となった。

　◆**自然の性差論の脱構築**　近代社会が進む過程で社会・経済・政治分野での女性の活動空間は広がったが、自然の性差論に基づく役割分担や男らしさ／女らしさの規範は続いていた。ようやく1960年代末からの第二波フェミニズムによって、これらにメスが入れられ、ジェンダー史研究は性役割の歴史的形成、さらにジェンダーが近代社会の黎明期に、あらたな社会作りに適合的に構築されたことを明らかにし、自然の性差を脱構築した。（姫岡とし子）

---

❶ **ダルコンヴィルの骨格図**
　解剖学という科学に基づくとされるが、男性は肩幅が強調され、女性は頭と肩幅が必要以上にが小さく、産む性として骨盤が強調されるなど、ジェンダー観が科学的知見にも投影されている。

❷ 創造的な精神をもち、広い世界を求める男性は、抽象的な事柄への対処や長期的な企画への適正をもつ。女性の世界は小さな領域に限定され、そこを女性はしっかり見て、取るに足らぬ労働を忍耐強く行う。支配力のある男性の居場所は騒々しい公的な生活で、穏便な女性のそれは平穏な家庭領域である。（1824年の百科事典の記述）（Frevert、1995）

出典：Gallagher/Laqueur
　　（1987）

▶**参考文献**
弓削尚子（2021）『はじめての西洋ジェンダー史―家族史からグローバル・ヒストリーまで』

5) 近代社会の統合と排除

②ナショナリズムとジェンダー

📖 Ⅰ-1-4-①, Ⅱ-2-5-① 🔍【読】世11-1, 世13-4

◆**国民（ネイション）形成と男女双方の包摂**　国民形成が目指されたのは、外敵（＝他者）の存在が具体的にイメージされ、それに対峙する集団としての一体感を抱くことができたときであった。イギリスでは、1689年から1813年のワーテルローの戦いまで130年間続いたフランスとの継続的な戦争のさなかに愛国心が芽生え、国民意識が醸成された。ドイツでは、1806年のプロイセンのナポレオンへの敗北によって、「ドイツ国民」という表現が登場し、国民意識の覚醒が訴えられた。ベネディクト・アンダーソンが国民を「想像の共同体」とみなしたように、国民は、自己／他者の区別に基づく特定の共同体（ネイション）への帰属意識や成員としての一体感をもつ人たちと捉えることができる。

　国民を主権者ないし市民権と等値する見方では、国民の範疇からの女性の排除が強調されていたが、国民（nation）を統治機構である国家（state）と区別する上記の見方では、女性は男性と同様に国民の不可欠な構成員として包摂の対象となる。ただし、自国民と他国民の表象で、自己が勇敢で規律ある男性、他者が臆病で退廃した女性に例えられ、宗主国と植民地の関係も同様の表象で示されたように、祖国は男性的性格を持たねばならず、同じ国民のなかでは男性優位のジェンダー・ヒエラルヒーが貫徹していた。

　◆**戦う男性性の称揚とジェンダー化された国民形成**　国民である男女の居場所と役割は異なっていた。18世紀末からの自然の性差論で言及されていた、男性＝公／女性＝家庭という分担に加えて、男性には祖国のために戦い、女性は国の基盤である家・家庭を守って民族をつなぐ、という役割が課せられた。男女の相補的な関連と機能的な補完によって、強力な国民が形成されるのである❶。

　18世紀には男性は力強さゆえに軍務に適すると語られてはいたが、戦闘性を鼓舞するものではなかった。世紀転換期以降の国民国家形成期にナショナリズムが勃興すると、男性にあらたに戦闘性が求められるようになり、祖国のために死ねる戦う男性が称揚された❷。1806年にプロイセンがナポレオンに敗北した際には、男性の闘争心のなさが批判され、女性的なフランスへの感化がその原因とされた。そこで、

2000年前のローマ軍に対する戦いでのゲルマン民族の勝利まで持ちだして、ドイツの戦闘性を証明しようとした。ドイツ女性も慣習や衣服、言葉づかいのフランス化が指摘された。「本来のドイツ女性」は、世話好きで質素、貞淑で道徳的なので、しっかり家を守るとされた。祖国愛にみちていたというゲルマン時代の物語を引き合いにしながら、男女ともに、それぞれの形で祖国への献身が求められたのである。あらたに呼びかけられた国民形成は、ジェンダー形成と相互に絡みあいながら、ジェンダー化された形で構築された。

　◆ナポレオン戦争期の女性の愛国的な活動　ナポレオン戦争期、男性同様に女性たちも祖国防衛戦争を支持し、女性協会を形成して支援活動にのりだした。活動内容は、資金調達のための募金活動やバザーの開催、貴金属など供出物品の収集、兵士用の靴下編みや腹巻き作り、下着、シャツ、軍服の縫製などの物質的支援、そして夫や息子、兄弟の戦いへの鼓舞という精神的支援。さらに傷病兵の救護が女性協会の中心的な任務となり、負傷兵の救護や世話の加えて、医薬品、食糧品や生活必需品の調達、施設設営、在庫管理や簿記と、多用な業務を担当した。野戦病院での奉仕活動で感染症を患い、命を落とす女性もいた。もう一つ、寡婦や孤児となった出生兵士家族の世話も、女性協会の重要な任務となった。

　女性は家庭というジェンダー規範が存在した当時、女性たちが家庭外で活動できたのは、彼女たちが女性の領域を守り、日頃家庭内で行なっている世話や献身を祖国のために行ったからだった。男性を戦いへと鼓舞することも、道徳遵守の一環だった。女性たちは家庭の外に出て活動したとはいえ、決して男性の領域に踏み込むわけではなかった。こうした活動は、むしろジェンダー化された国民の構築と強化に寄与した。女性の戦争への関与は国民全体の愛国心を高めて戦争を遂行するために不可欠なものであり、女性が国民の一員であることを示し、国民の一体感を強めたのである。

　女性の協会の活動は、自発的な祖国への貢献として、男性の義勇軍と対をなすものと捉えられ、讃えられた。他方で、女性が自律的に活動し、男性と対立しても自分たちの見解を貫徹することに脅威をもち、ジェンダー秩序への抵触だと捉える男性も多かった。戦後も継続して福祉活動に取り組もうする女性協会もあったが、非常時として甘受された戦時の家庭外の活動は、平時には抵抗が強く、ほとんどの協会が解散した。

　◆恒常的な愛国組織の形成　1866年の普墺戦争時、ドイツの女性たちは結成されたばかりの赤十字の指揮下で、ナポレオン戦争期と同様の支援活動にのりだした。

終戦時に赤十字を支援していたプロイセン王妃の働きかけによって、この活動を恒常化する「愛国女性協会」が結成された。会員数は1870年の普仏戦争時に23616人だったのが、80年代以降急増して1913年に約56万人に達し、当時存在したフェミニズム系、宗教系、ナショナリズム系の女性組織のなかで最大の会員数を誇っていた。幹部には貴族、政府および軍部高官の妻が多く、各地で領邦君主夫人の庇護を受ける女性版名望家組織で、国家や軍隊とのスムーズな連携のために男性の協力を仰いでいた。戦時の活動はナポレオン戦争時を上回り、傷病兵の看護・世話・移送などの実務に加えて、野戦病院の設立・運営・管理や軍隊の休憩所の設営などに自らのイニシアティブを発揮した。さらに赤十字と連携しながら、看護教育や看護の職業化にも尽力した。

　「愛国女性協会」のもう一つの柱であった遺家族への支援は、救貧活動、病人援助、自然災害被害者支援へと拡がり、平和時に幅広い福祉活動を行うようになった。ナポレオン戦争期からの戦時の国民のための活動は、女性が家庭外で大規模な福祉活動を展開する起点となった。この協会は、家庭内で母として行うケアや配慮を国民のために行うことを女性のナショナルな義務と考えた。男性は戦闘、女性はケア、すなわち看護と福祉という形で、女性はネイションのなかで家庭を基盤としながら家庭外にも居場所と役割を獲得したのである。「愛国女性協会」は政治的中立を謳ってはいたが、その活動内容は既存の支配体制の維持・強化を目指すもので、きわめて政治的だった。

　◆日本の「愛国婦人会」　北進事変を視察した奥村五百子は兵士救護や遺家族支援の必要性を認識し、軍部や政治家の支援を得て1901年に「愛国婦人会」を設立した。皇族の参加を得、華族夫人が幹部に就任した名流夫人組織で、半襟一掛の節約をモットーに弔慰金を集めた。男性に後顧の憂いなく兵役を務めさせるのが、国民としての女性の任務だと考えた。1905年の日露戦争時には会員層が拡がって、46万人を数えた。第一次世界大戦後には災害救護や社会事業にも取り組んだ。

　◆総力戦と女性の戦争支援活動　史上発の総力戦となった第一次世界大戦では前線を支える銃後の組織化が不可欠となり、女性諸団体は思想・信条の違いを乗りこえて包括的な女性組織を立ち上げた。ドイツでは女性の地位向上をめざす「ドイツ女性団体連合」が中心になって「愛国女性協会」と協調し、立場の異なる社会民主党系も参加した。自治体当局と密接に連携しながら、遺家族や失業家族への福祉、食糧配給、ボランティアの斡旋や生産への女性の動員、情報提供、戦場への小包発送などの活動を行った。戦争の長期化によって女性の協力はますます必要になり、自治体の福祉活動の援軍という形ではもはや対処しきれなくなったため、高等教育を受け実務経験豊富な女性たちが、自治体の委員会をはじめ、戦時局に設置された

「女性部」の責任者として軍隊組織にも参加して任務を遂行した。

　日本では国防に台所から奮い立つため割烹着にタスキ姿で防空献金運動をしていた庶民女性たちが1932年に「大阪国防婦人会」を発足させ、陸軍省の協力を得て全国組織に発展した。「国防婦人会」は出征兵士の見送りと世話、遺骨の出迎え、遺家族や傷痍軍人の救護などで活発に活動し、10年後には地域婦人会の加入で1000万人の会員数に達した。38年以降は国民精神総動員運動に呼応し、国防資源蒐集の実務や贅沢禁止の呼びかけなどを担った。1942年には、「愛国婦人会」および教育系団体の「大日本連合婦人会」（1932年設立）とともに大日本婦人会に統合され、翼賛体制を支えた。

　◆ナショナルな女性活動の社会への影響　「愛国女性協会」（ドイツ）は奉仕・支援・祈りという「女性の理想像」を掲げ、女性の地位向上は望まず、女性参政権要求には断固として反対した。しかし、ナショナルな活動をする女性のなかには、より有意義な活動ができるようにという理由で女子教育の改善を求め、「ドイツ女性団体連合」に加盟して男性に対峙した際の活動の自律性と影響力を高めようとする勢力も存在した。「連合」は、第一次世界大戦時の女性の働きが認められると考えていたが、思うような評価を獲得できなかった1917年に女性参政権要求を掲げた。

　日本の「愛国婦人会」や「国防婦人会」は、女性の地位向上は望まなかった。「国婦」と連携した軍部は婦徳を強調し、国家主義的な思想を持たせようとしたが、女性会員は思想には関心を示さず、行動に共感し意味を見出した。またお国のためを理由に家の外に出られることに、多くの女性が解放感を感じていた。他方で、女性参政権獲得など女性の地位向上をめざしていた女性たちは当初、反ファシズム、軍縮の立場をとっていたが、時局変容のなかで女性の戦時動員案を提言し、「大日本婦人会」に統合されて翼賛体制を支えるという形で影響力を発揮した。

　ナショナルな活動を展開した女性たちは男女の領域分離を主張し、全体的として女性の権利獲得には否定的な傾向が強かったが、それでも参加をうながすナショナリズムは、女性を社会活動に導き、女性の社会的役割を増大させた。（姫岡とし子）

---

❶ 男女の相互補完性を示す詩
　もし男性が武器をもたず　女性が竈で一生懸命働かないならば長きにわたってうまくいかない　そして家と国は滅びていくだろう　（出典　キューネ）

❷ 戦う男らしさを象徴する詩
　これぞ男だ　死ぬるものこそ　自由と責務　そして正義のために　誠実な勇気の前には万事が順調悪くなるはずがない　（出典　キューネ）

▶参考文献
姫岡とし子（2023）「ナショナリズムとジェンダー」『岩波講座　世界歴史　第16巻』
トーマス・キューネ（星乃治彦訳）（1997）『男の歴史―市民社会と〈男らしさ〉の神話』

5) 近代社会の統合と排除

③参政権とジェンダー

📖 Ⅱ-1-3-①, Ⅱ-2-5-②, Ⅱ-2-5-⑤ 🔍【読】世11-10, 日9-3

◆**フランス革命と女性の選挙権からの排除**　フランス革命（1789年）は、法の前の平等と国民主権という近代国家の基本原理を誕生させたが、すべての人が平等に主権者になれたわけではない。1791年憲法は、選挙権を男性有産市民に限った。92年には男子普通選挙で国民公会が選出された。女性が選挙権から排除された91年に、オランプ・ドゥ・グージュは「人権宣言」の「人」が男性にすぎないことを喝破し、「女性および女性の権利宣言」を著した。彼女は、人権宣言の「人／市民」を「女性／女性市民」に置き換え、さらに女性の権利や責任を明確に示すことによって、男女平等を訴えた。市民権からの女性排除の影響は他国にも及び、イギリスではメアリ・ウルストンクラフトが、ドイツでは男性のテオドール・G・ヒッペルが匿名で女権を主張した。当初、女性たちは明確な理由を示されずに自明のこととして選挙権から排除された。93年に女性の政治クラブが禁止された際には、男女の自然の性差が理由に挙げられ、女性には高度な思索や深い洞察が行えず、内気さや羞恥心によって自分の見解を表明できないために政治的権利の行使には不向き、とされた。グージュは、自然に反する存在としてギロチンにかけられた。

◆**女性参政権要求と運動の誕生**　フランスでは、1830年の男子普通選挙権が議論された7月革命と、それが実現された48年革命の際に女権要求の声があがり、48年2月に成立した臨時政府に女性の市民権要求の請願が行われた。同年のドイツの3月革命では、女性の参加は求められたが、女性参政権を明示的に要求するには至らなかった。アメリカでは、奴隷制廃止運動に参加していた女性たちが女権要求の声をあげ、48年にセネカ・フォールズで開催された「女性の権利大会」で女性参政権要求が決議された。

イギリスでは自由主義と男女平等の原則を主張したジョン・S・ミルが、66年に1498名の女性署名入りの女性参政権請願書を、翌年には動議を議会に提出し、197対73で否決された。これを契機に67年に「全国女性参政権運動」が発足して本格的に運動が開始されるが、女性は「良き妻」たるべきという規範の強さ、性病予防法撤廃をめぐる分裂、既婚女性の参政権の是非などで統一性を欠いた。80年代には女性の政治活動への関わりが進み、ニュージーランド（93年）や南オーストラリア（94年）

などイギリス帝国内での女性参政権獲得、88年・94年の地方参政権承認などで運動が活発化し、女性参政権運動はようやく一つにまとまった。

アメリカでは南北戦争後に黒人男性に参政権が与えられたのに、女性は排除された。そのため69年にアメリカのエリザベス・スタントンとスーザン・アンソニーらは人種より女性を優先する「全国女性参政権協会」を結成し、ルーシー・ストーンは人種主義反対の「アメリカ女性参政権協会」を設立した。両者は1890年に合併して「全国アメリカ女性参政権協会」となる。

◆女性参政権運動の高揚と国際的展開　1903年にイギリスでパンクハースト母娘など独立労働党に参加していた女性を中心に「女性社会政治同盟」が結成された。戦闘的な彼女たちは、政治集会での野次や妨害、デモ、投石など攻撃的な活動手段を駆使し、逮捕・投獄されることによって世間の注目を浴び、女性参政権要求を知らしめた。同時に、反女性参政権の動きも活発化した。

欧米各地で女性参政権運動が盛んになっていた1904年に、「国際女性参政権同盟」が結成された。社会主義陣営も本格的に女性参政権を議事日程にのせ、10年には女性参政権啓発活動のために「国際女性デー」の設置が決まった。11年から15年まで、この日に女性の集会とデモがヨーロッパの多くの都市で行われ、第一次世界大戦前夜に女性参政権運動は最高潮に達する。戦後数年以内に、イギリス、ドイツ、スェーデン、アメリカなど多くの国で女性参政権が授与されたが、その理由は、運動の成果、戦時の女性貢献、民主化の進展など、さまざまだった。

◆日本の女性参政権運動　欧米の状況をみた社会主義の女性たちが、20世紀初頭に政治活動参加請願書を議会に出した。運動は1919年に平塚らいてうらによって設立された「新婦人協会」によって開始され、アメリカの女権論者アリス・ポールと親交を結んだ市川房枝が中心人物となる。「協会」は圧力をかけられるほどの運動基盤は獲得できず、当時最高潮に達していた普通選挙権獲得集会へのメッセージの送付、議会への請願書提出、理解のある議員へのロビー活動が中心的となった。それでも「婦選なくして普選なし」のスローガンのもと、1930年には第一回日本婦選大会が開かれ、全国の女性団体も取り組みをはじめた。何度も国会に婦選法案が上程され、成立目前となったが、1932年の政党政治の崩壊によって女性参政権運動は終焉する。市川らは、目標達成のための回路と考えて翼賛体制に協力した。(姫岡とし子)

▶参考文献

栗原涼子（2010）「女性参政権運動」有賀夏紀・小檜山ルイ編『アメリカ・ジェンダー史研究入門』
佐藤繭香（2017）『イギリス女性参政権運動とプロパガンダ―エドワード朝の視覚的表象と女性像』

5）近代社会の統合と排除

④近代国家の成立と
　人種民族的マイノリティ

📖 Ⅰ-1-6-①，Ⅲ-2-2-①　🔍【読】世11-6，世15-1

◆**近代国家とマイノリティ**　近代国民国家を「想像の共同体」と定義したベネディクト・アンダーソンは、国民は「主権的」なもの、「限られたものとして」想像され、現実社会の不平等にもかかわらず「水平的な深い同士愛」を持つものとして「国民は心に描かれる」と論じる。逆に言えば、法的身分ではなく共同体の成員としての国民は、お互いに「水平的な同士愛」を抱くことができる人に限られるのである。この「水平的な同士愛」を人々に想像させ、統合するための装置として、近代国家は言語、宗教、文化、歴史及び伝統の同一性を強調するだけでなく、国家によては「父祖を同じくする共同体」という物語を紡いできた。しかし、実際には国境線の内側に居住する人々が同質である事は保証されない。統合は排除と表裏一体の関係にあり、国内に共同体の周辺に置かれる「他者」、すなわちいわゆるマイノリティが特定されてきた。むしろ、近代国家はマイノリティを可視化することによって「同士愛」を持つ人々の間の紐帯を強化してきたのである。

◆**アメリカの統合の理念とアメリカ的生活様式**　もっとも「父祖を同じくする共同体」としての国民の物語を紡ぐことが難しい近代国家の一つは、アメリカ合衆国（以下、アメリカ）であろう。固有の土地に帰属意識を持ちながら近代国家に組み込まれた「少数民族」は植民地時代から排除の対象であった先住民以外存在しない。しかし、21世紀に至るまで、多様な地域からの移民が流入しているアメリカにおいても、近代国家が掲げるいわゆる民主主義的統合と人種民族の違いを理由とした排除の狭間で、人々の生活は揺らいできた。

　アメリカは、自由、平等や自然権という建国の理念こそが統合の原理であると主張してきた。現代に至るまで、アメリカの市民権を得るためには英語能力と憲法などの「市民としての基本的知識」の試験を受ける必要があり、毎朝学校では国旗への忠誠を示す儀式が行われている。しかし、実際には抽象的な理念だけで人々を統合することは困難である。そのため、ジェンダー規範も含めた生活のあり方が統合の基準の一つとして示された。その一例が、19世紀末から20世紀前半にかけて増加した多様な地域からの移民に対して「アメリカ的生活様式」を教え込もうとした「ア

メリカ化」運動である。「アメリカ的生活様式」では、ミドルクラスの社会規範、す
なわち、異性愛に基づく核家族を基盤に、明確な性別役割分業を徹底し、男性は家
族を養い、女性は主婦として家庭を守ることが前提とされていた。その上で、19世
紀末以降推進された「科学的思考」および大量消費社会の成立を背景に、合理的で物
質的に豊かな生活を目指すことが理想とされた。この価値観を共有させるために、
移民労働者に対しては職場で英語および安全と労働の効率を上げるための教育など
が行われ、移民女性たちに対しては、食事の「改善」、清潔さと衛生観念の教育、「科
学的」な子供の育て方の指導などが、個々の移民の家庭に介入して行われたのであ
る。20世紀後半以降も、「アメリカ的生活様式」の原則は、アメリカンドリームを達
成してアメリカ人として認められるための指標の一つであると言えよう。

　　◆アメリカ的生活様式と排除　このような統合の試みは、「アメリカ的生活様式」
に「相応しくない」と思われる人々を国民という共同体から排除することを意味し
た。そのことが明確に見られたのが、第二次世界大戦前までの移民女性の入国審査
である。男性の引受人のいない女性は、売春などの「不道徳な行い」の目的か、あ
るいは「公的負担になりそうな人」とみなされ、入国管理官の厳しい質問や監視に
耐えなければならかった。男性の場合も、生活手段が不確かな場合、「公的負担にな
る」という理由での入国拒否が想定されていたが、女性の場合、自ら生活手段や技
術があると申告すると、むしろ疑いの目で見られた。男性の庇護下にある女性が、
アメリカの女性のあるべき姿だったのである。また、男性の引受人がいる婚約者や
妻が入国を望んでも、第二次世界大戦までは、その結婚のあり方に疑いの目が向け
られた。個人の意思に基づいた合意に基づく結婚以外は、「アメリカ的生活様式」に
そぐわないと判断されたのである。例えば、ムスリムの人々は、アメリカから見れ
ば「不道徳」な一夫多妻主義の信奉者とみなされた。事実婚、親が決めた見合い結
婚や子供のときに婚約する習慣、日本移民の写真花嫁のように事前の意思疎通のな
い結婚も、アメリカ側の判断では「野蛮」であり、入国拒否あるいは入国管理官の
指導が行われた。「アメリカ的生活様式」の基盤となるジェンダー規範が、新来移民
の統合の要素にも排斥の手段にもなったのである。さらに、この「アメリカ的生活
様式」における家族の規範が女性の市民権にも影響を与えた。19世紀半ば以降、ア
メリカ市民の男性と結婚した外国人女性は、無条件に市民とみなされた。その一方、
移民の増加を背景に、1907年の法律では、アメリカ市民女性は、市民権を持たない
外国人と結婚した場合、その市民権を喪失することになった。男性が代表する家族
を基盤とする近代国家において、ジェンダーの二重基準は当然のことと考えられて

いたのである。なお、この法律には多くの批判が寄せられ、1922年のケーブル法で、条件つきながら女性は独立した市民権を保持できることになった。

◆**人種の境界とジェンダー**　主にヨーロッパからの移民を対象とする統合の試みの一方で、アメリカでは、独立以来、近代国家の統合と排除の原理である「父祖を同じくする共同体」、すなわち血の継承の物語が脈々と受け継がれてきた。アメリカの場合、血の継承の物語は人種をめぐる「想像の共同体」である。人種が自然の分類ではなく、社会が構築した分類であることは、19世紀末以降新たに入ってきた南東欧からの移民がその「白人性」を疑われたことからもわかる。南東欧からの移民数を制限した1924年移民法には、優生学的議論も影響していた。しかし、ヨーロッパからの移民とその子供たちは、結局は想像された白人の共同体で「水平的な同士愛」を分かち合うことが可能となる。一方、奴隷制廃止後、黒人男性は憲法修正によって、法的には市民権を得たが、「水平的な同士愛」に基づく共同体の成員とは認められなかった。南部諸州の人種隔離制度だけではなく、北部諸州においても、事実上の隔離や差別が行われた。さらに、血の継承は直接ジェンダーと関わるため、人種の境界は、ジェンダー規範と密接に重なり合った。例えば、特に南部諸州で、白人女性へのレイプを理由に、白人住民による黒人男性に対するリンチ事件が多発した。ほとんどの場合冤罪であったが、「女性の純潔」を守ることによって自らの共同体を守るという意識は、多くの国において戦時中のプロパガンダなどに使われたレトリックと共通するものである。さらにこのような意識が制度化されたものが、白人と黒人あるいは白人と非白人との結婚を禁止する異人種間結婚禁止法である。1913年には、広く全国の41の州で同様の法律が制定され、違憲とされて最後に廃止されるのは、実に1967年のことであった❶。結婚は個人の間の契約であるが、白人と他の人種の間の結婚は、近代国家の統合の最小単位としての家族のあり方に抵触するとみなされ、公権力の介入が正当化されたのである。生物学的には、誰が白人であるかを認定することは容易ではない。この法律は、誰が近代国家の成員としてふさわしい「白人」であるかを社会的に認定する手段のひとつとなった。

◆**帰化不能外人とジェンダー**　19世紀後半以降増加したアジアからの移民も、アメリカの人種の壁に直面した。1790年帰化法において「自由白人」だけが帰化できると定められていたため、彼らは非白人として「帰化不能外人」とされ、1924年移民法は「帰化不能外人」の移民を禁じたのであった。先述のケーブル法においても、女性個人の市民権を認めるとしながら、「帰化不能外人」と結婚した女性は、たとえアメリカ市民であっても市民の資格を喪失するとされた。「アメリカ化」運動に関し

ても、「アメリカ的生活様式」の価値観は、重労働の農作業をこなすなど母国のジェンダー規範に従っていたアジア系の移民女性を非難する根拠となった。また、第二次世界大戦までの入国審査においても、アジアからの女性は、「自発的に」売春をするという先入観で審査が行われ、入国管理施設に留め置かれる期間がヨーロッパからの移民女性より長期化したという。このステレオタイプは、アメリカ国内におけるアジア系移民排斥の重要な論拠ともなった。第二次世界大戦後、「帰化不能外人」という法的分類は消滅したが、アジア系に対して作られたイメージは根強く残っている。

◆**公民権運動とその後**　1960年代以降、公民権運動は、統合の要とされる建国の理念を根拠に、黒人や他の人種集団の人々も国民の共同体の成員であることを国家に再確認させた。しかし、その後も、彼らが「水平的な同士愛」を分かち合う共同体の成員として認められたとは言い難い。そのため、多文化主義が示すように、発言力を保つためにも人種集団内の結束が強まった。その中で、人種マイノリティの女性たちは、自らの人種集団内のジェンダー規範を批判すると自集団への裏切りとみなされたのである。一方で、白人女性たちとの共闘にも人種の壁を感じる彼女たちは、幾重もの足かせから自由になるために独自の歴史を紡がざるをえなかったのである。（松本悠子）

❶

異人種間結婚禁止法　1927年

● 同法がすでに施行されている州

▲ 同法の法案が審議中の州

Peggy Pascoe, *What Comes Naturally: Miscegenation Law and the Making of Race in America*, 2009, Oxford University Pressより作成。

▶**参考文献**

川島正樹編（2005）『アメリカニズムと「人種」』
松本悠子（2007）『創られるアメリカ国民と「他者」―「アメリカ化」時代のシティズンシップ』

5）近代社会の統合と排除

⑤女性の社会運動—第一波フェミニズム

📖 II－2－5－③　🔍【読】世10－9, 世11－9, 世13－4, 日9－2, 日9－3, 日9－4

◆**フェミニズム思想の登場**　1789年のフランス革命は、「人間の平等」を謳いながら市民権から女性を排除した。しかし、人権という理念は女性が排除の不当性を訴える契機ともなり、思想としてのフェミニズムが登場した。「女性の権利」を主張し、女性はそれにふさわしい理性的創造物にならなければならない、と主張したイギリスのメアリー・ウルストンクラフトや「女性の権利宣言」を著したフランスのオランプ・ドゥ・グージュが先駆者だった。

　差別なき調和のとれた社会共同体の実現をめざして19世紀前半にイギリスとフランスで広がった空想的社会主義は女性解放を重視し、人類の進歩と幸福は女性の自由の進歩とともに形成されるとみなした。女性の隷属状態と財産や家系の維持を目的とする既存の家父長的家族を批判し、家庭内での夫婦対等な関係を社会全体に展開することを目指すとともに、女性の家事負担を軽減するため、共同炊事や育児の構想もあった。

◆**48年革命と女性の権利**　大きな政治的出来事、とくに民主化の波が起これば、女性もそこに参加し、自らの声を反映させようとする。フランスでは、2月革命時に女性の利益を代弁する日刊女性新聞『女性の声』が発刊され、市民層（＝ミドルクラス）と労働者層の女性たちがともに参政権、離婚権、生活改善や職業上の諸問題に関する議論をした。そのなかで女性クラブが誕生し、その数は450に達したが、6月に禁止された。

　ドイツでは、はじめて女性の状況改善のための協会が作られ、男性が取り組もうとしない女性労働者のための活動を行った。組織化の中心的担い手はルイーゼ・オットー・ペータースで、彼女は反権威主義と自由を掲げ、女性の議決権を認めていたドイツ・カトリック運動に参加していた。宗教上の異端運動も、フェミニズムの源泉の一つとなった。彼女は、革命への女性の積極的参加を求め、「自由の国に女性を募る」というスローガンを掲げて1849年2月に『女性新聞』を発行した。彼女は参政権を明示的には要求せず、女性の自立と自助を目指して、市民層女性の職業教育の権利を訴えた。すべての男性に「憲法制定国民議会」への投票権が与えられたの

に排除された女性たちは、フランス革命時の議会と同様に傍聴席に陣取って、さかんに野次を飛ばした。革命の挫折後は検閲が復活し、『女性新聞』は52年に発行禁止となった。

◆**恒常的なフェミニズム運動の誕生**　フェミニズム思想が登場してから50年以上たって、フェミニズムはようやく運動として成立する。先鞭をつけたのはアメリカで、奴隷解放運動が、そのルーツとなった。女性ゆえに世界奴隷制反対集会への出席を拒否されたルクリシア・モットと、夫の大会への参加に同行して彼女と知り合ったエリザベス・スタントンは、1848年にセネカ・フォールズで女性の権利を主張するための大会を開いた。彼女は、トーマス・ジェファーソンの「独立宣言」を模して、「すべての男女は平等に創られている」ではじまる『所感の宣言』を起草した。この大会では、最後までもめた女性参政権要求を含め、12の決議文が採択された。その2週間後から、いくつかの州で同様の集会が開催され、フェミニズム運動がスタートする。

ヨーロッパでは48年革命の挫折後しばらく沈黙が続いたが、1860年代以降、さまざまな女性協会が結成され、世紀末から急激に増加した。フェミニズム運動の最大の目的である女性参政権運動と、市民層の女性が自立できるように職業権とその前提となる女子教育の改善を目指す動きが活発になった。その背景には、自由主義の浸透と、男性の海外移住や晩婚化による女性余りによって結婚できない市民層女性たちの困窮があった。

廃娼運動も、フェミニズムの重要な運動課題となった。イギリスでの1860年代の公娼制の導入を機に、ジョセフィン・バトラーは娼婦の売春労働からの離脱を困難にする買売春規制に反対し、奴隷解放運動に関わっていたアメリカ人なども参加して1877年に「国際廃娼連盟」がジュネーブで発足した。廃娼運動は、プロテスタントに由来する道徳的・宗教的関心の浸透に支えられていた。

◆**母性主義フェミニズム**　市民層のフェミニズムには大きく分けて、男性にのみ与えられている権利の女性への拡大を目指す男女平等派と、男女の本質的な相違から出発し、女性独自の能力を基盤にして女性の地位を向上させようとする差異派があった。女性独自の能力とは母性で、母としての女性が日頃家族のために行っているケアと献身・温かみなど、その精神を社会で発揮させることが出発点となった。

母性精神は、慈善事業や戦時支援、また奴隷解放運動などで女性が家庭を離れる論拠となり、フェミニズム運動の誕生以前から女性の社会活動を促していた。またアメリカでは、「共和国の母」として女性が家庭で立派な共和国市民を育てる教育者になれるように女子教育が改善された。19世紀の第4四半期になると、こうした女性の

社会活動は、母性精神を通じた社会貢献以上は望まず、人道的活動に終始しようと
する協会（ただし政治的に中立とはいえず、特定の政治的色彩を帯びていた）と、母性を基
盤として女性の地位向上を目指す協会に二分された。後者は、女性にしかできない
仕事のために女性は積極的に社会進出しなければならず、またその活動を可能し、よ
り効果的に遂行するために女子教育の改善や権利の付与が必要だと訴えた。

　母性主義フェミニズムがとくに活発だったのは、ドイツである。まず女子教育の
改善に取り組み、低級段階しか担当できなかった女性教師が高等女学校上級まで担
当できるようにした。市民的女性協会の上部組織である「ドイツ女性団体連合」（1894
年結成）の穏健派は、既存の社会が男性的価値観に支配されていることを批判して、
優しさ・人間らしさ・犠牲的精神などの母性に内在する精神による社会的変革を女
性運動の使命とした。また家族基盤の強化による女性の国民意識の覚醒と強固な国
民国家建設への参加も訴えた。母性主義がとくに成果を発揮したのは福祉面で、多
くの福祉協会が結成されるとともに、福祉面で母性精神が有効に活用できるよう、
自らソーシャルワーカーの養成に取り組み、後の職業化への道を拓いていった。母
性主義は、女性の排除が顕著な時期には女性の独自性の主張によって社会に女性の
居場所を作ることができたが、男女同権が形式的に承認されると、目立ったフェミ
ニズム的成果をあげられなくなった。

◆**社会派・社会主義フェミニズム**　イギリスでは、ミドルクラスの女性が女性労働
者の窮状解決のために彼女たちの組織化にのりだして1874年に「女性保護共済連盟」
を結成し、女性労働者の自助精神の育成と互助組織の創設を目指した。1890年には
「女性労働組合連盟」へと改称し、男性も加入可能となって、労働組合との結びつき
を強め、社会改革の必要性を認識した。

　労働運動は当初、安価な女性労働者による男性の駆逐への恐れや女性の居場所は
家庭という見解によって、女性労働者には友好的でなかった。19世紀末にようやく
社会主義政党で女性問題を取りあげる必要性が認識され、1889年にパリで開催され
た第二インターナショナルの創立大会で、クラーラ・ツェトキンが「女性解放のた
めに」という演説を行った。彼女はアウグスト・ベーベルの『女性と社会主義』（初
版1879年）とエンゲルスの『家族・私有財産・国家の起源』（1884年）のマルクス主義
的立場を継承し、女性問題を階級問題と捉えた。女性解放は、女性の経済的自立を
前提として社会主義社会でのみ可能と主張し、女性の階級闘争への参加を訴えた。
女性解放への具体的道筋を明らかにした、この社会主義女性解放論は、その後、ド
イツの社会民主党をはじめ、社会主義インターナショナルやコミンテルンの活動指

針となり、1980年代末の社会主義の崩壊まで影響力を持ち続けた。ただし、実践面では、改良主義が強かったイギリスはもちろん、ドイツでさえ社会民主党の大衆化とともに階級重視は維持しきれなくなり、女性労働者の労働条件や生活の改善、福祉の充実などが重点項目となった。

◆**日本のフェミニズム**　明治時代前期の自由民権運動には女性も参加し、名演説で知られた岸田俊子は男性民権家の男性中心主義を批判したが、運動内でも政治主体としては男性しか想定されなかった。議会が開設される過程で女性排除は一層強まり、1890年公布の集会及政社法で女性は政治集会や政治結社への参加が禁止された。

アメリカを本拠地として誕生した禁酒を旗印とするキリスト教的道徳運動は日本にも強い影響を及ぼし、1886年に日本で最初の女性の社会運動団体として東京矯風会が結成され、93年に全国組織となった。女性の地位向上のため、妾のいる家ではなく一夫一婦制の家庭形成を呼びかけ、廃娼運動に取り組むとともに、売春業を辞めようとする女性に避難所を提供し、職業訓練を受けさせた。

1911年には女性による女性向け文芸雑誌『青鞜』が平塚らいてうの「原始女性は太陽だった」という創刊の辞とともに発刊され、因習にとらわれない新しい個としての生き方が模索された。『青鞜』は多くの女性読者に勇気を与え、女性問題を社会問題として世間に知らしめたが、新しい女は「ふしだら」だと批判され、女性教員読者の解雇理由ともなった。16年に廃刊したが、その議論は大きな社会的インパクトをもった。その後のフェミニズム運動の焦点は、女性参政権獲得となった。社会主義関係では、1921年に赤瀾会、23年にその継承である八日会が結成され、国際女性デーを日本で開催した。

◆**バックラッシュ**　フェミニズム運動が活発になり女性参政権要求の声が強まった世紀転換期には、女性と男性の自然の性差と男女の適性を、あらためて強調する反フェミニズムが台頭した。イギリスでは1908年に「全国女性反参政権同盟」が作られ、新聞への記事掲載、集会、署名集めなどの運動を展開した。アメリカでも同様の運動が起こり、フランスではカトリック中間層を中心に女性は家庭の声が高まった。ドイツでは、1912年にナショナリズム勢力を中心に「女性解放と闘う同盟」が作られ、職業女性の進出に脅威を抱く主婦や男性事務職員も数多く参加した。（姫岡とし子）

▶**参考文献**

今井けい（1992）『イギリス女性運動史―フェミニズムと女性労働運動の結合』
姫岡とし子（1993）『近代ドイツの母性主義フェミニズム』
有賀夏紀・小檜山ルイ編（2010）『アメリカ女性史研究入門』

5）近代社会の統合と排除

⑥トルコのナショナリズムとジェンダー

Ⅱ−1−2−③，Ⅱ−1−5−②，Ⅱ−4−3−③，Ⅱ−4−4−⑥　【読】世12−3，世13−7

◆帝国の衰退と女性の地位論争　18世紀以降オスマン帝国の衰退が顕著となり、支配下のいくつもの地域が独立するにつれて、帝国の支配エリートのあいだでは女性の地位改善が国家再建の鍵として盛んに論じられるようになる。帝国の社会秩序の基礎の一つは女性の性の管理に置かれていたから、女性のあるべき姿を論じることはあるべき国のかたちを模索することに通じた。女性の地位論争は第一次世界大戦まで続き、帝国の解体とトルコ共和国の成立（1923年）により一つの決着を迎えた。

◆恋愛結婚の政治的意味　女性の地位を帝国再建の文脈で最初に論じたのは、自らを新オスマン人と名乗り、スルタン・アブデュルハミト2世（在1876-1909年）の専制支配を批判し憲政樹立を求めた言論人であった。彼らはヨーロッパの文化や思想に親しんだ新興の知識層であり、女性をオスマン社会の後進性の原因とみなし、愛情と相互理解に基づく結婚を支持し、家族を近代化する必要性を唱えた。オスマン帝国は身分制社会であり、それぞれの家父長男性は身分と年齢による序列構造に位置づけられていた。若いエリート男性にとって親の決めた相手ではなく教育ある賢い女性と恋愛により結ばれ、独立した生活を営むことは、そうした父権的家父長制から自由になり、家父長男性相互の平等に基づく社会秩序を構想することに通じた。

◆国民と家族のアナロジー　帝国の非ムスリム臣民が民族主義思想を受容して離反し、オスマン主義の限界が明らかになると、トルコ人としての民族意識が確立していく。のちに青年トルコ人と呼ばれる将校、軍医、官僚など若いエリートは、かつての新オスマン人の流れを汲み、スルタン・アブデュルハミト2世の専制支配を批判し、女性の地位改善と家族の近代化を唱えた。代表的イデオローグであるズィヤ・ギョカルプ（1876-1924年）は、一夫多妻や大家族に対し、夫婦と子からなり、男女が平等な家族を「新しい家族」と呼び、トルコ人による新国家の基本単位と考えた。男女平等はイスラーム以前の古代トルコの伝統とされ、また性道徳を重視する点で「新しい家族」はヨーロッパの家族とも区別された。古代トルコの半神話的な伝統に基づく家族をトルコ国民の基盤とし、国民を家族とのアナロジーで捉えるギョ

カルプの思想は、のちに共和国の公式イデオロギーの基礎となった。青年トルコ人が革命を成功させ、憲政を回復して政権をとると（1908年）、トルコ・ナショナリズムの高揚を背景として女性も民族主義運動に動員されていく。男性知識人は、女性に愛国心ある国民を育てる母という新たな役割を期待し、国民の母にふさわしい教養ある女性を育成する女子教育の必要性を唱えた。

　　◆女性知識人の言論活動　第二次立憲政期（1908-1918年）には、女性たちもまた団体を作り、雑誌や新聞に論説を発表し始める。彼女たちは、女性が家庭でいかに奉仕させられ搾取されているかを訴え、男性批判を展開した。女性の能力が劣っているとすれば、その原因は彼女の生活や教育に求められるべきだった。また、同時代の欧米フェミニズムに近い言葉で、男性だけが参政権など諸権利を行使できると批判し、女性にも同等の権利を認めるよう要求した❶。『女性の世界』誌（1913-21年）に女性の書き手たちが寄せた記事は、この時代のフェミニズムの志向性をよく伝えている。彼女たちは現状を「女には人生の権利がない。女たちは男のために生き、自由がない。男たちの奴隷だ」と考え、男たちが「上流階級の女は甘い果物、中流階級の女は召使、貧しい女は奴隷だと考えている」ことに抗議した。彼女たちもまた女性の地位改善の必要性を訴えたが、その主張は「健全で意志の強い、責任感のある男性を育てる」ためにこそ、自分たちも「健全で意志の強い、責任感のある女性になりたい」という言葉に示されるように、社会改革プロジェクトの同伴者となる女性を求めた同時代の男性知識人とは異なる文脈をもっていた。

　　◆アタテュルクによる「女性の解放」　帝国の解体と独立戦争の勝利を経て1923年にトルコ共和国が建国すると、カリスマ的指導者のムスタファ・ケマル・アタテュルク大統領（1881-1938年）のもとで急進的な世俗化・近代化の諸改革が進められた。男女平等が掲げられて、女性も政治に参加し、教育を受け、職業を持ち、社会活動に従事するなど、公的領域への進出が奨励された。1934年にはフランスや日本に先駆けて、女性の国政参政権が認められた。他方、私的領域では女性の本領は妻であり母であるという考え方が維持された。スイス民法典を範として制定されたトルコ民法典（1926年）は一夫多妻を禁じ、女性に離婚の権利を認め、相続の男女差別を廃止する一方、夫に家長として妻子の扶養義務を課し、妻には夫の扶助と家事を義務付けた❷。男性エリートは女性に個人的な成熟より夫や子どもへの奉仕を優先するよう求めた。「女性は男性より知的で生産的で博識でなければならない。国民の母になりたければ、そのようにふるまうべきである」というアタテュルクの言葉は、女性の教育や生産活動への従事が妻・母としての社会的責務を果たすという前提で正

当化されたことを示している。家族の名誉や女性の貞操の考え方も温存され、男性エリートは妻に選ぶ女性に純潔を求めた。彼らは女性の公的領域への進出を、彼らに対する脅威とはみなさず、妻や娘の保護者としての地位を約束するものとしてむしろ歓迎した。

◆**体制内化するフェミニズム**　共和国が建国すると、直後から女性たちの間では女性の参政権や女性党の結党を求める運動が生まれ、1924年にトルコ女性同盟が結成された。同盟は1927年の総選挙に候補者を立て、1931年の地方選では授乳中の母親へのミルクの無料配布などを公約に掲げたが、アタテュルクらの反対にあって選挙への参加を断念した。その後、1934年に国政参政権が付与されると、同盟代表自ら「女性の権利はすべて与えられた」と宣言し、同盟の解散を宣言した。共和人民党の権威主義的一党支配体制に対する不満の高まりを背景に、政府は知識層の統制をはかり、多くの団体を解散・閉鎖させ、その一つが同盟だった。以後、運動は下火になり、女性の組織化は「妻や母としての特性を活かした」慈善事業などの分野に特化していった。女性は引き続き社会的権利を求めたが、かつての男性批判は影をひそめ、寛容で啓蒙的な男性による庇護のもと、共和国の公的イデオロギーの枠

1930年4月11日、初めての選挙権行使を祝うためイスタンブールで集った女性同盟のメンバー（ジェンギズ・カフラマン氏所蔵）

内で権利を求めるにとどまった。それは夫と子どもへの献身を優先し、男性優位を公的領域でも私的領域でも守る「無害な」フェミニズムであった❸。一党支配体制のもと、権利より義務を重視する権威主義的な国民モデルが確立するなかで、女性は国家に感謝し、彼女たちに割り当てられた賢い母、貞淑な妻という国民的義務を果たすことを受け入れたのだった。

◆**「女性の解放」の問い直し**　アタテュルクによる女性の解放という定説が見直されるのは、1980年代に入ってからである。アタテュルク批判がタブーでなくなると、欧米の第二波フェミニズムの影響を受けた左派の女性グループは、女性はたとえ公的領域で華々しく活躍しても家庭では自己犠牲的な母であることを求められ、夫や父の暴力に耐えてきたとし、その原因を共和国期の近代化改革に求めた。彼女たちは、女性の地位改革の目的は新生トルコが宗教政治と決別し、民主的な近代国家となったことを国際社会に示すことにあり、女性の解放それ自体ではなかったと主張した。しかしフェミニストの問題提起に対し世論の反応は鈍く、闊達な議論がなさ

れるまでには時間を要した。夫が妻を殴るのは粗野で遅れた農民層であり、啓蒙された市民層ではありえないとされてきたからである。国民国家建設をめぐる文化的政治的闘争のなかで成形された、賢い母と貞淑な妻、寛容で啓蒙的な夫・父というジェンダー化された共和国の国民モデルが、人々の意識にいかに強力に作用してきたかを、このことは如実に物語っている。(村上薫)

---

❶ サビハ・セルテル (1895-1968) の『大評論』誌への寄稿 (1919年) (Durakbaşa、1998)
　「女たちを祖国の命運にかかわる問題に無関心にしておくことは、彼女たちから国民の権利を奪うことです。私たちも祖国の子であり、祖国の命のために最も重い自己犠牲に耐え、断腸の思いで子どもたちを国境に送り犠牲に差し出す母親なのですから。(‥)この愛する祖国のために、私たちも解放の道を考え、この不運な国の運命が議論される議会で、私たちも救済の方法を考える。つまり、私たちにも言いたいこと、主張したいことがあるのです。(‥)男たちが立法者で居続ければ、力と専制に基づいて法をつくります。しかしトルコ女性は、男たちのこの専制的な法の奴隷にならざるを得ない状況から逃れられるほどに、向上しました。だから、議会で発言する男の横で、自分の権利を主張する女も見てみたい。(‥)自由はもはや限られた集団だけのものではあり得ず、男たちの代表者で構成された議会は、もはや祖国を代表できないのです。」

　▶解説　サビハ・セルテル (1895-1968) はジャーナリストとして夫とともに『大評論』誌などを刊行、政府に批判的な言論を展開した。夫とともに逮捕され、のちに亡命した。

❷ トルコ民法典 (1926年制定　法律第743号)
　夫婦の長は男性である。夫は住居を定める権利と責任をもつ。夫は妻と子を扶養する義務を負う (152条抜粋)。妻は家事に責任を負う (153条)。婚姻関係を代表するのは夫である (154条)。女性も婚姻関係を代表する権利を有するが、「家の継続的な必要性」の充足に関することがらに限定される (155条)。女性の就労は夫の許可を必要とする (159条)。夫は「妥当な範囲で」家計への貢献を妻に要求することができる (190条)。

　▶解説　当時の法務大臣の「この民法典によってトルコは古い文明の扉を閉じ、現代文明に入る」という言葉が端的に示すように、トルコ民法典の制定は、イスラーム法の廃止と家族や個人生活にかかわる諸制度のヨーロッパ化を通じて、近代国家の仲間入りを果たすという意義を与えられていた。家族の中で夫に優越的な地位を保障する民法典の家族モデルは、当時のヨーロッパ諸国の標準であった。

❸ 『女性新聞』創刊の辞 (1947年) (Durakbaşa、1998)
　「共和国革命は、我々女性に、先進世界の女性並みの地位を与えてくれました。トルコ女性の血と精神の特性により、このように大きな前進が速やかに、成功裡に実現したのです。だから(‥)トルコ女性はもう、過去の問題と関わりたいとは考えていません。男女平等の問題について考える必要性を感じないのです。(‥)(トルコ女性は)祖国と家族のため、我々女性の成熟のために役立つ知識、芸術、思想運動、そして女性のおかれた現状を受け入れるでしょう。(‥)私たちはそうした姿勢で、我々女性の思考、見方、感覚、そして願望を満たすために出発します。」

▶参考文献
M・シュクリュ・ハーニオール (新井政美監訳、柿﨑正樹訳) (2020)『文明史から見たトルコ革命―アタテュルクの知的形成』
村上薫 (2004)「国民国家・家族・ジェンダー―日本とトルコの研究者たちの眼差し」『アジ研ワールド・トレンド』第107号
Ayşe. Durakbaşa (1998) "Cumhuriyet Döneminde Modern Kadın ve Erkek Kimliklerinin Oluşumu : Kemalist Kadın Kimliği ve 'Münevver Erkekler'" in 75 Yılda Kadınlar ve Erkekler

第 3 章

権力・政治体制とジェンダー

1）概論

権力・政治体制とジェンダー

◆女性の即位　王権とは、王・女王（天皇・皇帝など呼称はさまざま）を最高権力者とする統治形態であり、近代以前を中心に世界史上幅広く見られ、その地位は通常、世襲制によって継続された。そのほとんどは男性の国王による統治だったが、女王が支配者として君臨した例も存在する。周知の人物としては、イングランド繁栄の基礎を作ったエリザベス女王（在位1558-1603年）、女性の相続を認めない周縁諸国と毅然としてオーストリア継承戦争を戦い抜き、ハプスブルク家相続を認めさせた女帝マリア・テレジア（在位1740-80年）、夫ピョートル3世を廃位させて女帝になったロシアの啓蒙君主エカチェリーナ2世（在位1762-96年）など。他にも多くの王国で女王が即位していた。また王妃や王の母が共同統治者として担保されたり、王妃の存在によって王権の安定化や正統化が試みられたりした場合もあった。

　とりわけ女王が多かったのは、古代である。プトレマイオス朝エジプトでは、クレオパトラ（在位紀元前51-30年）をはじめ女王の位についた女性たちが夫や兄弟とともに実質的な統治者となった。日本では飛鳥・奈良時代に6人8代の女性天皇が即位し、同時期に新羅や中国でも女帝が誕生した。

◆王権政治を左右した女性たち　即位はしていなくても、陰に日向に統治に関与し、政治的な実力を発揮した女性は意外に多い。サリカ法典を根拠に男系男子が王位を継承し、絶対王政の典型とされるフランス（現在では君主の勢力圏内の政治共同体との間で複合的な政治秩序が形成されていたという複合君主制論や礫岩国家論が登場している）では、王の取り巻きが政治を牛耳ることができたため、王妃、母后、愛妾が大きな政治的役割を演じ、外交でも手腕を発揮している。アンリ2世（在位1547-59年）の妻カトリーヌ・ド・メディシス（1519-89年）は複数の王の母后摂政として長年権力を持ち、アンリ4世（在位1589-1610年）の妻マリー・ド・メディシス（1575-1642年）は幼いルイ13世（在位1610-43年）の母后摂政としてフランス王政を担い、後に息子と対立した。4歳で即位した太陽王ルイ14世（在位1643-1715年）の母后も、摂政として政治を司った。ルイ15世（在位1715-74年）の愛妾ポンパドゥール夫人（1721-64年）は政治への関心が薄い王に代わって権勢を振い、宿敵オーストリアと和解してマリー・

アントワネット（1755-93年）のフランス王室との婚姻を実現させ、マリア・テレジアとロシアのエリザヴェータ（在位1741-62年）とともに「3枚のペチコート作戦」と呼ばれる反プロイセン包囲網を形成した。

　日本では飛鳥・奈良時代に統治を担った女性天皇はもとより、皇后や女官たちも政権の後ろ盾となって政務補佐の重要な役割を果たした。後の時代にも後白河法皇の愛妾丹後局（1151?-1216年）や源頼朝（1147-1199年）の寡婦の尼将軍政子（1157-1225年）、今川家4代にわたって政務を担当・補佐した寿桂尼（?-1568年）など、戦国時代までは女性も政治に関与していた。

　◆ジェンダー平等と長氏相続　サウディアラビアのように現在でも国王が実質的支配者である例もあるが、現在ではほとんどの国家で国王は政治的権限をもたない象徴的な存在となっている。日本では皇位継承者は男性に限定されているが、ジェンダー平等が目指されている今日、ヨーロッパの王家は20世紀末から男女を問わず第一子を王位継承者とする法律を定め、次世代では多くの女王が誕生する予定である。

　◆近代以前の女性の政治参加　女王か王の取り巻きという立場での女性の政治への関与は、立憲君主制では不可能になった。近代以前には、もちろん男性も、そのほとんどが政治に関わることはできなかったが、宰相・大臣など王権の補佐として政治を司るのは男性だった。宦官や官吏も男性の独占場であった。領主として領地を治めた聖職者も男性で、そもそも女性は聖職者にはなれなかった。村落共同体や都市共同体の会合出席権も家父である男性に限定されていたが、家父が不在の場合には、寡婦が出席することができた。市民全員に政治参加が認められた民主政下のアテネや共和政下のローマでも、参政権をもつのは男性に限定されていた。

　◆社会主義女性解放論　社会主義による労働者政権の樹立という見解が登場したのは19世紀後半のことで、女性解放については、階級支配が廃絶されれば女性解放も達成されるという見解だった。当初、労働運動は安価な女性労働の男性労働に及ぼす影響を鑑みて女性労働に敵対的で、「女性は家庭」論が強かったが、19世紀末から女性参政権獲得など女性解放に向けた課題の取り組みがはじまった。女性抑圧の根源である資本制生産様式の止揚こそ女性解放への道なので、女性労働者も男性労働者とともに階級闘争を担うべきとされたのである。

　1917年のロシア革命によって社会主義を樹立したソ連は、女性の解放と男女平等、女性の社会的労働への参加と経済的自立を課題とした。家族に関しても「自由な男女による結びつき」を実践できる法的基盤が整えられ、家事や育児の共同化が推進された。しかし、スターリン期になると、家族重視の伝統回帰へと変化した。

1949年に成立した中華人民共和国は全方面での男女平等と男女婚姻の自由を掲げ、法制化した。ただし、婚姻法の貫徹には多くの困難がつきまとい、家族改革は後退した。女性解放の意味や実情も時々の政治情勢や国家の意向に左右されたが、中国のジェンダー秩序が社会主義の導入によって大きく変わったことは事実である。とりわけ夫婦共働きが生計維持のために必要だったこともあって、女性の家外での労働は当然視された。

◆社会主義の優位としての女性解放？　　第二次世界大戦後には、東欧にソ連の影響下にある多くの社会主義国が誕生した。これらの国々は男女平等を謳い、労働力不足の影響もあって多くの女性が労働市場に進出した。家庭との両立を可能にするため、また少子化対策として、社会主義国は手厚い育児システムや財政支援制度を整えた。冷戦下の西側諸国では、近代家族が黄金期を迎え、家事・育児に専念する女性が多かったし、また「子供は3歳までは母親の手で」といった母親神話が存在した。女性や家族は冷戦の象徴ともなり、社会主義国は生産労働への参加を女性解放実現の証として社会主義の優位を誇り、西側は仕事と家庭の二重負担をする女性と集団保育で育てられる子供を哀れんだ。

社会主義国では、労働市場への参加による女性の経済的自立を女性解放の指標にしたので、就業率こそ高かったが、女性の家事負担による昇進の妨げなどには目が向けられなかった。「女性解放は達成済み」という見解で、実質的平等に向けた積極的な施策は取られず、1970年代以降のフェミニズムの波とも無縁だった。

◆ジェンダー主流化　　1970年代以降、本格的に男女平等政策を開始した国連は、79年に女性差別撤廃条約を成立させた。この条約では、以前のような、たんなる女性労働の増加を超えて、男女の固定的な役割の否定、個人・社会慣行による性差別の撤廃を明記し、ポジティブ・アクションの導入も認めた。この条約を受けて各国は女性差別撤廃のための法制化に着手し、さまざまな施策を導入してジェンダー・バイアスの解消を図り、ジェンダー主流化に向けて歩みはじめた。

とりわけ重視されたのが、決定過程への女性の登用と家庭と就業との両立をめざす就業形態の導入である。前者ではクォーター制など、ポジティブ・アクションが導入され、女性国会議員比率が半数以上に達する国も出てくる（最高はルワンダの2021年の61.25％、同国では憲法で女性議員数30％以上が定められている）など、女性の政治的決定過程への参加は飛躍的に増加した。経済分野でも、女性の役職への登用が進んでいる。後者では、男性を含めた育児休暇・育児手当の支給やワークライフバランスの導入により、男女が共に働き、ケア責任を担うシステム作りが進んでいる。

　開発独裁体制のもとでは、開発途上国の若年女性労働力が先進国のグローバル資本に組み込まれて、自国で輸出生産のための労働集約的な非熟練労働を担っている。また女性たちは過去には看護労働者として他国へ送り出され、現在では既婚女性も含めて家事労働力として先進国女性の就業を支えている。こうした女性労働は女性の社会進出の成果としてカウントされているが、国家の経済戦略としての労働であって、ジェンダー主流化がめざす道とは異なっている。したがって「典型的な女性職」への就労が中心である。

　◆ジェンダー平等と社会主義国・旧社会主義国　ジェンダー格差指数が低い国は、1位のアイスランドをはじめ、北欧諸国など、クォーター制を導入しながら積極的に女性の参画と男女ともに仕事と家庭の両立可能なシステムを整えてきた西側諸国が多い。かつて女性の経済的自立を誇っていた社会主義ないし旧社会主義国は、ジェンダー主流化政策推進にそれほど熱意は示さず、ジェンダー格差は、1970年代以前は「女性は家庭」が自明視されていた西側諸国の後塵を拝する結果となっている。ロシアや中国のジェンダー格差指数は、経済分野ではまだ40位前後を保っているが、総体としては非常に低い。権威主義体制を反映して政治は男性の手で行われ、現在の中国の24人の政治局員のなかに女性はいないし、ロシアの女性国会議員比率も16％強で136位（2021年）である。

　◆女性首脳　現在、大統領や首相など、国のトップを務める女性の人数は増えている。アイスランドや北欧諸国など、ジェンダー平等指数が高い国で、女性首相が登場する例は多いが、必ずしも両者の間に相関関係があるわけではない。南アジアでは、スリランカのシュリマヴォ・バンダーラナーヤカが1960年に首相である夫の暗殺によって史上初の女性首相となり（在任1960-1965年）、2番目のインディラー・ガーンディー（在任1966-1977年、1980-1984年）は父親がインド初の首相ネルーだった。ミャンマーのアウンサン・スーチー（国家顧問2016-2021年）やフィリピンのコラソン・アキノ（在任1986-1992年）、インドネシアのメガワティ・スカルノプトリ（在任2001-2004年）なども、有力な男性リーダーの妻や娘で、ジェンダー平等とは無関係である。2022年10月にイタリア首相となったジョルジャ・メローニは右翼ポピュリストで、中絶や同性結婚など、現在のジェンダー平等に敵対的な見解の持ち主である。（姫岡とし子）

2) 王権とジェンダー

①ヘレニズム期の女王・王妃─女性と権力

🔍【読】世2-2

◆ヘレニズム諸王国　アレクサンドロスの東方遠征（前334）からローマのエジプト征服（前30）までの約300年間を、ヘレニズム時代と呼ぶ。アレクサンドロス帝国を受け継いだマケドニアの将軍たちが王となり、新しい特徴を持つヘレニズム諸王国を発展させた。王妃の公的役割も拡大し、実質的な権力を行使するに至った。

◆マケドニア王国の王族女性　アルゲアス朝マケドニア王国では、王の妻は女神官として宗教活動をしたものの、正式な称号を持たず、政治にも関与しなかった。王の結婚は一夫多妻で、妻はみな正妻だったが、長子相続の原則はなく、王位継承では異母兄弟が各自の母親と一体になって争った。王族女性が政治的能動性を発揮するのは、王権の危機においてである。アレクサンドロス大王の死後、統治能力のある王族男子が不在の上、後継者戦争のさなかに王権が分裂し、王族女性も二派に分かれた。大王の母オリュンピアスと大王の異母姉妹アデア＝エウリュディケが各々軍を率いて対峙し、前者が勝利したが（前317）、まもなく王族女性の全員が非業の死を遂げ、王家も断絶した（前310頃）。

◆後継者戦争期：王妃の公的表象の始まり　前306～前304年頃、アレクサンドロスの後継将軍たちは次々と王を名のり、五つの王国と6人の王が出現した（うち2人は父子）。王の血統を持たない彼らは、王妃を公的な存在とすることで王権を正統化した。こうして王妃の公的表象が、ヘレニズム君主政の重要な特徴となる。①初めて王妃の公式称号（basilissa ＝王 basileus の女性形）が登場した。②王妃の名を冠した祭祀が創設され、神官が任命され、華麗な祭典には王妃も姿を現した。③新しく建設された都市が王妃にちなんで命名された。④貨幣に刻まれる肖像は、ギリシア世界では神だけだったが、ヘレニズム時代には王と王妃の個性的な肖像を貨幣に描いた。⑤オリンピックなどの国際的競技会で、王妃の所有する馬が戦車競走で優勝することは、彼女を含む一族全体の名声を高めた。

◆セレウコス朝の王妃たち　セレウコス朝は活発な都市建設を行い、多くの都市が王妃にちなんで命名された（ラオディケイアは王妃ラオディケから、ストラトニケイアは王妃ストラトニケから）。王妃の名声は時には伝統的な女性の美徳に関連し、アンティオコス3世の書簡（前193）は、王妃ラオディケ3世の「情愛と配慮だけでなく、

神に対する彼女の敬虔さ」に言及する。他方で王妃は伝統的な役割を超え、実質的な権力を行使した。ラオディケ3世は、自然災害に遭ったギリシア都市イアソス宛の書簡（前195頃）で、「彼［王］の熱意と真剣さに従って行動することが私の方針である」としながら、毎年5万リットル余の小麦を10年間送るよう自分が財務官に命じたと語る。こうして王妃は王の政策決定にも影響力をおよぼした。

◆**プトレマイオス朝の王妃・女王**　プトレマイオス朝では王朝祭祀が著しく発展した。プトレマイオス2世は両親を「神なる救済者」として神格化し、実の姉で妻でもあるアルシノエ2世と共に「神なる姉弟」の生前祭祀を創始した。そのアルシノエ2世は政治や外交にも関与した。アンティゴノス朝に対するアテネの開戦決議（前268/7）は、「プトレマイオス王が父祖と姉の政策に従って、ギリシア人共通の自由に対する熱意を示している」と述べ、王妃の対外政策を認識している。プトレマイオス4世の王妃アルシノエ3世は、セレウコス朝とのラフィアの会戦（前217）で、王と共に戦列を巡回し兵士を激励した。前2世紀以降、セレウコス朝との度重なる戦争、領土の喪失、ローマの関与の増大といった不安定な政情を背景に、王妃はしばしば単独で権力を行使し始める。ただし王家内部の抗争のため、たいていそれは短命に終わった。最後の女王クレオパトラ7世は17年間単独で統治し、王国の最大版図を回復した。約10カ国語を話し、学問と芸術の保護者であり、イシス女神として崇拝され、外交と行政を一人で管轄した。彼女はヘレニズム時代およびプトレマイオス朝の女王権力の頂点をなす。クレオパトラ女王はローマに敗れ自殺に追い込まれたが（前30）、死後も周辺の王族女性たちに深い感化を与え続けた。（森谷公俊）

| アルシノエ2世 | アルシノエ3世 | クレオパトラ7世 |
| （在位前275頃-270年） | （在位前220-前204年） | （在位前51-前30年） |

Richter, G.M.A, *The Portraits of the Greeks*, Cornell UP, 1984, p. 232, 233, 237.

▶**参考文献**

森谷公俊（2012）『アレクサンドロスとオリュンピアス—大王の母、光輝と波乱の生涯』
エリザベス・ドネリー・カーニー（森谷公俊訳）（2019）『アルシノエ二世—ヘレニズム世界の王族女性と結婚』
クリスティアン＝ジョルジュ・シュエンツェル（北野徹訳）（2007）『クレオパトラ』

2）王権とジェンダー

②古代東アジアの女帝

📖 Ⅱ−1−4−③, Ⅱ−3−2−⑥　🔍【読】日5−2

◆**女帝の登場**　推古天皇（在位592-628年）を皮切りに、8世紀まで、斉明／皇極天皇（在位642-645／655-661年）・持統天皇（在位690-697年）・元明天皇（在位707-715年）・元正天皇（在位715-724年）・孝謙／称徳天皇（在位749-758／764-770年）と、古代の日本では皇族の女性が多く帝位についた。注目すべきは当時、中国唯一の女性皇帝である唐（周）の則天武后（在位690-705年）、新羅の善徳王（在位632-647年）、真徳王（在位647-654年）と女性為政者の登場が相次いでいた。東アジア史で、これほど多くの女帝が近接した時代に登場したことはない。

◆**女帝登場の相互関係**　この特殊な状況は相互の影響関係下で生じたものかという質問を受けることがある。結論から言って可能性は低い。まず、未婚の王女として即位した新羅の女王と、皇后として権力を掌握し即位した武后とでは、王権への参入の仕方が全く異なる。日本の女性天皇に及んでは、中国に存在を知られてもいなかった。推古の時代に派遣された遣隋使は、アメタリシヒコ＝男性君主が派遣したと中国側史料に記される。遣唐使は、全15回のうち3回が女性天皇によって派遣されたが、女性君主の存在が伝えられた痕跡はない。女王の存在を報告した新羅とは異なり、日本は中国に女性天皇の即位を伝えなかったらしい。日本と新羅との場合、推古・斉明／皇極と善徳王・真徳王の治世は近接するが、この時期に両国関係は悪化しており、互いに模倣する必然性はない。また8世紀の日本は、武后による権威強化の方法を導入したが、皇女の即位は王権の問題を解消することを目的としており、武后の存在が皇女の即位を促したわけではない。

◆**中継ぎとは何か**　ところで、女性天皇を語る際、彼女たちは中継ぎであったのか否かが盛んに議論されてきた。その可否を考えるには、中継ぎについて説明せねばならない。中継ぎとは、直系を継ぐべき男子が未成年、ないし不在時に即位するものを言う。日本古代に中継ぎの天皇は多く、その半数は男性である。例えば継体天皇（在位507-531年）の男子は3人が即位したが、自分の男子に皇位を継承させたのは欽明天皇（在位539-571年）のみ。欽明の兄達は中継ぎであり、その男子が即位することはない。在位中に産んだ子に皇位を継承させることのなかったという点で、女性天皇たちも同じく中継ぎであった。直系継承の庇護者という立場は、新羅の女王にも共通する。他方の武后

には中継ぎという意識はない。ところが武后から帝位を取り返した息子たちは、武后を中継ぎと位置付け、簒奪者たる武后の息子という事実を克服しようとした。

◆男女の中継ぎの違い　中継ぎという語は、女性天皇たちの玉座は不安定で、便宜的な権威しか持たなかったような印象を与えるが、これは事実と全く反する。直系たるべき男子を即位させるため、女性天皇は強力な権力をふるった。男性の中継ぎが、時に、次の直系が定まった段階で殺害されたことと比較すれば、女性の中継ぎの地位は強固である。強力な権力という点では、新羅の女王も同様である。7世紀半ば、高句麗・百済の侵出により国家存続の危機に陥った新羅は、唐に急速に接近する。国王としてその舵取りの責任を負ったのが女王であった。

◆女帝の権力　強権を握った女性天皇の代表が孝謙／称徳である。孝謙／称徳は、在位中の騒乱を利用し、直系継承を阻害するとみなした男性皇族を排除した。孝謙／称徳の時代ほど、男性皇族が多く殺害・排除された時代はない。孝謙は、淳仁天皇（在位758-764年）に譲位しながらも、聖武の血を継ぐ男子の誕生を待った。761年、異母姉の井上内親王が他戸王を産む。淳仁を排除した孝謙は重祚（称徳）したが、他戸の成人を待たずに死去、皇位は他戸の父である光仁天皇（在位770-781年）の手に委ねられた。しかし光仁は長子の即位を望み、他戸は母と共に幽閉されて死亡する。これ以降、日本古代で女性が即位することはなかった。

◆女帝の退場　武后は女子への皇位継承を検討しなかったらしい。武后とその周辺で交わされた議論から確認できる皇位継承者の選択肢は、自身の産んだ男子か、血縁関係にある武氏の男子かに限られる。儒教的な家制度では、子女は男親の姓を与えられる。この伝統がある限り、女系皇帝——女性が皇帝となり、皇帝として男子と婚姻し、皇帝として出産した子に、自らの姓とともに皇位を継承させる——は登場し得ない。世界帝国の君主となった武后すらも、この限界を超えることができなかった。結果として、武后の退位以降、王権内部の女性が権力を持つことはあっても、即位する女性がついぞ登場することはなかった。（河上麻由子）

▶参考文献

河内祥輔（2014）『古代政治史における天皇制の論理　増補版』
義江明子（2021）『女帝の古代王権史』
河上麻由子（2023）「則天武后の権威の多元性」佐川英治編『多元的中華世界の形成—東アジアの古代末期』

> **問い**　①中継ぎの女性君主の政治的功績に対し、消極的な評価が下されてきた背景を、ジェンダーの視点から考えてみよう。
> ②世界史における女系君主の事例を探し、古代東アジアの女性君主との違いを考えてみよう。

2）王権とジェンダー

③東南アジアの双系社会と王権

📖 Ⅱ-1-2-④

◆**東南アジア王権と女性**　東南アジアには、17～18世紀にそれぞれ女王が4代続いたマレー半島のパタニやスマトラのアチェなど、女王が統治したことのある国家が散見する。東南アジア全体では王の大部分が男性だったが、1-2-④で見たような双系制社会であるため、王者の地位は、個々人の能力・カリスマや、妻方・母方を含む有力者間の結びつきに依存する。身分制や法制・官僚制もルーズなため、例えばアンコールに都を置いた時代のカンボジア（9世紀-15世紀前半）では、碑文から知られる26人の王（すべて男性）のうち先王の実子や兄弟は8人しかいなかった。性別役割の多くが互換的なこともあり、軍事すら含めて王妃や王の母が活躍することが珍しくなかった。ジャワのマジャパヒト（1293年-16世紀初頭）では2代目の王に男子がなかったため、初代クルタラージャサの妻ラージャパトニーが王位を継ぎ（その長女夫妻と次女夫妻が東西の王宮をそれぞれ管理した）、続いて次女の息子クルタラージャサが王位についた。

　そうした状況下で少しでも王権を安定させるため、東南アジアでは周辺諸国を含む有力者間の婚姻同盟や、戦略的要地への王子・近臣の派遣などがよく行われた。また、内紛や隣国の介入の危険と引き換えではあるが、危険分散の意味を持つ父子・母子の共同統治や二重王権が出現した。マジャパヒトの王族が東西両王宮に分かれたのに対し、近世のシャムやカンボジアでは「前の王宮」と「後ろの王宮」が分かれていた。前の王宮の主は「二王」などと呼ばれ、後ろの王宮の主より格下に見えたが、それは「皇太子」や「副王」ではなく、「二番目の王」だった。

◆**ベトナムにおける父系王朝の創造**　10世紀に中国から独立した北部ベトナム国家（大越）においても、最初の100年間は有力な男性が妻方の力も借りながら覇を争い、帝位の世襲はほとんどできなかった。皇帝は各豪族出身の複数の皇后をもち、皇后はそれぞれ独自の宮殿や家政機関を有したと見られる。最初に皇帝を称した丁部領が979年に暗殺され、これに乗じて宋が再征服のための出兵を決めた際、幼子の璿が即位したが、その母の楊皇后は、自ら近衛隊長の黎桓と再婚して夫を帝位につけた。桓の活躍で、大越は独立を守った。しかし李朝（1009-1226年）では、4代目の幼帝仁宗が即位すると、王安石の宋がまたも侵攻した。このとき近衛隊長の李常傑と組んで政権を

握り宋軍を撃退した仁宗の生母倚蘭元妃（霊仁皇太后）❶から、未成年で即位した皇帝を、その成人後まで母子共同統治を続ける母親＝皇太后が支えるしくみが、李朝末まで続いた（先帝の正妻より新帝の生母が強いことが多かった）。しかし、彼女たちは有力近臣と「私通」することはあっても、王朝交代は起こらなかった。父系で王朝交代に見える事態が中国の干渉を招くという教訓が、これを押しとどめたと見られる。次の陳朝（1226-1400年）では、上皇制と父系の一族内の結婚により、外戚権力を排除するかたちで、父系による帝位継承のしくみがさらに安定化した。ただそこでも、上皇の権力を共同執行した皇太后や、結婚後も夫のものにならない財産や政治力をもつ皇女などが、大きな役割を果たし続けた。しかし15世紀以降には、東アジアほど徹底的ではないにせよ、社会全体の父系化・家父長制化が徐々に進んでゆく。

　双系的な稲作社会や遊牧民の妻の役割などを背景に、7〜8世紀の東アジアに「女帝の時代」が現出したとすると、西暦1000年前後の東部ユーラシアでは日本や朝鮮半島に限らず、女性の活動も巻き込みながら父系による王位継承が安定化に向かうという共通のプロセスが進行したように見える。

　◆現代東南アジアの女性指導者　近世以降の東南アジアでは、イスラームや近代家族など、男性中心のジェンダー規範が強まったとされる。しかし独立後にも、ミャンマーのアウンサン・スーチー（独立指導者アウンサンの娘）を初め、フィリピンのコラソン・アキノ（独裁者マルコスのライバルで暗殺されたベニグノ・アキノの妻）とアロヨ・マカパガル（元大統領の娘）、インドネシアのメガワティ・スカルノプトリ（スカルノの長女）、タイのインラック・シナワット（王室など旧勢力に追い落とされた大衆政治家タックシンの妹）など、女性のトップリーダーが次々出現している。いずれも有力な男性リーダーの妻や娘・妹だが、それを第二次世界大戦後の南アジアに輩出した女性リーダー群と同じ文脈で理解してよいかどうかは、未解明の課題である。（桃木至朗）

---

❶ 民間出身で夫（李朝の聖宗）の正妻ではなかったが、中年まで男子のなかった聖宗（女子はあり継承の可能性もあったらしい）との間に二男を産むと元妃の地位に上った。夫がチャンパー遠征に赴いた際には、都の留守を守って仏教を尊崇し国内統治を安定させたので、人々が「観音女」と呼んで称えた（大越史記全書）という。夫の死後は最初の皇太后を殺して自分が皇太后となり、息子の成人後も仏教活動だけでなく政令を出すことがあった。

▶参考文献
桃木至朗（1996）『歴史世界としての東南アジア（世界史リブレット12）』
アンソニー・リード（太田淳ほか訳）（2022）『世界史のなかの東南アジア―歴史を変える交差路（上下）』
弘末雅士（2022）『海の東南アジア史――港市・女性・外来者』

2) 王権とジェンダー

④ヨーロッパ社会における王権と女性

📖 II-2-2-①　🔍【読】世8-6

◆**女王・王妃・母后・公妾**　ヨーロッパ社会で女性たちは、女王・王妃・王母・公妾などとして王権の存立や王国政治に強い影響を与えた。ヨーロッパでは国王は戦士集団の長とされ、原則として男性が王位に就いた。男性限定としたのがフランスと神聖ローマ帝国である。イングランドやスペイン、北欧諸国では男性優先とされたが、女王も排除されなかった❶。王族の結婚は外交政策と宗教政策の意義を帯びた。王妃が他国の王家出身であることは珍しくなかったため、女系の王位継承権を認めることは外国の介入を招く口実となった。このため、王妃の最大の役目は王位継承者となる男子を産むことであった。また、宮廷社会が確立した近世では、国王の最側近として政治的実力をもつ公妾・愛妾も登場した。

◆**サリカ法典と英仏百年戦争**　ヨーロッパ大陸諸国で女性・女系を王位継承から排除するために利用されたのが、サリカ法典（6世紀初頭）である。同法典は長く忘れられていたが、14世紀半ばに発見された。きっかけは、英仏百年戦争（1339-1453年）の勃発である。カペー朝では直系男子が途絶え、王位が男系（王の従兄弟であるヴァロア伯）か、女系（王の娘婿であるイギリス王）かで争われた。フランス派の法学者が、サリカ法典第59章❷は男系男子主義を定めたものと解釈した。ヴァロア王家が百年戦争に勝利すると、サリカ法典は王国基本法の第一の掟とされ、「君主政の玄義」と称えられた。神聖ローマ帝国でも、サリカ法典が男性による皇位継承の根拠とされた。マリア・テレジアは父帝の勅書によってオーストリア大公位を相続したが、皇帝位は夫が継承した。皇帝位への介入を排除するために、夫フランツは実家の相続権を放棄した。帝国政治の主導権はマリアが握った。

◆**フランス王権と王妃**　フランスではサリカ法典に基づいて王位継承順位が安定したために王朝交代にあたっても内乱が回避され、女系継承の否定により外国からの干渉が避けられた。他方、王位の男系男子主義は、女性蔑視の政治風土を育んだ。近世フランス（15世紀末-18世紀末）には15名の王妃が存在した。王妃は、外交政策としてほぼすべて外国（特にハプスブルク家）から迎えられ、男子を産むことを期待された。王女たちは外国に嫁ぐためにきわめて高い教養を身に着け、文芸のパトロンとして活躍したが、結婚後にフランス宮廷に戻ることはなかった。

　王と王妃はそれぞれ自立したイエ（経営・生活単位）を持った。王妃のイエは、持参金、夫からもらう税収や所領収入によって経営され、経費は年間10万ルーブルを下らなかった。宮廷には王妃専用の空間が設けられ、宮廷以外にも居館や城が用意された。王妃のイエには200〜300人の侍従・奉公人が仕え、7歳までの次男以下の子どもたちと王女たちが一緒に暮らした。王太子は早くに王妃から引き離され、王のイエで育てられたため、母后と王との関係は希薄になりやすかった。

◆**摂政母后カトリーヌ・ド・メディシス**　摂政となった母后4名のうち、3名は王が成人（満13歳）した後も政治権力を手放さなかった。29年間と最も長期にわたって政治権力をふるったのが、16世紀の王妃カトリーヌ・ド・メディシス（図）❸である。当時の政治学者ジャン・ボダンは、メディチ家出身のカトリーヌと彼女を取り巻くイタリア人小社会を魔女・魔術師と呼び、歴史学も彼女を悪女とみなしてきた。しかし近年、カトリーヌは、抜きんでた教養を基に人文主義者と広い交友を結んだ卓越した文化人であり、宗教的和平に尽くそうとした政治家であったと評価されている。（三成美保）

図　王妃カトリーヌ・ド・メディシス（1550年頃）

---

❶ **16世紀イングランドの女王たち——王位継承法**
　ヘンリ8世は嫡男を得るために再婚を繰り返し、3度の王位継承法を制定した。第一継承法（1533年）は、スペイン王女キャサリンとの婚姻を無効とし、娘のメアリを庶子として、アン・ブーリンの娘エリザベスの王位継承権を認めるものであった。第二継承法（1536年）は、メアリとエリザベスの二人を庶子と定め、三番目の王妃ジェーン・シーモアの子を王位継承者とした。第三継承法（1543年）によって娘二人を嫡子と定めた。エリザベス1世は庶子・嫡子と身分が二転三転したため、従姉妹にあたるスコットランド女王メアリは、自らがイングランドの正当な王位継承者であると主張した。エリザベスはメアリを幽閉し、大逆罪で処刑した。エリザベスが未婚のまま亡くなった1603年、イングランドとスコットランドは同君連合となる。2013年継承法により、イギリス王位は第一子優先主義に変更された。

❷ **サリカ法典　第59章「遺産について」**（『西洋法制史料選Ⅱ中世』創文社、19頁）
　六　しかし、テラ・サリカ（terra Salica）については、いかなる分け前も相続財産も女には帰属せず、男性、兄弟たる者にすべての土地が帰属すべし。

　▶**解説**　サリカ法典は、サリー族（フランク族の一支族）の法慣習が6世紀初頭に成文化されたヨーロッパ最古の部族法典である。サリー族は4〜5世紀頃、ローマ帝国領内北西部（現在のベルギー・オランダ）への定住を許され、ローマ軍への軍役奉仕の恩賞として入植地の土地所有権を認められた。この土地を「テラ・サリカ」と呼ぶ。

❸ **カトリーヌ・ド・メディシス（1519〜1589年）**（図は王妃時代のカトリーヌ）
　1533年、14歳のカトリーヌはフランス国王の次男アンリと結婚した。貴賤婚と蔑視されたこの結婚は、フランス王と教皇の同盟関係の証であり、神聖ローマ皇帝に対する外交上の勝利を意味した。彼女には、メディチ家の世襲財産放棄の見返りに莫大な持参金がつけられた。アンリは愛人ディアーヌ・ド・ポワチエに夢中で、カトリーヌを顧みなかった。

▶**参考文献**
阿河雄二郎・嶋中博章編（2017）『フランス王妃列伝—アンヌ・ド・ブルターニュからマリー＝アントワネットまで』

2）王権とジェンダー

⑤「絶対王政」のなかのエリザベス1世

🔍【読】世8-6

◆**「絶対王政」の書き換え**　従来、16世紀から18世紀にかけてのヨーロッパ近世は、「初期近代（early modern）」と呼ばれ、国家主権を代表する君主による「絶対王政」の時代として語られてきた。だが、昨今の近世再考❶のなかで、「絶対王政」という概念にも見直しが進められている。

宗教対立や王位継承争いから、王権はたえず、身分や地域に根ざす伝統的な利益集団——貴族やギルド、都市や村落共同体といった中間団体（社団）との交渉をよぎなくされた。君主は、特権を与えた社団を媒介として統治したのであり、その権力は決して「絶対的なもの」ではなかった。「絶対王政」の典型として語られるフランス、特にルイ14世（在位1643-1715年）の統治構造に見られる相互依存性の検証から、近年の歴史教科書は「絶対王政」という用語を控える傾向にある。

◆**イングランドの特殊事情**　イングランドの「絶対王政」は、16世紀前半、ヘンリ8世（在位1509-1547年）が宗教改革とともに確立し、カトリックであるメアリ1世（在位1553-1558年）による混乱を、宗教的に寛容な中道政策で収拾したエリザベス1世（在位1558-1603年）の治世に全盛期を迎えた、と説明されることが多い。合わせて、エリザベス1世については、島国イングランドの未来を積極的に海上発展に求めたことが強調されている。新大陸から帰還するスペイン銀船隊への襲撃を海賊たちに容認し、戦時には彼らを常備軍代わりに活用したこと、北米での植民地建設の試み、アジア交易のための東インド会社の設立（1600年）などはその好例である。

こうした彼女の実績を支えたのは、少数先鋭の忠臣から成る枢密院であり、宮廷を中心に地方に向かって幾重にも広がる互恵関係（パトロネージ）であった。イングランドでは他のヨーロッパ諸国のような有給の官僚組織や常備軍は発達せず、政治を動かすには無給で地方行政を担う名望家ジェントリの支持が不可欠であったからだ。その一方で、ジェントリの代表が集う議会（庶民院）は、地方利害の代弁者との自負心を育くみ、君主が求める法案や課税案に容易く与しない「抵抗勢力」となりつつあった。

◆**演説する女王**　25歳の即位以降、44年余りのエリザベス1世の治世において、議会は13会期しか開かれず、その期間は合計しても3年に満たない。だが、王権へ

の対峙姿勢を強める議会は、家父長的価値観を濃厚に漂わせた男性空間でもあり、常に女王に緊張を強いた。即位の翌1559年、「私にはすでにイングランドという夫がいる」と演説したが、それで議会が納得するはずもなく、以後も議会開催のたびに、結婚と後継者の問題は繰り返し問われた。それに対して、彼女は、ルネサンスの教養豊かな言い回しに絡めて、自らの女性性をむしろ前景化する形で返答している。

　1566年、スコットランド女王でイングランド王位継承第一位でもあった従妹メアリ・ステュアート（在位1542-1567年）が息子（のちのイングランド国王ジェイムズ1世）を出産したことにより、エリザベス1世の結婚・後継者問題が再燃した。結論の出ないこの問題で紛糾する当時の議会を締めくくった「ペチコート演説」❷はその一例である。その後の女王は、議論の中断・延期が続いた第4会期（1572-1581年）をはじめ、議会嫌いを露わにした。

　アルマダ（無敵艦隊）の撃退（1588年）は、その後も続くスペインの脅威の現実を希薄化し、イングランドの輝かしい未来を約束する記憶として神話化された。神話の中心にも、この戦いに集結した兵士たちを鼓舞するエリザベス1世の演説があった。曰く、「私は、自分がか弱い女の体をしていることは知っている。だが、私には王の心と胃袋がある」──言葉の力を知る彼女は、文字通り、シェイクスピアの同時代人であった。（井野瀬久美惠）

画面左上にスペインとの海戦の様子が描きこまれた、通称アルマダ・ポートレート(1588)。エリザベス1世の神話化のなかで、17世紀に入っても広く流布し続けた。

❶　再考のポイントは、近代の「国民国家」を到達目標とする直線的（ゆえに進歩的）な見方ではなく、「複合国家」「礫岩国家」など、それ以外の国家のありようを近世に探ろうとすることにある。

❷　「結婚に関する議会代表への回答」（1566年）の抜粋
　「私は女性だが、父と同様、その地位にふさわしい勇気をもっている。私は生まれながらにあなたがたの女王である。暴力によって何かを強制されることはない。もし私がペチコート姿で王国の外に出たとしても、キリスト教国どこででも生きていける資質がわたしには備わっている。そのことを神に感謝する。」
　この演説には、生殖を除けば、女王に男性の力は不要であると、女性君主の正統性が強調されている。

▶参考文献

指昭博（2010）『イギリス宗教改革の光と影─メアリとエリザベスの時代』
二宮宏之（1995）『全体を見る眼と歴史家たち』
水井万里子（2011）『図説　テューダー朝の歴史』

2）王権とジェンダー

⑥天皇制―男だけの「万世一系」

🔍【読】日4-1, 日8-8

◆女性は天皇になれない　近現代の天皇制における女帝の位置づけは、旧「皇室典範」に女性天皇の排除が明記されて以降、現在に及ぶ。近年では、女性・女系天皇即位を可能とする「皇室典範」の改正問題が、小泉内閣で議論されたが、法律改正には至らなかった。女帝は「中継ぎ」であるという言説は、「万世一系」論として総括され、「皇位が126代男系で続いてきた」という「日本古来の伝統」を根拠に語られる。しかしながら、日本史における女帝は、古代の8代6人と近世の2代2人の合計10代8人が存在した。近世の2人を除けば、平安時代以降は女帝が即位しないが、前近代では律令にも規定された合法的存在であった。「神武天皇以来の万世一系」が歴史上、例外なく続いてきた客観的事実で、かつ男系が日本の皇位継承の原理であるとする明治以来の議論は、十分な実証を経たものではなく、裏返しの「中継ぎ」女帝論も正しい歴史解釈ではない。

◆近代における女帝の否定　女帝の即位を否定する制度自体は伝統的なものではない。1899年の『大日本帝国憲法』と旧「皇室典範」により歴史的には、ここから女帝の即位が法律で初めて否定された。草案段階では女性の継承も認められていた。現行の「皇室典範」も旧皇室典範第1条の「大日本国皇位ハ祖宗ノ皇統ニシテ男系ノ男子之ヲ継承ス」の規定を踏襲している。戦後の「日本国憲法」では、「皇位は世襲」とのみあり、表向き男女規定はなくなった。しかし、現「皇室典範」は「皇位は、皇統に属する男系の男子が、これを継承する」（第1条）として、男系継承と規定する。明らかに「皇位の世襲」は「万世一系」や「男系男子による継承」と密接不可分なものとして位置づけられている。「万世一系」の皇統観は、明治の一夫多妻主義を前提とする男性家長の「家」支配の構造が、過去に遡って理想論として適用されているにすぎず、反対に「庶子の天皇」が戦後に簡単に否定されたのは旧来の「家」の制度が崩壊したためである。旧「皇室典範」を編纂した井上毅は、近代の国学者が分析した女帝即位の諸類型を皇嗣の成長を待つ場合に単純化し、従来は神功皇后と飯豊皇女を摂位（仮の即位）の女帝と評価していたものを、井上は摂政の例として改変している。井上は女帝即位を否定するため、その評価を明らかに変更・単

純化している。

◆「中継ぎ」女帝論への批判　「万世一系」論を前提に、7・8世紀に存在した女帝の存在意義を「中継ぎ」に限定し、特殊であるという主張は近代に生まれた言説である。これは男系継承が日本古来の伝統であるという言説の裏返しにすぎず、根拠は薄弱であるにもかかわらず、現代における女性天皇を議論する場合にも大きな論点とされている。古代女帝の「中継ぎ」説とも呼ぶべき通説的見解に対しては、少なくとも譲位制や皇太子制の確立しない7世紀の律令制以前の段階に女帝を「中継ぎ」と規定することは無意味で、当時の王は卓越した人格・資質の持ち主で終身制を原則とするので、幼帝や凡庸な人物が即位することはできず、資質において女帝も例外ではないとの批判がある。女帝の出現は、6世紀における世襲王権の開始により、年少な男性王族よりも人格・資質などに卓越した女性年長者が即位する機会が増えたことによる。当時の即位適齢期は40歳前後であり、君主の条件としては男女の性差よりも年齢が重視されている。年長であることが即位に不利に働くどころか、むしろ年長であることが有利であった。若年の厩戸皇子や中大兄皇子よりも、推古や皇極・斉明女帝の即位が可能であったのはこのためである。

◆女帝を認めた古代の規定　奈良時代の跡継ぎ（嫡子）を定めた養老継嗣令には「女帝」の出現を想定し、女帝の子・兄弟を皇位継承の可能性が高い「（内）親王」と規定している。中国から継受された律令法は相続や財産継承において男系主義を原則とするが、「女帝子亦同」の本注部分のみは唐令には存在せず、例外的に母系での継承を認めた規定となっている。法的には女帝の実子の即位（女系継承）の可能性を想定したものである。男帝以外の男性と女帝との即位後（あるいは即位前）における婚姻および出産の可能性を視野に入れての立法であった。基本的に継嗣令の規定は前近代を通じて機能し、近世の女帝たる明正天皇と後桜町天皇即位の法的根拠ともなっている。（仁藤敦史）

『令集解』継嗣令第1条皇兄弟条
（国立歴史民俗博物館蔵）

▶参考文献

荒木敏夫（1999）『可能性としての女帝—女帝と王権・国家』
義江明子（2017）『日本古代女帝論』
仁藤敦史（2021）「「万世一系」論と女帝・皇太子—皇統意識の転換を中心に—」『歴史学研究』1004

3) 政治体制とジェンダー

①古典期アテナイの「民主政」と女性

📖 Ⅱ-2-3-①, Ⅱ-2-3-③, Ⅱ-2-3-④　🔍【読】世2-4

◆**民主政と女性市民**　古代ギリシアのアテナイでは、全ての男性市民が参政権を持つ直接民主政が進展した。女性は、民主政にどのように取込まれていたのだろうか。

女性市民の活動基盤は家（オイコス、オイキア）である。ペリクレスの市民権法（紀元前451年）によって、父母ともに市民家系の出身であることが市民権の条件となると、市民の家に嫡出子を産むことが、市民女性の特権となった。

クセノフォンの『家政論』は、男女の分業について次のような理想を語っている。夫は外で農地を管理し、生産活動と政治活動を行う。対する妻の責務は家の中にある。一つには什器や羊毛・穀物といった生活物資を管理し、世帯の構成員のために必要な衣類を整え、奴隷の世話すること、二つには、子を産み養育することが挙げられる。妻は、化粧で夫の気を引こうなどとせず、夫の教導のもと、家の二大事業である家産の管理と子の養育のパートナーとなるべきである。この理想に対して現実のアテナイ社会ではどうだったのか。

◆**家で生きる**　アテナイの公的言論は、市民女性の性的規範に厳しいまなざしを向けていた。人目に触れて噂されたり、家庭外で労働したりすることは、市民女性としての尊厳を損なう行動であり、化粧に執心することでさえ、家庭外の恋愛の兆しを疑わせるに十分であった。姦婦は、神域に立入ることを禁じられ、禁を破れば殺害以外のどのような私刑も甘受すべきものとみなされた。喜劇作品中の恋愛とは裏腹に、現実には、庇護者たる父親の家で生まれ育ち、庇護者の取り決めた相手と結婚し、市民の妻として夫の家に後継者を設け、市民を再生産することが、民主政のもとで市民女性に求められた役割であった。

◆**ポリス宗教と女性**　宗教は例外である。神々を正しく祀ることがポリスの安寧のために不可欠だった。女性たちは、個人的な信心や、父や夫のもとでの父祖の祭礼や奉納に加え、家の外でも宗教上の役割を与えられていた。女性神官は、自らが掌る祭祀と自らの職掌に関する限り、男性神官と同等の発言権を有していたのである。選ばれた市民家系の少女たちも、年齢層に応じて、女神のための衣服を新調したり、着飾って行列したり、ポリスの祭礼で市民としての大役を担った。とりわけ、民主政に伴って、市民全体から選出された女性神官職が創設され、ポリス宗教のための役割を果たすことになった。このよう

な宗教上の役割は、ミュリネの墓碑❶が示すように、女性市民の名誉とみなされていた。

◆**女たちの声と民主政**　女たちの声は、彼女たちを庇護する男性を通じて、ポリスの公的言論の場に届けられるべきものと考えられていた❷。アリストファネスの喜劇作品『女の議会』には、市民女性がクーデターで民会を乗っ取り、公的言論の場で発言する訓練をする場面がある。現実の女性たちは、男性親族の手助けなしには、自らの身体や相続についてさえ、公的な場で権利を主張することができなかった。彼女たちの名で実際に法的措置を講じ、訴訟当事者として弁論するのは、彼女たちを庇護する男性であったからである。法廷資料からは、相続請求等の訴訟に際して、夫が妻の判断を尊重していた痕跡が窺われる。ただし、それはあくまで家庭内の協議に限られていた。財産の管理や契約に関しても、彼女たちに契約の正式な権限はなかった。女性たちの意思は、家への帰属を回路として、男性の協力を得ることで、初めてポリスの政治システムと接続されたのである。このように、祭祀の遂行を例外として、民主政のシステムは、市民女性を男性の家父長的な庇護のもとにおき、家を通じて管理していた。（栗原麻子）

❶ **ミュリネの墓碑**（ギリシア碑文集 I 第 3 版 1330、紀元前 410 年ごろ）
　女神ニケの神殿に初めて仕えたカリマコスの娘の輝かしい墓標。彼女は、まさに吉兆により偶然、その評判に相応しいミュリネ（注　神官の冠を編むテンニンカまたは香木の没薬を連想させる）の名で呼ばれた、彼女は、全ての女性のなかから籤で選ばれ、アテナ・ニケ女神の御座に初めて仕えた。

❷ **伝デモステネス『ネアイラ弾劾』114 節**
　するとそれを聞いた女たちは尋ねるでしょう。「それであなたはどうなさったの？」と。するとあなた方はいうのです。「無罪放免とした」と。こうなるともはや、もっとも節度に富む女たちでさえ、あなた方に憤慨するでしょう。ネアイラ［非市民の遊女］が、彼女たちと同じようにポリスに関わることがらや神事に参画することを、あなた方は、ふさわしいと判断したのですから。……あなた方のそれぞれが一票を、一つは妻のため、一つは娘のため、一つは母のため、そして一つはポリスの法と儀礼のために投じるとお考えください。……彼女たちが売春婦と同じ名誉の特権に与ることがないように、そして多くの細心の節度と目配りのもとに親族の手で育てられ、法に基づき結婚させられた娘たちが、（中略）［遊女たちと］同じものに参画しているように見えないように。

　▶**解説**　この告発弁論は、ネアイラという遊女が、その職業と身分を偽って市民身分の女性の特権を侵食したことを糾弾する。裁判員として出廷した男性市民が、訴訟結果を家庭に持ち帰ることが想定されている。

▶**参考文献**
桜井万里子（1992）『古代ギリシアの女たち　アテナイの現実と夢』
栗原麻子（2020）『互酬性と古代民主制　アテナイ民衆法廷における「友愛」と「敵意」』
「ネアイラ弾劾」（木曽明子・吉武純夫・栗原麻子訳）（2022）『デモステネス弁論集 7』

問い　民主政ポリスは、市民女性にどのような役割を求めたのか。

3）政治体制とジェンダー

②ナチズムとジェンダー

📖 Ⅰ-1-6-②, Ⅰ-2-3-②, Ⅱ-2-5-②　🔍【読】世13-10

◆ナチ党の女性政策と家族・母性　当初、ナチ党は男性結社を自認し、選挙でのナチ党投票者も男性が多数を占めていた。女性は党員にはなれたが、幹部や議員にはなれず、政治、経済、軍事など社会を動かすのは男性で、女性の役割は出産と「健全な子ども」の養育だとされた。女性を「二流の性」として蔑視したヒトラーも母性は礼賛し、『わが闘争』（1925, 27年）に、「母親はもっとも重要な公民」と記している。権力獲得が現実味を帯びると、ナチ党は女性票を意識して家族や宗教を擁護する姿勢を示した。また彼らは、「女性の使命」を軽視する風潮に終止符をうつと誓ったため、「ヴァイマール時代の女性解放」による家庭という「女性の世界」の価値の低下を憂いていた多くの女性に安心感と期待を与えて支持を得た。

　ナチ体制下では、男性の失業対策もかねて、苦労して進出した専門職からの女性排除の政策が取られた。官吏では上級職と中・低級職を含めた既婚女性の解雇、法曹界からの追放、高等女学校勤務の女性教師の初等教育レベルへの配置転換、女性医師の保健指定医からの排除、女子学生比率を大学入学定員の10％に制限など。他方で母性にはさまざまな保護・報奨制度を設け、妻の非就業を条件に結婚貸与金が支給されて、子どもを1人産むごとに返済額の4分の1が免除された。「母の日」は国民的祝祭となり、この日に4人以上出産した母親には十字勲章が授与された。

　◆生殖の国家管理　1970年代にフェミニズム運動は「産む産まないは女性が決める」というスローガンを掲げたが、ナチはそれとは真逆の「産ます産ませないは国家が決める」という政策を推進した。ユダヤ人、黒人、シンティ・ロマはドイツ民族との結婚を禁止され、後に強制収容所に送られた。身体・精神的障害者、アルコール中毒患者、生活保護受給者などの「価値のない生命」は強制的に断種され、ドイツ国内だけで22万人弱が安楽死させられた。「価値のある生命」に対しては避妊具取得を困難にし、中絶の罰則を強化した。子どもができない夫婦の離婚の容認、一夫多妻を実践させて生まれた親衛隊員の子どもの国家施設での養育など、人口増加のためには市民的家族規範の崩壊も辞さなかった。

　◆女性組織　ヴァイマール時代の女性組織は、暴力的に弾圧されるか（社会主義

系）、ナチ化されるか（右派・保守系）、自主的に解散した（保守・リベラル系）。ナチ党の女性組織は、闘争期には党の女性問題への無関心から比較的自由に活動していたが、1931年に「ナチ女性団」に一本化され、会員数は最大200万人を数えた。33年には「女性事業団」も設立され、会員は最大400万人に達し、主に母親事業を担当した。女性たちは家庭には留まらず、領域分離の原則に従って家政・家族の分野で社会活動をした。母親学校を開催して家政や育児に関する講習会の実施、物質的支援、母親と子どもたちのための余暇活動とリクリエーションの組織など。

　ナチ時代には私的空間は政治化され、国家の管理下に置かれた。母親事業は「民族共同体の維持と発展」という国家の目的に従属し、人種プログラム遂行の一環として取り組まれた。ナチ女性たちは人種学の講習会を行い、断種政策の実施の際には適格者の選抜や裁判所への審理依頼申請を行った。ナチの人種政策は、共犯者である女性の協力なしには遂行不可能だった。

　◆**労働と女性**　「女性は家庭」というナチのスローガンは、実現しなかった。30年代後半には景気回復と軍需需要で労働力が不足し、女性の就労が要請された。工業・商業・サービス部門で働く女性の数は、33年の430万から39年に590万に増加した。同年の有職既婚女性は620万人で、33年に較べて200万人も増加した。開戦によって女性労働力への需要は一層高まり、女子の労働奉仕制度が検討されたが、ヒトラーらの反対によって実現せず、女性の就業率も停滞した。43年にようやく17歳から45歳（後に50歳）の女性に対して労働ないし動員のための申告が義務化されたが、ナチの女性政策との矛盾や女性の反対を恐れて多くの例外規定が設けられ、富裕層やミドルクラスは労働力動員を逃れることができた。その穴を埋めたのが、外国人労働者の男女で、東欧から強制的に徴募されていた。

　◆**戦争と性**　ナチは異人種との性関係を禁止していたが、ユダヤ人や黒人との関係をのぞいて実際には寛容な態度をとった。東部戦線では、性暴力はもちろん、食糧を得るための取り引き関係、恋愛・結婚とさまざまな形でドイツ兵と現地女性との性的接触がもたれた。性は、現地女性たちの生存戦略の一環にもなった。国防軍は兵士の性の管理のために売春施設を設けた。強制収容所には、特権的囚人を対象として「労働意欲の向上」を目的とする売春施設が導入された。ナチは、ドイツ兵と現地女性との間に産まれる子どもが最大150万人になると見積もり、「人種的に価値のある子ども」（大半がこの基準に合致）をドイツに連れていってホームで育てるという案さえ存在した。（姫岡とし子）

▶**参考文献**
桑原ヒサ子（2020）『ナチス機関誌「女性展望」を読む―女性表象、日常生活、戦時動員』

3）政治体制とジェンダー

❸社会主義体制—東欧とジェンダー

📖 Ⅱ−2−5−⑤, Ⅲ−2−3−②　🔍【読】世10−9, 世13−3

◆**社会主義体制における「男女平等」**　男女平等、女性の解放、社会参加は、社会主義体制がその成果を誇示した分野であった。東欧では社会主義化以前から既に女性の法的社会的地位は改善していたが、社会主義体制下に作られた民法規定では、婚姻後の女性が旧姓や複合姓を名乗ることも可能となり、夫妻の平等が規定された。

　社会主義体制の目標は、共に働く人々の平等な社会の建設であり、その観点から、女性も男性と共に労働者として働くことが推奨された。

　それ以前の東欧の農村社会でも、女性は農業労働を行っていたが、その労働は家族の生産活動の一部に組み込まれていた。社会主義体制は、大規模な工業化を推進し、都市での賃金労働の機会を女性に開いた。女性の労働力なしには、経済の近代化はなしえなかったのである。また、農業の集団化によって、農業労働も賃金労働に転換された。このように、生産単位としての家族から女性は解放され、賃金労働によって経済的社会的に自立した労働者になることが可能になった。

◆**職場における女性労働者**　女性労働者の職場は、農業、繊維産業、食品製造業など、従来から女性の仕事とみなされていた分野が中心であった。1970年代には事務員となる女性も増えた。職業訓練や中等、高等教育の機会も開かれ、ソーシャルワーカー、教員、医師も多くを女性が占めることになった。これらの知的労働も伝統的な女性の仕事の延長線上にあるものと考えられ、社会的に受け入れられやすかった。ただし、女性が多いのは小学校教員や家庭医であり、大学教員や外科医は男性が多いなど、教員、医師の中でもより高い技術や能力が求められる職業は男性のものとされた。女性の多い職種は低賃金であり、男女の賃金には格差があった。

　鉄道、鉱山、製鉄など典型的な男性の肉体労働の職場は社会主義体制において高く評価され、賃金も高かった。このような職場で男性同僚に受け入れられるのは困難が伴ったが、挑戦する女性労働者も現れた。

　このように労働者としての男女は決して平等ではなかったが、労働によって賃金と仕事仲間を手に入れることは、女性の自尊心を高めた。殊に、労働の成果としての消費財の購入は、オーラルヒストリーの中で最も思い出深い成果として語られる。

◆社会主義体制下の家事・育児　社会主義政権は、労働が年金や医療保険などの社会保障へのアクセスの条件とし、賃金労働に従事しないものを社会的な寄生者とラベル付けすることで、女性の労働を促した。同時に家庭内で女性によって担われていた家事、育児の集団化によって、女性の労働力を工場に向かわせることも企図した。そのために共同食堂や洗濯場、保育施設も作られた。しかし、社会主義政権はこれらの施設に十分な資源を投下せず、低質のサービスに不信感をもった市民は、可能であれば家庭での昼食、洗濯、育児を選び、それを担ったのは女性であった。

　工場での賃金労働と家庭での無償再生産労働の二重の負担を女性が抱えることは、特に既婚女性にとって時間的、精神的、体力的に大きな課題と認識されていたが、女性も男性も、家事、育児は女性の役割であると考えていた。女性の多くは時間をとられる共産党員活動などに参加できず、そのため出世の道も閉ざされていた。共産党、国家、国営企業の高位職メンバーであるノーメンクラトゥーラに含まれる女性はわずかであり、文化エリート、知識人の中の女性も限られていた。労働、消費の面での男女の平等にもかかわらず、家父長制的な社会構造は維持されていた。

　◆出産奨励政策　1960年代後半には、社会主義政権のジェンダー政策に大きな転換が見られた。そのきっかけとなったのは、東欧諸国における出生率の低下である。東欧諸国では、50年代にソ連の法制に倣い、中絶が合法化されていた。しかし、出生率が低下すると、軍事力、国際的影響力の低下や労働力不足への懸念から、政権は出産奨励政策に舵を切り、児童手当の拡充、有給の育児休暇の延長、子どものいない夫妻への課税などのほか、中絶を許可制にし、2人以上子供がいることを条件とするなど、女性の出産の自己決定権を制約した。特にチャウシェスク統治下のルーマニアでは1966年に中絶がほぼ禁止され、大きな傷跡を残した。

　70年代以降フェミニズムの第二の波と呼ばれる固定的な男女の役割分業への批判の潮流が西側世界に広まったが、社会主義諸国にはほとんど及ばなかった。労働の場における女性の進出が進んでいたこと、言論の自由が制限されていたことに加え、社会主義体制下においては、体制から自由な領域として家庭や家族の価値が高くなり、女性はそこで主要な役割を占めることに満足していたという点が指摘されている。（中田瑞穂）

▶参考文献

Shana Penn, and Jill Massino (eds.) (2009) *Gender Politics and Everyday Life in State Socialist Eastern and Central Europe.*
Jacqui True (2003) *Gender, Globalization, and Postsocialism: The Czech Republic after Communism.*

3）政治体制とジェンダー

④開発独裁とジェンダー

📖 Ⅱ－コラム④

◆**開発独裁**　開発独裁とは、経済成長のためには政治的安定が必要だとして、国家が国民の政治参加や人権を規制する政治体制をいう。代表的なケースとして、フィリピンのマルコス政権（任期1965-86年）、インドネシアのスハルト政権（任期1968-98年）、シンガポールのリー・クアンユー政権（任期1959-90年）、マレーシアのマハティール政権（任期1981-2003年）などが挙げられる。これらの国は、開発戦略として外資誘致による輸出指向型工業化を進め、その労働集約的工程の労働者として、大量の若年女性が動員された。

◆**新しい国際分業と女性労働**　1980年代以降の経済のグローバル化では、多国籍企業のグローバルな企業活動を中心とした、先進国と開発途上国の間の分業が特徴となっている。そうした多国籍企業の垂直分業では、経営と研究開発R&Dは先進国の本社を中心に行うが、労働集約的工程は開発途上国の輸出加工区の工場で行い、その労働者として若年女性が大量に雇用された。従来の伝統的な国際分業が、先進国の工業部門に対して開発途上国がその原材料を供給するという工業-農業の国際分業であったのに対して、こうした工業-工業での垂直分業は新しい国際分業（NIDL）と呼ばれた。多国籍企業のグローバルな企業活動は、運輸と情報のネットワークの発展、IT技術と金融のグローバル化を背景としており、先進国のグローバル資本が開発途上国の労働を組み込む構造となっている。そして開発途上国の工場で労働集約的工程の不熟練・半熟練労働として雇用されるのが、現地の若年女性である。

◆**国家による開発と女性の動員**　欧米などの先進諸国の産業革命の初期段階で（日本でも『女工哀史』を挙げるまでもなく）、紡績・繊維産業の賃金労働者として女性が多く雇用されている。現代の開発途上国の工業化でも、女性が賃金労働者として大量に動員されるが、それは国家の開発戦略によって誘致されたグローバル資本によって雇用、管理される。国家の開発政策のもとで、女性たちは開発の担い手として動員され、女性の労働市場への参加は積極的に奨励され、女性の社会進出の成果としてカウントされる。しかし、労働集約的工程の単純作業を担う不熟練・半熟練労働者といったケースでは、社内での技能形成や昇進も限られ、転職によるキャリ

アアップも難しく、使い捨ての労働ともなりかねない。また開発優先の国家の下では労働者の権利は制限され、労働運動は抑制される。賃上げや労働条件の改善を求めることができるとしても多国籍企業は賃金水準が低いほかの開発途上国へ工場を移転することも可能であり、女性労働者は期限付きの契約や派遣労働など、不安な雇用形態の下で雇用されることも多い。

◆**「器用な指先」**　女性は労働市場において相対的に賃金水準が低く、雇用調整もしやすい労働予備軍として位置付けられ、さらに開発途上国の女性は「従順」で「忍耐強く」、「器用」で、工場の長時間の単純作業に向くとされた。しかしながら、女性の「器用な指先」は、生物学的、遺伝学的なものというよりは、幼少期から家事などによって形成された熟練であり、その熟練は私的領域で形成されたために支払いの対象にはならない。そして「従順」、「忍耐強い」、「ていねい」といった性質も加わり、「女性の特質」とされる特徴は、資本にとっては管理しやすい生産性の高い労働ともなり、開発途上国の女性たちが先進国の資本のもとに、便利な安価な賃金労働者としてグローバル経済に組み込まれ、搾取される構造が形成されていった。

◆**マレーシアのブミプトラ政策とジェンダー**　1970年代以降、マレーシアは新経済政策の下で、工業化をテコに経済成長を進めるとともに、ブミプトラ（おもにマレー系）優先の方針をとり、従来は農村部の小農部門に集中していたマレー系住民は商工業の賃金労働へと移っていった。製造業では、マレー系の男性は鉄鋼・自動車・化学など、資本集約的産業で管理・専門職や熟練労働者として雇用された。他方で、マレー系女性は、繊維・衣服、電器・電子などの労働集約的工程の不熟練・半熟練労働者として大量に雇用された。開発優先の政策下では労働運動は規制され、1980/90年代のマレーシアでは、繊維・衣服産業での綿肺などの健康被害が指摘され、電子産業では労働組合も長年許可されず、女性の深夜シフト規制も除外されていた。このように、国家による開発政策による影響は、ジェンダーによって異なるものであった。さらには開発戦略の中心産業である場合は、国家による労働運動の規制が厳しく、開発優先の歪みを受けることも多い。（吉村真子）

▶参考文献

マリア・ミース（奥田暁子訳）（1997）『国際分業と女性——進行する主婦化』
吉村真子（2005）「東南アジアの開発とジェンダー」原伸子編『市場とジェンダー——理論・実証・文化』
吉村真子（2019）「アジアにおける開発と労働——グローバル市民社会の視点から」『大原社会問題研究所雑誌』第726巻

3) 政治体制とジェンダー

⑤福祉国家としてのノルウェー

◆**福祉国家レジーム**　福祉国家とは、社会保障制度を整備することにより国民生活の安定をはかる国家であり、代表的な例として北欧諸国があげられることが多い。しかし、北欧諸国も福祉国家の一角を占めるにすぎないのであり、福祉国家の累計は多様であると考えるのが今日的である。

　デンマーク出身の福祉国家研究の第一人者、イエスタ・エスピン-アンデルセンが、「福祉国家レジーム」（福祉が生産され、それが国家、市場、家族に分配されるあり方の違い）を3通りに分類したことはよく知られている。アメリカ、カナダ、オーストラリア等の「自由主義レジーム」、北欧諸国の「社会民主主義レジーム」、ドイツ、フランス等、ヨーロッパ諸国の「保守主義レジーム」である（ちなみに、日本はこの3通りの分類のいずれにもあてはめられておらず、ハイブリッドか独自なものとされる）。この分類は、比較福祉国家研究の分野において前提とされつつ、さまざまな批判も受けてきた。最も重要な批判は、ジェンダー視点の欠如である。彼の分析には女性の生活にとくに中心的な「家族」が抜け落ちており、男性の生活パターンに基づいて構成されているというのである。「家族」を考慮に入れるということは、「ケアの担い手」は誰であるかを判断することであり、このことは、まさに女性も含めた社会全体のありようを捉えていることになるからである。

◆**社会民主主義レジームとジェンダー**　福祉国家レジームが何タイプ存在するのか、それぞれの国が正確に分類されているのか等を議論することが、どのような意味をもつのかという点についてはおくとして、ケアが誰によって行われているかに注目することは、福祉国家のタイプを判断する重要な要素の一つとなる。主な提供者として、公的機関、労働市場、家族が想定されるが、北欧諸国のように社会民主主義レジームに分類される福祉国家では、相対的に国家の役割が大きく、労働市場や家族の果たす役割は小さい。しかし、公的機関がケアについての全てのニーズに応えることは不可能であるから、家族や親しい関係にある他人によって提供されるケアは、なくてはならない前提でもある。

　このように、福祉国家の形成過程において、家族が果たす役割を無視できないこ

とは明らかだが、これを可能な限り抑制する方法を選択したのが北欧諸国であるともいえる。いいかえれば、社会民主主義レジームでは、市場からの解放と伝統的家族からの解放を目指している。家族の介護能力が限界に達した時に介入するのではなく、あらかじめ家族が抱え込むコストを社会が負担するのである。根底には、家族への依存を最大化するのではなく、個人の自律を最大化するという考え方がある。その結果として、福祉は子どもたちを直接にその給付対象とし、子どもたちや高齢者、要介護の人々のケアに直接責任を負うことになる。

◆**子どものための施策**　例えば、子どもの養育にかかるコスト負担の施策として、ノルウェーの子ども手当（Barnetrygd）制度をみてみよう。18歳以下の子をもつ父親もしくは母親に受給権があり、ノルウェーに12カ月以上居住していれば、親の所得制限等はなく、外国籍の子どもであっても給付される。6歳未満で1676Nkr（ノルウェークローネ）、6歳以上18歳になるまで1054Nkrが毎月支給される（2022年時点）。日本円に換算すると、6歳までは22,000円、6歳から18歳までは14,000円程度が毎月政府から支払われるということである（https://www.nav.no/barnetrygd）。

また、ノルウェーにおいては、小中学校及び高等学校だけでなく、大学の学費についても無料である。こうした子どもに係る政策を総合的にみると、ノルウェーは高水準の福祉を提供しているといえる。高等教育に、留学生を含む全ての人がアクセスできることは、ノルウェーが目指す福祉国家としてのあり方でもある（"Study in Norway" https://www.studyinnorway.no/）❶。

親の経済力や国籍等に関係なく、子どもに対してこうしたサービスを提供することは、社会民主主義レジームに分類される福祉国家の最も顕著な特徴と言えよう。学ぶ権利の保障は働く権利の保障につながり、働く権利の実現は国民が自律的に所得を維持することを可能にする。多くの国民が働けるなら、公的な支援を必要とする人が減少し、こうした福祉の体制を維持するコストも抑制されることになるのである。（菅野淑子）

---

❶ 文中にあげたノルウェーのウェブサイトはいずれも政府の公式である。特に "Study in Norway" は、英語で書かれているので参考にされたい。

▶**参考文献**

G.エスピン-アンデルセン（岡沢憲芙・宮本太郎監訳）（2001）『福祉資本主義の三つの世界―比較福祉国家の理論と動態』
マジェラ―・キルキー（渡辺千壽子監訳）（2005）『雇用労働とケアのはざまで―20カ国母子ひとり親政策の国際比較』
グレゴリー・J・カザ（堀江孝司訳）（2014）『国際比較でみる日本の福祉国家』

3）政治体制とジェンダー

⑥ EUのジェンダー主流化

🔍【読】世14−7

◆**ジェンダー主流化以前のEC・EUのジェンダー政策**　1957年の EC（欧州共同体）の発足時に同一労働同一賃金の原則が打ち出されたが、基本理念として重視されずに形式的なものにとどまっていた（第一段階）。就業面で事実上の男女平等をめざす本格的な取り組みの開始は1970年代半ば以降の第二段階からで、国連の国際女性年の制定（1975年）の影響を受けた。75年から78年にかけて、男女同一賃金、職業教育・就業・昇進・労働条件・労災や失業保障での男女対等な扱い、という指令が発布された。指令は法的拘束力をもち、加盟各国の国単位で制定される国内法への転化が義務づけられた。この時期に法的また実際のジェンダー格差は縮小に向う。

1980年代には男女平等に熱心な女性議員の尽力で、ECの官僚機構のなかに機会均等や女性の権利に関して助言や協議を行う機関が設置され、各国の女性運動との連携のための「ECネットワーク」や女性利害代表のための圧力集団「EC女性ロビー」も作られ、制度的基盤が整えられていき、「行動計画」が策定された。これを受けて例えばドイツでは国家から自治体レベルまで数多くの男女平等課や担当係が設けられ、女性差別への厳しい監視、女性の登用や啓蒙活動が行われた。ただし、現場の運動との連携は弱く、ECの女性支援政策は上からの官僚的な性格をとどめていた。

EU（欧州連合）形成の1990年代前半に、ジェンダー政策は第三段階に入り、以前の就業分野だけではなく、政治・文化・家庭など、あらゆる生活領域に拡大された。「第三行動計画」（91−95年）では決定過程への女性の参加促進が明記され、女性に対する暴力や貧困、健康、男女の家庭責任も取りあげられた。

◆**ジェンダー主流化**　「北京国連世界女性会議」（1995年）で採択されたジェンダー主流化は1990年代後半以降のEUの平等政策の基盤になった。アムステルダム条約（1999年発効）では基本的価値と捉える男女平等以外にも人種・宗教・障害・性的志向などの差別との戦いやクォータ制の採用にも言及された。実現に向けた取り組みでは男女間の賃金格差を現状より50％削減、保育所の拡充など数値目標が具体的に示され、北欧諸国のEU加盟によって労働市場内外でのジェンダー政策と男女平等の決定的な前進につながった。80年代にイギリスの拒否権発動によって見送られた

両親育児休暇やパート差別の禁止も、96・97年に指令として発布された。

◆**ネオリベラルな観点の台頭**　ダイバーシティ戦略を重視し、就業形態の違いが成長のための積極チャンスと捉えられるようになった2000年代半ばになると、従来のジェンダー政策を牽引してきたソーシャルな観点は後景に退き、ネオリベラルな観点からの男女平等政策が前面に出て、ジェンダー政策は第四段階を迎える。女性も男性同様に基幹労働力とされ、ジェンダー関係の非対称性は人間資本の無駄使いで、ヨーロッパの政治的・経済的立場を弱体化させるという。

2010年に採択された「女性憲章」は、この男女平等なくして成長なし、という精神に基づいている。男女平等を優先推進する分野は1）雇用機会の均等、2）同一労働同一賃金、3）意思決定での男女の対等な力関係、4）女性に対する暴力の排除、5）対外関係や国際機関を通じた男女平等の推進である。少子化を深刻な社会問題と認識し、持続的な経済成長の維持と女性活用のためにワークライフバランスが奨励され、男性の育児休暇取得やパート就業、柔軟な勤務体制の整備に力点が置かれた。

数値目標も示され、11年に62％の女性就業率を20年に男性並みの75％に引き上げ、13.7％の女性役員比率を15年までに30％、20年には40％に高める提案も行われた。そのためのクォータ制の導入も視野に入れている。16年からは、経済危機、IT技術の発展、移民の増加など、男女平等に影響を与える社会・経済的変化を考慮し、ひとり親ならびに、移民・ロマ人・障害者の女性への配慮がなされている。目標実現のために行動計画が策定されているが、加盟各国の社会・経済・文化的背景に応じて、各国がEUの戦略にそった独自の行動計画を定めている。

◆**EUのジェンダー政策の成果**　EUは今なお完全な男女平等にはほど遠いことを確認しているが、日本が120位と低いジェンダーギャップ指数の世界上位20位までの半数以上をEU加盟国が占め、EU独自のジェンダー平等指数は年々向上している❶。ちなみに21年度の最高はスウェーデンの83.8、最低はギリシャの52.2だった。ヨーロッパ議会の女性議員比率も、1979年の15.2％から2019年の40.4％へと着実に増加している。50年におよぶジェンダー政策は、思い切った政策、具体的な目標設定とインセンティブの導入、厳しい監視によって一定の成果を達成した。（姫岡とし子）

❶ EUジェンダー平等指数

	全体	労働	資産	情報	時間	権力	健康
2010	54.0	69.0	68.9	48.9	38.8	38.0	90.1
2021	68	71.6	82.4	62.7	64.9	55	87.8

出典　https://eige.europa.eu/gender-equality-index/2010/2015/2021

▶**参考文献**

姫岡とし子（2013）「EUのジェンダー政策」、羽場久美子編『EU（欧州連合）を知るための63章』

南アジアの女性首相たち

◆**女性首相を輩出してきた南アジア**　1960年、スリランカのシュリマヴォ・バンダーラナーヤカは、世界で最初の女性首相となった。2番目の女性首相は、1966年にインド首相となったインディラー・ガーンディーである。さらに、1988年、パキスタンはイスラーム圏では初の女性首相ベーナズィール・ブットを出した。バングラデシュでは、1990年代以降、二大政党の党首がいずれも女性（バングラデシュ民族主義党のカレダ・ジア：アワミ連盟のシェイク・ハシナ）であり、政権を交互に担ってきている。スリランカでは、シュリマヴォの娘であるチャンドリカ・バンダーラナーヤカ・クマーラトゥンガ（1945年生まれ）が、1994年にまず首相となったのち大統領に選出されると、シュリマヴォが首相の座につき、一時、大統領と首相がともに女性であるという状況が生まれた。

◆**女性首相の登場はいかに可能になったか？**
南アジアで女性首相が早くから登場したという事実は、驚きをもって受け止められた。なぜなら、南アジアに関して今でも一般的なイメージは、女性が抑圧されている社会というものであるからである。前述の女性たちはいずれも、当該社会のエリート層出身であり、夫もしくは父親が元首であったという共通性をもつ。このことから、しばしば、西洋型の制度的な民主主義が「未成熟」で、親族ネットワークが重視される「身分社会」ならではの現象であるという説明が加えられてきた。たしかに、彼女たちを多くの「男性」政治家の上に立たせることを可能にした背景に、ジェンダーよりも家族・親族の階級的なステイタスが、権威の源泉として優先される社会の存在がうかがえる。しかし、こうした理解は、植民地支配を経験し、その後、新生の国民国家の建設に必死に努めてきた社会の歴史への理解を欠く傾向がある。インディラー・ガーンディーは言うまでもなく、独立インドの初代首相ジャワーハルラール・ネルーの一人娘であり、幼いころから民族運動の洗礼を受けて育ち、政治の機微を知り尽くしていた。また、狭い意味での政治に参与する以前から、シュリマヴォは、社会活動に従事して、いわゆる「公的」な領域での活動が常態であった。また、彼女たちを評価するにあたって、女性であるということで、そのイデオロギーや政策を考察するよりも、個人の「女性的な」資質や、夫や父親の「七光り」を重視する偏向にも自覚的であるべきであろう。

◆**暴力的な政治状況とグローバルな地政学**　インディラー・ガーンディーを例外として、上に挙げた女性たちは、父親もしくは夫が軍事クーデターや政治的暗殺によって命を失っている。インディラー・ガーンディー自身は、1984年に殺害され、ベーナズィール・ブットも2007年、暗殺によって命を落とした。こうした事実が示唆するのは、南アジアにおける政治状況がいかに暴力と隣り合わせであった（である）かであろう。たとえ、彼女たちが権力の座につくにあたって周りの男性政治家たちの思惑が働いたとしても、彼女たち自身の決断と勇気が過小評価されてはならないであろう。また、そうした暴力的な政治状況を生み出すのは、たんに当該地域における社会の特性によるものとはいえない。南アジアは、第二次世界大戦後の冷戦体制と対峙したのち、ソ連のアフガン侵攻、アメリカのアフガニスタン介入などによって、国際的な、いわゆる「イスラーム原理主義」の動きと、それに対応する反テロ政策が交差する最前線の一つとなった。それに伴い、自動小銃などが出回り、政治の暴力化が加速化したという点も看過できないのである。

◆**エリート女性政治家の存在と社会変容**　女性が目立った政治的な地位を占めてきたという事実と、南アジアにおけるジェンダー問題がそれによって改善されてきたかは問題が別である。議会での女性議員の比率などはいずれの国も決して高くはない。それでも、世界経済フォーラムによる2022年のグローバル・ジェンダー・ギャップの政治参加の分野では、日本は南アジア諸国よりも下位、もしくは、たいして変わらないという現実から目を背けることはできない。（粟屋利江）

▶**参考文献**
インディラ・ガンディー、エマニュエル・プーシュパダス編（佐藤房吉訳）（1981）『私の真実─自伝的回想』
ベナジル・ブット（1990）『運命の娘ベナジル・ブット自伝─民主化への挑戦』

第 4 章

労 働 ・ 教 育 ・ 文 化

> ### 1）概論
> # 労働・教育・文化

　◆前近代の労働と性別分業　近代以前には、家＝家族は生産の拠点であると同時に消費の場であり、そのために必要な労働が家族を単位として行われていた。男性も女性も労働に従事しており、農作物の収穫など、男女が同じ労働に従事することもあったが、男性が主に行う労働と女性が主に行う労働という緩やかな性別分業は存在した。女性は調理や掃除などの労働を担っていたが、商品市場が未発達の時代の調理には、バターやソーセージ作り、より古い時代には粉ひきまで含まれており、現在の家事労働と違って生産的側面を持っていた。

　中国には「男耕女織」という性別分業理念が存在した（実際には女性も農業労働に参加していた）ように、地域を超えた典型的な女性の労働は糸紡ぎや織物など繊維に関わるもので、自家用の衣服は女性が作っていた。商品生産に関しては、女性中心から男性中心へと移行したヨーロッパ、販売は主に男性が担当するが、製作は女性が家内労働で行うイスラーム圏や日本など、地域によって異なっていた。

　◆近代化による労働の変化と継続　近代の黎明期から、以前にはなかった医者、弁護士などのあらたな専門職が誕生し、教育を受けた男性によって独占された。職場と家庭との分離が進んで、「男性は仕事、女性は家庭」というあらたなジェンダー規範が誕生し、家事労働はもっぱら消費のための労働となり、無償の「愛の労働」となった。下層の女性は資本制の発達によって出現した工場労働に従事したが、女性は家庭というジェンダー規範ゆえに補助労働が中心で、労働者としては二流の存在となった。女性、とりわけ既婚女性は主に家内で生産労働を行うという伝統は、織物業を中心に近代以降も日本をはじめ多くの地域で継続した。（姫岡とし子）

　◆近代教育の普及と職業のジェンダー化　労働のジェンダー化は、教育の制度化と拡大とも大きく関係している。次世代の人材の育成を担う教育において、男女それぞれのあるべき姿は、教育の理念として明確にされ社会に浸透していった。それを可能にしたのは、「国民」を育てるための学校教育制度の整備であった。男子は公的な場所で活躍し、兵士として国を守ることが期待され、女子は国家の基礎としての家族を守り、優秀な「国民」産み育てることが期待された。学校教育においても、そうし

た性別役割が意識され、初等教育を終えると男女別学となる国／地域も多かった。日本では、19世紀末以降、良妻賢母の理念のもと、次世代の優れた「国民」を育てる女性を教育する高等女学校の設立が増加した。戦後の教育制度改革により、男女共学や教育における男女平等が目指され、女子学生の割合は飛躍的に伸びていったが、しばらくは家政系の学科を中心とする短期大学への進学者が多く、四年制大学に進学する女子の数が短大進学者数を上回ったのは20世紀も終わりの頃であった。その後も理工系や医学系の大学に進学する数は限られていたし、2018年に、複数大学の医学部入試において、女子差別が行われていた事実が発覚し訴訟となったことは記憶に新しい。

　近代以降、世界の多くの地域で公教育が普及し、女子の高等教育も拡大した。それに伴い、教育の近代化と密接に結びつく職業のジェンダー化が進んだ。

　◆**職業教育の制度化と階層化**　筆者が専門とする中東・イスラーム圏では、19世紀以降、医療の近代化と医療従事者教育の制度化が進んだ。かつてイスラーム教徒の子どもたちは、性別を問わず、読み書きを教えるクッターブ（あるいはマクタブ）と呼ばれる場所で学んだ。そのうちの一部の男子は、14、5歳ぐらいになると、より専門的な学問を伝授する高等教育機関（マドラサ）へ進んだ。ただし、そこに統一されたカリキュラムはなく、それぞれの師より修了免状をもらった。女子が学問を続けることは稀であり、ほとんどは嫁入りするのが普通だった。女子が医療を学問として学ぶ機会はなかった。

　1830年代初頭、オスマン帝国の属州であったエジプトの総督ムハンマド・アリー（1769-1849年、在位1805-1848年）は、ハキーマ（女性助産医）を養成するための公立助産師学校を設立した。そこでは、それまでの伝統的なダーヤ（産婆）に代わる専門職としての助産医の養成が目指され、助産の技術だけでなく、近代的な医学が教えられた。男性の学生のみを対象としたカスル・アルアイニー医学校と同じフランス式のカリキュラムで、産科や小児科の科目が教育された。しかし、助産に携わる女性の地位がまだ低かったことや識字率の低さなどの理由から、入学希望者が少なかったため、政府は奴隷や孤児の女性たちも入学させた。女子学生たちは卒業すると、ハキーマの資格を取得でき、助産、ワクチン接種などが可能になり、男性軍医と同等の階級が得られることもあった。伝統的な床屋兼外科医や産婆はまだ健在であったが、近代的医療が次第に確立していき、女性の社会進出が進むとともに、医療従事者の階層化が始まった時代であった。

　◆**植民地支配と医療従事者のジェンダー化**　エジプトの医療従事者の近代化は、やがてイギリスの支配下でヴィクトリア朝的な性別役割分業の規範の影響のもと、

男性医師に従属する女性看護師という医療従事者のジェンダー化を促すこととなった。19世紀末より、医学教育はイギリス人医師のもとで大きな改革が施された。カスル・アルアイニー医学校と助産師学校のカリキュラムは完全に分化し、ハキーマではなく、助産／看護師のための教育が開始した。男性医師の補助者として働く女性助産／看護師の養成が目指されるようになったのである。このことは、これまで女性であるハキーマによって行われていた女性患者への医療が、男性によって独占されることも意味した。1952年のエジプト革命後、女性にも医師となる門戸が開かれたが、男性医師の割合は依然として多い。

　中東の他の国々やアジアにおいても、植民地支配の過程において同様の教育改革と職業のジェンダー化が起こった。ただし、それらは必ずしも植民地政府の強制的な改革の結果ではなく、現地のエリート層や文化人らによる西洋文化の受容や、女性を国家の一員として位置づけるための戦略という側面もあった。

　◆女性職の誕生と職業のジェンダー化　「クリミアの天使」と呼ばれ、看護と健康にかんする膨大な数の書物を世に問うたイギリスのフローレンス・ナイチンゲール（1820-1910年）は、女性の職業としての「看護婦」の仕事を確立させたことで有名である。それまでは、男性あるいは身分の低い女性の行うものであった看護の仕事に、科学的知識を取り入れて専門職として高めただけでなく、女性に相応しい職業であることを強調し、女性の社会的役割とその意義を主張したとされる。ナイチンゲールの影響は広く世界へと拡がり、看護は近代的な女性職として定着していった。

　19世紀末頃の日本では、男女別の異なる看護職があったが、その後「男性医師」と「女性看護婦」という診療体制が定着していき、看護は女性の担う職業とされるようになった。それは、「男性は仕事、女性は家事育児」という性別役割意識と無関係ではない。女性は家庭内で家族の健康管理を担うものとする価値観が、その延長線上にある看護職を「女性に相応しい」職業として認識させるようになったのである。そして、「看護婦」のような特定の職業が女性職として確立したことは、女性の活動範囲を拡大したが、一方で女性の職場を限定することにもつながった。

　◆多様化するメディアとジェンダー・イメージの固定化　日本では明治時代より、ナース服に身を包み、かいがいしく看病をする「看護婦」の姿が、小説、絵画、映画、テレビドラマ、漫画などで繰り返し描かれ、少女たちの憧れの職業ともなってきた。しかしそれは、家事と育児を手際よくこなす「家庭の天使」たる主婦のイメージとともに、「ケアは女性の仕事である」とする性別役割分業を促すことにもなった。戦時下においては、従軍看護婦として女性を取り込むためのプロパガンダとし

ても用いられた。多様なメディアにおける女性職の表象は、女性の社会進出を後押しする効果もたしかにあったが、「看護婦」のほか、「保母」、スチュワーデスなどの職業が、「女性の」職業であるというイメージを社会に浸透させる役割も担ったのである。1985年に女性差別撤廃条約を批准し、1986年に男女雇用機会均等法を施行すると、雇用の分野における機会や待遇の平等が法制化された。その後、「看護婦」は「看護師」、「保健婦」は「保健師」、「保母」は「保育士」といったように、その名称はジェンダーレスなものへと変更されたが、それらの職業においては、いまだに女性比率が圧

武内桂舟「看護婦」『文芸倶楽部』（1904）

倒的に高い。2020年以降の新型コロナウイルス・パンデミックによって、そうしたエッセンシャルワーカーの職場環境や待遇の悪さが浮き彫りになり、ようやく改善の必要性が論じられるようになったという状況である。

　◆ジェンダー化された表象と文化活動の担い手　本章の各項では、さまざまなメディア——雑誌、ポスター、絵画、映画、テレビ、インターネットなど——あるいは服飾品などに見られるジェンダー化された表象について検討を行う。私たちの身近にある芸術品や文学作品あるいは娯楽や日用品に至るまで、それらは決してジェンダー中立的ではなかった。作り手あるいは発信者は圧倒的に男性であることが多く、そこには男性優位の価値観や、「あるべき男性、あるべき女性」の姿が埋め込まれている。しかし、そのやり方は地域によって異なり、時代によっても一様ではない。

　近年は、文化活動の担い手も多様化しつつある。かつては「女流作家」や「女流画家」など、作り手が女性であることを特別視する呼称が一般的であったが、いずれの分野においても女性の参入は次第に増加している。大衆向け小説や映画、漫画、インターネット、ゲームなどのポップカルチャーにおいても、その担い手とそれを受け取る人々のジェンダーのあり方は多様であり変容している。（小野仁美）

▶参考文献

姫岡とし子（2004）『ジェンダー化する社会—労働とアイデンティティ日独比較史』
服部美奈・小林寧子編（2020）『教育とエンパワーメント　イスラーム・ジェンダー・スタディーズ3』
Hibba Abugideiri (2010) *Gender and the Making of Modern Medicine in Colonial Egypt*
平川景子（2021）「看護師と助産師のジェンダー再編—戦前と戦後の専門職の形成過程」『明治大学社会教育主事課程年報』30

2) 労働

①【比較】伝統社会の労働
（ヨーロッパ・日本・西アジア）

📖 Ⅱ-2-2-②　🔍【読】世5-4, 世6-6

ヨーロッパ

◆**中世封建社会の農村での女性労働**　中世の初期には都市は未発達で、住民の大部分が領主支配下の荘園農村で不自由民として暮らし、手工業も農村で行われていた。彼らは領主直営地での賦役労働と農民保有地での自家消費・貢納のための労働に従事していた。労働には性別分業があった。女性の労働は、掃除・洗濯、寝具や暖炉の準備、調理などの家の中での仕事、水くみ、粉ひき、パン焼き、ビール醸造、牛飼い、乳搾り、バター・チーズ作り、畑仕事、穀物の収穫、森での果実摘み、領主のぶどう園での仕事、繊維植物の刈入れや羊毛刈りから衣類の仕上げまでを含む機織仕事に従事していた。

　領主の直営地や舘では同様の労働が、大抵は独身の下女によって専業化された形で行われていた。男性労働であった犂（すき）を使用した農耕にも女性の姿が見られ、根菜掘りにも従事していた。直営地で作られた植物繊維や動物繊維（亜麻、麻、羊毛）の再加工は、女性の仕事だった。直営地でもっとも貴重な労働は、精巧な織物や衣服作りで、舘の近くに女部屋が設けられ、ここに住んでもっとも地位の高い女性の監督の下に、領主が用意した材料や作業道具を使って労働した。家内工業と工場の中間のような作業場で、羊毛梳き、糸紡ぎ、染色、織物、縫製だった。女部屋は都市手工業の発展によって12世紀末に解体した。彼女たちは当初、宿舎の他に食事や衣服の供給を受けるだけだったが、次第に穀物や豆の現物供与も受け、都市の発達後は金銭供与に変化した。下女の賃金は、下男の約3分の1と低かった。

◆**中世都市での活発な女性の経済活動**　11世紀から12世紀に発展した都市、とくに自治都市では女性就業に好意的な状況が作られた。職人、洗濯女、露天商、小売り、下女などとして生存のために就労した下層や中流下層だけではなく、中流以上、上層の女性まで働いた。13世紀初頭から15世紀末まで、ほとんどの手工業が女性を受け入れ、女性の多い繊維関係では、経営者としての自立はもとより、女性だけのツンフト（ギルド）もあった（Ⅱ-4-2-⑤）。大きな経営では、商人の夫と相互に補完しながら、完成した繊維製品を遠隔地に輸出していた。夫が鍛冶などの手工業を営む場合は、女性が商

業を担当した。

　有力な女商人は大半が既婚者で、自立していた。彼女たちは繊維製品以外に香辛料、ワイン、金属・金属製品などを扱い、真鍮輸入では最大30％のシェアを占め、鉄鋼では最大の男性業者と肩を並べるほどのシェア20％弱の輸入をしていた女性商人もいた。女性は商用旅行にも出かけていた。

　こうした成果を上げるには、女性の法的権利の保障が必要である。自治権を与えられていた都市の法的権利は個々の都市によって異なり、商業都市の方が城塞都市より高かった。非就業の女性と就業女性で後見制度などの法律が異なる都市もあった。女性の法的地位がとくに高かったのはケルンで、女性は人格的自由権をもち、独立した営業のために必要な市民権も得ることができた。

　女性就業が広範囲に及んだのは、就業機会が多く、都市が提供する魅力的な商品を入手する贅沢な消費生活を可能にするためだった。女性には政治的権利はなかったため、妻の就業によって夫は名誉職である市の参事会員に就任できた。夫のキャリアを妻が支えたのである。婚姻関係では男性優位が貫徹しており、女性の高い法的地位は、もっぱら営業のためであった。

　同業組合関連以外の仕事では、男子に較べて数は少ないが、都市の公務にも女性が就業していた。門番、塔守、収税人、家畜番、両替商、財務や裁判関連の官吏、女子教育担当者である。産婆や女医は市の公務で、売春宿の女経営者も半ば公務だった。14、15世紀の納税者の女性の比率は15〜38％と想定され、男性と大差ない規模の女性が就業し、200もの女性の職業があったと言われる。女性たちは、「自由な都市」で実に活発に経済活動を展開していた。

　◆中世末期から近世初期の職業活動からの女性の排除　15世紀末の経済危機以降、手工業をめぐる状況は悪化した。市場開拓の手詰まり、農村での問屋制の拡大による競争の激化によって都市手工業は停滞した。ツンフトは親方の年齢引き上げや受け入れ制限をせまられ、女性が競争回避のターゲットになった。この時期に、唯一の自然な生活形態として結婚を称揚するルターの新教が広まり、就業女性の評価が変化する。ベギン会修道女の経済活動は困難になり、独身女性の共同生活そのものが非難された。女性の法的立場も悪化した。手工業では、17世紀までに女性親方や職人が制限・禁止され、賃労働者、補助労働者、日雇いとして労働した。17世紀末には、女性の手工業からの排除が完了した。(姫岡とし子)

日本

◆**中国の「男耕女織」理念と日本**　中国では古くから農耕は男性労働、養蚕は女性労働という「男耕女織（夫耕婦績）」の性別分業理念があり、漢代には皇帝が「藉田」、皇后が「親桑」という、この理念に基づく勧農儀礼を行った。また宋代以降「男耕女織」の様子が『耕織図』として多数の絵画に描かれた。しかし日本ではこうした性別分業観は受け入れられず、それに基づく儀礼も定着しなかった。因みに現在の天皇が田植えを、皇后が養蚕を行う宮中行事は近現代から始まったものである。なお近世日本では「耕織図」ではなく「農耕図」が数多く制作され、そこには農業労働に携わる多数の女性が描かれている。

◆**田植えとジェンダーイメージ**　日本では、農業労働のなかで特に田植えが女性労働とされた。「早乙女」「植女」と呼ばれた女性たちは、「大山寺縁起絵巻」（14世紀末）・「月次風俗図屏風」（16世紀末）❶などに描かれているが、男たちによって笛や太鼓・鼓で田楽が奏されるなか、菅笠の女性たちが一斉に田植えを行い、周囲には代掻きの男たちもいる光景である。現在も鳥取・広島県などに「花田植え」という類似の民俗行事も残されている。そして11世紀成立の「栄花物語」には、藤原道長が1021年に催した田植え田楽の様子が詳細に描かれており❷、その描写は絵巻の画像とも重なる。

◆**田植えは古代から女性労働か**　福島県出土の9世紀半ばの木簡には、郡司が豪族層女性（里刀自）を筆頭とする男女に田植えのため雇用を命じた記載があり、農業経営への女性の関与が確認できると言う。またこの木簡を含む複数の木簡から、9世紀の後半以降、田植え労働での女性割合が増えてくるという指摘がある❸。その理由はまだ不明だが、田植えといえば早乙女というイメージは、歴史的に次第に形成されたのである。特に日常労働とは異なる祭礼としての田植え行事が繰り返し描かれ、「田の神」に奉仕する「聖なる乙女」といった言説が生まれるなかで、田植え＝早乙女のイメージは増幅されていったと言えよう。近世では、田植えの労賃は女性にとって割が良く、集団的な田植え女の出稼ぎが各地でみられ、女性労働がさらに実態化していった。

◆**衣料生産とジェンダー**　糸を紡ぎ布を織る衣料生産は、日本でも中国同様古くから女性が担い手の中心であった。6世紀後半の栃木県下野市甲塚古墳からは、弥生時代以来の原始機と、6世紀前半頃新導入の地機という二種の腰機を表す埴輪が出土し、織手は衣服からともに女性とされる。律令時代になると、地方役所主導の

地機による調絹絁布生産の一方、原始機による庸布などは集落で女性を中心に生産され、ともに男性名で貢納された。中世の絵巻物でも女性が糸紡ぎをする画像は、日常的な光景として描かれており、「職人歌合」で女性が描かれた職種には衣料生産関係が多い。近世では自家用衣料生産には妻や娘などだけでなく、女性奉公人もかなりの時間を費やしていた。また近世後期から近代にかけて、「賃機（賃織）」と言われる問屋制家内工業的な織物生産が盛んとなったが、その主体も在宅の農村女性たちであった。

◆**歴史的に形成される労働とジェンダーの関係**　古代、国の役所の工房には高級絹織物用の高機が設置され、織手は男性で専門技能者として分業が進んでいたとされる。室町時代に京都で綾織物生産の独占権を持った大舎人座は男性からなり、その系譜を引く近世西陣機業でも機屋の経営者はもちろん、織手も男性が中心であった。しかし同じ商品生産でも、近代初期各地にできた農村機屋の労働力は女性が中心で、「賃機」との競合などから、低賃金・長時間労働の劣悪な条件下にあった。ここからは衣料生産の階層性とジェンダーとの関係が歴史的に確認できる。一方近代の製糸工場で特に若年女性（工女）が好んで雇用されたのは、経済合理性だけでは説明できず、日本的特徴とも指摘される。衣料生産ばかりでなく洗濯なども含めた労働の性別分業的な状態は、経済性や労働適性などで説明されがちだが、田植えと早乙女、製糸と工女を結び付けたのと同様な、歴史的に形成された一種の観念・ジェンダーイメージが深く介在していると言えよう。（久留島典子）

---

❶ 「月次風俗図屛風」、e 国宝　https://emuseum.nich.go.jp/

❷ 田植え田楽の様子『栄花物語』巻19「御裳着」現代語訳
　「若々しい容姿のこぎれいな女たち五六十人ばかりに、裳袴という真っ白な衣服を着せて、白い笠もかぶらせ、お歯黒は黒々と、赤く化粧をさせて」

❸ 田植えに関する木簡史料（【参考文献】国立歴史民俗博物館（2020）、61頁、三上喜孝執筆）
　(1)平城京出土木簡（8世紀初頭）近江蒲生郡阿伎里の「田作人」男女1名づつ、(2)福島県いわき市荒田目条里遺跡出土木簡（9世紀半ば）「田人」36人中女性名3人、(3)山形県米沢市古志田東遺跡出土木簡（9世紀末〜10世紀初）「田人」39人中女性31人、(4)鳥取県青谷横木遺跡出土木簡（10世紀）「殖」女性8人・男性3人

西アジア

◆**イスラーム法と労働のジェンダー**　イスラームの行為規範を示したイスラーム法において、夫には妻に対する婚資の支払いと、妻子の扶養と住居を確保する義務が定められている。一方で、女性には財産保有と処分の権利があり、相続においては同じ親等であれば男性の2分の1の取り分がある。女性が収入を得ることを禁じられることはないが、自らの稼ぎで生計を立てることは想定されていなかった。

　イスラーム法学書では、労働に関わるものとして、雇用契約（目的物を労務 ‘amal とする契約）や労務契約の詳細が論じられた。例示される職業は、革なめし、染色、水夫、建築、井戸掘り、耕作、潅水、作物の収穫、家畜の監督、運搬、糸紡ぎ、機織り、縫製、縮絨、小麦の製粉、果汁絞り、クルアーン教師、家事、乳母、身の回りの世話（子ども、大人）などがある。ただし、法学書の記述の多さが必ずしも実態を詳しく反映しているとは限らず、例えば、乳母の雇用契約についての記述は詳細であるが、おそらく奴隷や親族などが無償で行うことが多かったためか、裁判を記録した文書などはあまり残っていない。

　法学書で言及される職業において、性別に基づく差異が設けられることはほとんどない。例外的に、月経中の女性をモスクの清掃のために雇用することは無効であるとする規定等があるが、月経に限らず、出産後の女性、射精後の男性、性交後の男女などは沐浴をしなければモスクに入ることができないとする規定が前提となっている。家事を妻の仕事とみなすか否かについては、学者たちの間で議論があった。妻の義務であるとする学説がみられる一方で、必ずしも義務ではなく、夫が裕福であれば、奴隷を購入したり家政婦を雇ったりすべきとする学説もある。しかしいずれにせよ、家事が女性の仕事であるとの慣習はあったようである。

◆**中世ムスリム社会の女性と労働**　マムルーク朝期のカイロ、ダマスクス、エルサレムについて研究において、ラポポートは、階層や既婚か否かを問わず、女性たちが収入を得るための労働に従事していたことを明らかにしている。この時期の離婚率の高さや、再婚せずに独身のままでいる女性の多さは、女性たちが自身で稼ぎを得ることができたことを示しているという。なかでも多くの女性が従事したのは、繊維関連の仕事である。自宅で糸紡ぎや刺繍、裁縫などをし、仲介人と値段の交渉も行った。女性が自ら店舗を構えることはなかったが、行商として邸宅内の女性用のスペースに商品を持ちこむことはあったようだ。女性を対象とするサービス業には、もっぱら女性が従事した。助産師、美容師、結婚仲介人、死体洗い、公衆浴場

や病院での介助人などがあげられる。助産師と美容師は、稼ぎのよい職業とされ、とくに結婚式の支度をする美容師は高額の報酬を得たという。

◆オスマン帝国のハレムと奴隷たち　小笠原の研究によれば、君主や名士が構えるハレム（後宮）において働いていた数多くの女官や宦官は、帝国の領域外から連れてこられた奴隷身分の者たちであったという。新入りの女官は、イスラーム教徒としてのふるまいや、読み書き、刺繍や手芸、音楽や舞踊を学んだ後、君主らのために食事の配膳をする毒見役、衣服の洗濯やアイロンがけをする洗濯役、浴室の管理をする風呂釜役、石鹸やタオルを準備する水差役、散髪をする散発役、珈琲を供する珈琲役などのそれぞれの部署に配属された。経験を積んだ女官は女官頭となり、君主や王族に直接関わることができるようになる。とくに君主に気に入られれば、愛妾や夫人にまで上りつめることもあった。女官たちの統轄役として、さらには母后の右腕として、大きな役割を担ったのが宦官たちである。宦官は、イスラーム初期のウマイヤ朝期からその利用についての記録があると言い、やはり帝国外で施術された奴隷身分の者たちであった。内廷において未成年の少姓たちを監督する役目を担った白人宦官と、ハレムにおいてスルタンやその家族たちに仕えた黒人宦官とが明確に区別されていた。19世紀に入ると、奴隷制度は廃止され、ハレムもその役目を終えることとなった。

◆19世紀以降の近代化とケア労働　イスラーム圏の各地では、西洋から流入した女性解放論や政治経済状況の大きな変化を受けて、夫婦とその子どもを基本とする近代的な家族観が浸透した。家事・育児などのケア労働を妻の役割とする価値観については、クルアーン４章34節❶の解釈をその根拠とする立場と、これに反論し再解釈を試みる立場との間での議論がある。近年は、家庭外で賃金労働に従事する女性たちも少なくないが、女中などを雇う財力のある場合を除いては、家事・育児は依然として妻の役割となっているようである。（小野仁美）

---

❶「男は女の擁護者（家長）である。それはアッラーが、一方を他よりも強くなされ、かれらが自分の財産から、経費を出すためである。それで貞節な女は従順に、アッラーの守護の下に（夫の）不在中を守る。」（日本ムスリム協会訳参照）

▶参考文献
エディート・エンネン（阿部謹也・泉真樹子訳）（1992）『西洋中世の女たち』
総合女性史学会 辻浩和ほか編（2019）『女性労働の日本史―古代から現代まで』
国立歴史民俗博物館編（2020）『企画展示　性差の日本史』
Maya Shatzmiller（1994）*Labour in the Medieval Islamic World.*
Youssef Rapoport（2005）*Marriage, Money and Divorce in Medieval Islamic Society.*
小笠原弘幸（2022）『ハレム―女官と宦官たちの世界』
柳橋博之（2012）『イスラーム財産法』

2）労働

②工業化とジェンダー

Q【読】世10-7

◆**工業化以前の女性労働**　「安価な女性労働が男性労働を駆逐する」というエンゲルスの記述に見られるように、マルクス主義や近代化論は工業化による女性労働の増加を唱えていたが、こうした見解は1970年代以降の女性労働に関する実証研究によって否定された。女性は工業化以前から生産労働に従事していた。家＝家族経済が中心だった工業化以前の時期、既婚女性は生産活動と家事や子育てを結合しながら農業や手工業で夫や子どもたちとともに一家総出で働き、未婚女性は家族に扶養能力がない場合、家を出て裕福な家や手工業で奉公人として働いていた。

　農村家内工業として織物業が営まれたプロト工業化❶の時期には、女性は不可欠の労働力だった。女性は主に糸紡ぎ、縦糸の整形、管巻などの補助労働に従事したが、製織に従事することも多かった。農村部の家内工業ではジェンダーによる労働分担は厳密ではなく、家族が製織、補助労働、農業労働、家事労働に必要に応じて柔軟に対応していた。

◆**工業化は女性労働の分水嶺か？**　工業化によって女性の家庭外労働や工場労働は増加したが、それは家庭にいた女性があらたに就業したのではなく、家族内で生産労働に従事していた女性が家外での労働に参入したためである。ドイツの産業革命は1840年代だが、統計ではこの時期の女性労働の目立った伸びは見られず、むしろ工業化以前の方が高い数字が記録されている❷。世帯単位で製織の出来高に応じて賃金が支払われた家内織物工業では、補助労働に従事していた妻は就業者としてカウントされず、統計には表れにくいので、実際の就業率はもっと高かった可能性がある。

　工業化による女性就業は女性の自立や個人としての行動可能性の拡大につながった、という説も、否定された。息子の家族外での就業は自立のためのものと想定されたのに対して、娘の方は家族外で就業しても生家と結びつき、その生計を補助するために労働した。個人のための労働ではなく、家族のための労働という点で、以前との連続性があった。また彼女たちは、自立した個人として行動するというより、以前の共同体に属していた時の心性を持ち続けて家外で労働した。従来なら性行為

を行った男性が彼女との生活を望まない場合、共同体の圧力で結婚できたけれども、その縛りがなくなった状況では、妊娠した女性を置き去りにする男性も多く、工業化の初期には非嫡出子が増加した。そうした女性の多くが靴下・レース編みやマッチ箱作りの内職に活路を見出し、生存ラインぎりぎりの生活を強いられた。

　◆**女性労働と家族とのかかわり**　男性に照準を合わせたかつての工業化期の労働研究では、家庭外で働くフルタイムの就業労働者を基準としていた。しかし、女性史研究は、この基準では女性労働の全貌を把握できないとして、女性と家族の関係に注目し、従来は不可視となっていた多くの就業をあらたに可視化した。ドイツでは高度工業化期の20世紀初頭になっても、女性労働がもっとも多かったのは農林・水産業分野で、女性就業者全体の約半数を占めた。続いて、近代家族の進展とともに誕生した家事使用人（女中）部門で、就業女性の4分の1あまりに達した。鉱工業部門の女性就業者数が家事使用人を上回るのは、20世紀になってからだった。農業部門では、家族従業員として働いている妻が不完全な形でしか就業統計に把握されていないので、女性就業率は実際より低くなっていた❸。家事使用人では、ミドルクラスや上層の家庭に住み込みで働いていた女性の他に、洗濯女、料理女などとして既婚女性が通いで就労していた。家事使用人は、第一次世界大戦後、商工業部門での雇用が増え、また電化製品も普及するようになったことから減少していった。

　女性の就業は夫の収入や家族の状況に大きく左右された。夫が同じ工場労働者でも、夫の収入が高いほど妻の就業率は下がる。結婚退職をした女性が、複数の子どもの誕生によって家計補助の必要性が高くなると、工場勤務に戻った。衣料生産では19世紀末のミシンの普及によって家庭での就業が増加した。ガラス製品や造花作りなどの内職も広く行われた。またミドルクラスでは生活水準の体裁をつくろうために出費がかさみ、妻が居間を装飾する布製品を手作りしたり、家事使用人に任せるべき家事を自ら行ったりして節約するだけではなく、内密で内職をする女性たちさえいた。

　◆**労働と労働者のジェンダー・ヒエラルヒー**　女性の役割だった自家消費用の織布の場合はもちろん、男性が製織した市場向け家内織物工業でも、糸紡ぎ（＝手紡ぎ）は女性の仕事で、低賃金の女性労働とみなされていた。機械紡績の導入によって工程が細分化されると、技術と筋力が必要な主要工程である精紡は熟練工とみなされた男性の仕事になり、女性が準備や仕上げなどの補助労働を担うというジェンダー・ヒエラルヒーが貫徹した分業体制がとられた。より一層の機械化によって自動紡績の要素が強くなると、精紡工は熟練工とはみなされなくなり、女性の労働と

なった。

　家内工業の製織は専業化するにつれて、絹など作業工程が複雑な織物では補助労働がマニファクチャー形態の企業経営体で行われることが多くなり、家内工業一家の娘たちが家を離れて撚糸や糸巻き、仕上げ加工に従事した。男性は、はるかに高い賃金を受け取れる染色、捺染などの仕事を分担した。

　繊維工業での機械化の進展は、労働の価値や賃金を低下させ、女性労働者の増加につながっていった。ミュール紡績では、労働効率を上げることによって賃金と熟練工のステータスを維持できた時期もあったが、機械化の加速によって不可能になった。手機で織布していた家内工業では、男性製織者は親方を名のり、男性的な職業であり手工業者であるというアイデンティティをもっていた。力織機の導入によって自らの地位に危機感を抱いた男性製織親方は、力織機導入への反対運動、親方資格の厳格化と女性排除、見本品や高級品の生産による製織労働の「男性性」の維持によって生き残りを図るが、機械化による「女性化」の波に抗することはできなかった。その息子世代は、あらたに台頭してきた重工業への就業を求めた。筋力と熟練技能が要請される重工業では、賃金も労働者のステータスも繊維よりも高く、圧倒的に男性の領域だった❹。世紀転換期には女性も参入するようになったが、補助労働が必要になったからである。それぞれの就業分野での変遷はあっても、熟練労働／非熟練労働、高賃金労働／低賃金労働、重工業／軽工業、労働者／家庭義務をもつ二流労働者、という形でジェンダー・ヒエラルキーは維持・強化された。

　労働組合は19世紀半ばの結成からしばらくの間、低賃金女性の参入は男性労働の剥奪と賃金低下につながる、女性は家庭という理由で女性の工場労働に反対した。

　◆女性労働者保護法と家族　イギリスでは1844年に女性の労働時間が年少者（13歳～18歳）並みの1日12時間、週69時間に制限され、深夜労働が禁止された。47年には1日10時間以内に制限されている。ドイツでは1878年に産後3週間の就業禁止という妊婦保護が制定され、91年に最大11時間労働と深夜労働の禁止が法制化された。日本では1911年に最大12時間労働と深夜業禁止を定め、5年後に施行された。階級視点からの女性労働考察が主流だった時には、女性労働者保護法（工場法）は過酷で非人間的な労働からの救済で社会政策の成果とみなされていた。しかし、女性の視点が導入された1970年以降には、保護法は女性を弱者扱いし、女性は家庭という規範を強化すると指摘されるようになった。

　実際、保護法制定が議題になった頃から女性労働者の「家族生活の崩壊」や「道徳的堕落」に関する言説がさかんに登場した。制定過程の議論では、男性／女性、

屈強／脆弱、自立心旺盛／意志薄弱、職業／家庭という男女の差異化が行われた。保護の対象が年少者と女性に限定されたのは、彼女たち・彼らが成人男性とは異なり自分たちの現状を自分では解決できないと弱者とみなされたからだ。家事義務をもつ女性の昼食休憩を延長するなど、保護法は労働者女性の妻・家事義務を規定し、労働者としてのジェンダーの意味を明確化することになった。また問題視されていた女性労働者の風紀紊乱に対しても、男女の職場を分離するという対策が講じられた。保護法による女性労働力の規定は、国力増強のために健康な子どもを産む母であり、社会基盤の安定化のために居心地のよい家庭を作る妻であり、二流の補助労働力として国民経済を支える労働者であった。（姫岡とし子）

❶ フランドルなど、早い地域では17世紀後半にはじまり、18世紀に幅広く浸透した、地域を越えた輸出を中心とする市場向け生産で、最初は農家が農閑期の副業として家内工業で製織に従事した。問屋や商人が原料入手と販売を行い、製織者は出来高に応じて賃金を受け取った。種類は綿、絹、毛、麻など多岐にわたり、ヨーロッパでは生産量の増大とともに専業化した。農業のように土地相続に左右されず、労働力が求められたため、出生数が増加した。19世紀前半から力織機化した工場生産に取って代わられるようになる。

❷ プロイセンおよびドイツ帝国の就業率

	1816	1849	1861	1882	1895	1907	1925	1933
男性	43.7	48.2	54.5	59.6	66.7	66.8	68.5	69.6
女性	29.7	27.9	31.5	24.8	26.7	25.6	26.5	28.0

出典　U・Knapp (1984), Frauenarbeit in Deutschland, Bd.2, München, 647.

❸ ドイツ帝国の就業可能年齢（14−70歳）者の女性就業率（%）

統計の不備を訂正せず　　　　　　　　　　　　　　　　　　　　　　　　　　　　統計の誤謬を訂正

	1882	1895	1907	82、95年の統計では農業部門に集中する家族従業員が不完全にしか把握されず。正確な1907年には女性就業率が激増	1882	1895	1907
男性	94.1	93.5	92.3		94.1	93.5	92.3
女性	35.9	36.6	45.3		45.5	45.3	45.3

出典　U・Knapp, 643より算出

❹ 工業部門別にみた女性の構成比（ドイツ）

	1882	1895	1907
衣　　料	39.7	44.5	50.4
繊　　維	38	45.3	50
金属加工	3.6	4.2	6.2
機　　械	1.8	3.2	4.8

男女労働者の熟練工／補助労働者比率（ドイツ）

	男性	女性
	熟練工：補助	熟練工：補助
1895	2.10：1	1.12：1
1907	1.58：1	0.81：1

出典　住沢（姫岡）とし子（1986）51 同、49

▶参考文献

住沢（姫岡）とし子（1986）「高度工業化の過程における女性労働―ドイツ第二帝政期を中心に」『寧楽支援』31
姫岡とし子（2004）『ジェンダー化する社会―労働とアイデンティティの日独比較史』
長野ひろ子・松本悠子編（2009）『経済と消費社会（ジェンダー史叢書6）』

2）労働

③農村社会とジェンダー

🔍【読】日7-9, 日7-12

　農村社会は、農業を経済活動の中心に置く点で共通するが、国・地域によって農業がどのように営まれるかは一様ではない。近世・近代日本の農村は、農業を営む主体として自立的かつ小規模な経営体が中核となっており、小農社会と呼ばれる。以下では、小農社会成立の歴史的経路を踏まえつつ、日本型小農社会におけるジェンダーの構造を考えていこう。

　◆小農社会の形成　自己の裁量のもとで経営を行う自立的な小規模農家が広範に現れたのは、江戸時代前半のことであったと言われる。徳川幕府や大名による河川氾濫の制御が進み、洪積台地・沖積平野での耕地利用の可能性が高まったことがその背景となっていたが、一方で人口増大によって1人当たりの農地面積は停滞ないしは減少の方向にあったから、農業経営を維持するには反収（単位面積当たり収量）の増大が求められた。それを可能にしたのが、肥料の多投およびその肥効を高める鍬での耕起を基本線とする農法の浸透である。耕起労働に始まり、当時の肥料の中心をなした草肥のための採草・運搬、さらに多肥化による雑草繁茂に対応した除草作業の強化を基盤とするこの農法では、土地面積当たりに投じられる労働量を増やさなければならない。一方で農業労働には、努力水準と成果の関係が収穫後までわからない、成果を個人別に分離しがたいなど、経営主による労働過程の監視と評価が容易ではない性質があったため、雇用労働に対して自発的な労働の強化を促すことは難しい。この点で、自家の経営成果からの配分を期待でき自発的に労働投入を行う動機を有する家族員は小農経営に最も適合的な労働力であった。18世紀前半（享保期）に書かれた農書『民間省要』には、家族労働力を駆使する小農経営が「少々田地所持の百姓」（雇用労働を導入した大経営）よりも、生産能力が高いとされている❶。自立的な小規模農家が、家族労働に基盤を置く小農として農村社会に定置した点に日本型小農社会の特徴があったのである。

　◆小農経営と「家」制度　経営体の増加を支えた耕地面積の拡大は、18世紀初めには限界を迎えていた。小農経営は分割による耕地の零細化を避けるために、相続人を1人（男性長子が多いが必ずしもそれに限らない）とする、比較史的に必ずしも一般的

とは言えない単独相続を慣行とするようになった（坂根 2011）。土地財産・耕作権を相続する跡継ぎは婚姻後も同じ世帯内にとどまり、戸主権を譲った元戸主夫婦も同居を続ける。そして兄弟姉妹は、どこかの時点で自家の農業経営外へ排出されることが原則となった。ここに直系家族の三世代同居を原理とする世帯構造が定まるとともに、土地所持と農業経営、それに祖先祭祀権を一体として一子へ相続させる社会制度としての「家」が、小農経営の行動の外枠を規定することとなった。以下に見る小農経営におけるジェンダー間の協業と分業の前提には、このような家族労働の必要性と「家」制度の定着との歴史的に固有な結びつきがあった。

◆**世帯内分業の構造**　表1は1900年頃の大阪府南部（和泉地方）の農村で1町前後の経営面積を有する小自作農家（小作地＞自作地）および自作農家の世帯内労働力の配分を示したものである。見られるように、双方ともに戸主（世帯主）が農業経営の中心的な担い手であったが、それだけでは農業経営はなりたたない。小自作の例では、農繁期（二季）の労働需要をまかなうために「妻」と「老母」を動員している。およそ2倍の耕作面積をもつ自作農経営の場合は、「妻」とともに、戸主の「弟」の存在が重要であった。農繁期には臨時雇も用いられているが、家族に比してその位置づけは低い。女性を含む家族労動の動員可能性が、この両家の農業経営の要諦であり、家族労働力に依拠する小農経営の特徴が明確に示されている。

農業に専念する男性家族員（戸主や弟）に対して、女性家族員（妻と娘）は農業とともに製織作業に従事していたことも注目される。小自作の場合、妻は製織作業の担い手であったが、農繁期には製織労働への労働投入が減少した。しかし「老母」の存在によって農業労働を免除された「娘」は、家事労働以外の労働時間をすべて製織労働に費やすことができた。それが農家の現金収入源として、一定の意義を有していたことは表1の「木綿収入比率」の項目からも読み取れる。

表1の農家が所在する大阪府和泉地方は、1900年前後の時期、日本有数の綿織物（白木綿）の生産地であった。織元から原料糸の供給を受け、家内で綿布に織り上げ出来高給の形で織賃を得るのが「賃織」であり、表示の農家も典型的な賃織農家といえる。織物工場も各地に現れていたが、1903年刊行の『職工事情』（農商務省編）では、同じ製織作業を行うにしても「工女」（女性工場労働者）になって工場で作業をするよりも、自宅で賃織として製織作業に従事する方が「利益」があり、農家はそれを選好しているとされていた。機織工女は一般に「卑下」されており、その供給源は「極貧者」世帯に偏っているとも記されている❷。実際、紡績、製糸など近代日本の繊維工場の女性労働力が、所得水準の低い零細農家を給源としていたことはよ

く知られている。一定規模の農業経営を営む小農経営にとって、農家の必要農業労働量と家族員との不整合は、世帯内に燃焼度の低い労働力を発生させるが、その度合いは、必ずしも放出可能な1人分の労働力に一致するとは限らない。季節的な労働需要の変動も、恒常的な過剰労働力の発生には制約となる。「工場」での就業に比して空間的・時間的な拘束力の弱い家内労働形態での就業は、労働供給の柔軟性を確保する上で、農家側にとって「利益」であったのである。

　◆**家事労働の重み**　農業経営における女性家族労働力の必要性は、家事労働の側面においても指摘される必要がある。表2には、1918（大正7）年の鳥取県下の農家世帯の事例を掲げてあるが、戸主の妻、および長女はいずれも年間1000時間を超える時間を農耕に費やす一方、畳表製造・養蚕などの農耕以外にも一定の時間を振り向け、さらに妻は822時間、長女は1317時間の家事労働を担っていた。家事労働に関して強固な性別分業の構造があったことは確かであるが、他方で女性の「家事専業者」（専業主婦）も存在していない。それでいて家事労働への投入時間が世帯内総計で6000時間を超え、優に成人1人当たり年間総労働時間（3000〜4000時間）を超えていたのは、妻、長女に加えて戸主の母が加わり、女性家族間で家事労働の分担・分業がなされていたためであった。農家における消費生活の水準は、世帯内で投入可能な家事労働時間の多寡にも大きく依存していたと考えられる。

　◆**「合理性」と「非対称性」**　このように日本の小農世帯は、家族労働の戦略的配分を基軸に、農業経営と農家世帯の存続・再生産を図っていた。家内工業就業の世帯内への取り込みや、家事労働への配分もその一環であった。そこでは女性による世帯内での"多就業"が要の位置を占めていた。その点で、小農経営の労働と消費に女性家族員の果たした役割は、決定的であったと言える。しかしこの戦略的「合理性」は、外枠としての固有の条件——家族労働の優位と「家制度」——を所与の前提としていた。世帯を単位とする意思決定では、労働の割り当てに個々の世帯構成員の選好が考慮される余地は乏しい。世帯内での所得分配——それを反映する消費生活の内実——がどのようなものであったのかも、精査すべき問題であろう。実際、相続や家計の意思決定の面で、男性家族員の権限の大きさが指摘されている（長野2003）。日本型小農社会の長期の持続は、確かにジェンダー分業を基盤とする「合理的」な労働配分戦略に支えられていた。その一方で、小農経営はジェンダー間で固有の「非対称性」を再生産するものでもあったのである。（谷本雅之）

❶『民間省要 上編巻之二』（『日本経済叢書 巻一』282頁）

　　「夫婦男女の子供ひたすら精出すを以て、結句少々田地所持の百姓にまさりて、見事に過ぐるもあり」

　　▶**解説**　武蔵国の名主・田中丘隅が著わした地方書・農書。1721年頃に成立。

❷『職工事情』（犬丸義一校訂・岩波文庫版『職工事情（上）』321頁）

　　「土着子女は家にありては賃織を織る方、工女となり長き年間羈束（きそく）せらるるより利益あり。加之（しかのみならず）その土地にありて機織工女といえば一般に卑下さるるの風あり。（中略）今日においては土地の者にて工女となるものは極貧者の子女に限れるものの如し。」

　　▶**解説**　工場法の制定に向け、明治政府の下、農商務省が労働者の労働・生活についての調査を行った報告書。調査は1901年に行われ、1903年に印刷された。

▶**参考文献**

坂根嘉弘（2011）『家と村　日本伝統社会と経済発展』
谷本雅之（1998）『日本における在来的経済発展と織物業』
長野ひろ子（2003）『日本近世ジェンダー論―「家」共同体・身分・国家』

表1　農家（大阪府和泉地方）の世帯内労働配分

小自作・1901年 耕作面積　7.260反（約0.72ヘクタール）

〈労働配分〉	農業	家事	機織	その他
老父（75）			△（糸巻）	
老母（59）	△（二季）	○（炊事・裁縫・洗濯）		
主人（38）	○			△
妻（35）	△（二季）	△（裁縫・洗濯）	○	
娘（14）		△（裁縫・洗濯）	○	
息子（11）		△（子守）		
生産反数			2160反	
工賃収入（円）			58.3円	
収入比率（％）			17.8％	

自作・1899年 耕作面積　12.91反（約1.29ヘクタール）

〈労働配分〉	農業	家事	木綿	その他
老父（71）				
老母（58）		○（炊事・雑事全般）	△	
主人（38）	○			△
妻（32）	○	△（裁縫・洗濯）	△	
弟（24）	○			
常雇（女13）		○（子守・家事手伝）		
臨時雇（男）	△（二季）			
生産反数			800反	
工賃収入（円）			24円	
収入比率（％）			4.2％	

出所）谷本雅之『日本における在来的経済発展と織物業』（名古屋大学出版会、1998年）表4-9、223-224頁より作成。
注）労働配分のカッコ内は年齢。○は主業、△は原則として主業の傍らに従事していることを示している。
　　世帯構成員として他に小自作は3人の息子・娘、自作は1人の息子を含む。

表2　農家の女性世帯員別年間労働時間（鳥取県・1918年）

（時間）

続柄	年齢（歳）	総労働時間	(内訳)			家事の内訳				
			農耕	その他*	家事	炊事	育児	裁縫	洗濯	その他
妻	40	3,278	1,006	1,450	822	80		100	240	402
母	67	3,921	265	538	3,118	1,820	719			579
長女	18	3,399	1,160	922	1,317	292		790		235
次女	15	1,020	80	55	885		885			
女性・計		11,618	2,511	2,965	6,142	2,192	1,604	890	240	1,216
総計		16,756	5,269	4,443	6,854	2,192	1,604	890	240	1,928

出所）谷本雅之「近代日本の女性労働と『小経営』」（氏家幹人・桜井由幾・谷本雅之・長野ひろ子編『日本近代国家の成立とジェンダー』柏書房、2003年）表2より作成。
注）＊養蚕・畳表製造・藁製品製造・公共事業などの合計

2）労働

④近代日本の官僚制とジェンダー

📖 Ⅱ－2－3－②　🔍【読】 日9－5

◆**官僚制とジェンダーの非対称性**　「女性官僚」という言葉に対し、「男性官僚」という言葉がわざわざ使用されることはほぼない。こうした現象はさまざまな領域で見られることで、官僚制の領域に限ったことではないが、特に官僚制については、法令によって、官僚となる資格そのものから女性が排除されてきたという歴史を踏まえる必要がある。

　なお、「官僚」といった場合、省庁の意思決定に関わる幹部を限定的に指す場合もあるが、ここでは、官公庁に勤務する職員全体を視野に入れたうえで、職階ごとにどのようなジェンダー的特徴がみられるのかに注目してゆきたい。

　◆**戦前日本の試験任用制度とジェンダー**　近代日本の官僚制度が整備されるのは19世紀末のことである。戦前日本の「官吏」は、勅任官、奏任官、判任官の三階層に分かれる。1893年に制定された文官任用令では、奏任官は文官高等試験、判任官は文官普通試験という資格試験の合格者の中から任用されるのが原則とされた。そして、同年の文官試験規則は、文官高等試験・文官普通試験ともに、受験資格を満20歳以上の男子に限定していた。

　これは、それ以前のコネクションに依存した官吏のリクルート方式に比べれば、試験によって能力を測定して採用するという点で、平等な競争に開かれた採用方法であったと言えるが、同時に女性を一律に試験制度の枠外に置くものであった。

　それでは、戦前日本の官庁で女性は働いていなかったのか、といえばそのようなことはない。第一に、宮内省には、天皇や皇后に仕える女官がいた。戦前の法制度では、宮中の職員は、一般の官吏とは別枠の「宮内官」という扱いだったが、一般官吏同様、勅任・奏任・判任の三階層に分かれていた。第二に、官吏ではなく、雇員や傭人という身分で働く女性たちがいた。雇員は主として事務職、傭人は主として現業職で、官吏のように、国家に対する特別な義務や、身分保障といった権利を有さず、国家に「やとわれている」人たちである。今日で言えば「非正規」雇用の職員に近い。第三に、職務の特殊性から資格試験を経ずに、官庁の裁量で任用することができる職があった。このような採用を「特別任用」と呼ぶ。特別任用で官吏

となった女性は、大きく二つの類型に分かれる。一つ目は、教員である。高等女子師範学校・音楽学校の教員には女性がおり、彼女たちは文部省の官吏であった。二つ目は、雇員・傭人を一定期間勤め、官吏に登用されたものである。こうしたケースには、逓信省の郵便貯金関連部局の計算業務に従事する職員、同じく逓信省の電話交換手、そして鉄道省の駅員などがある。戦後、労働省の婦人少年局長を務めた谷野せつも、試験任用ではなく特別任用で1920年代に内務省社会局の工場監督官となっている。

　1918年に文官試験規則に代わって定められた高等試験令・普通試験令では、受験資格から性別の規定が消え、「中学校卒業」を原則とし、中学校卒業程度の学力が認定されれば受験資格が与えられることになった。中学校に進めるのは男性のみであるから、男性を原則とすることに変わりはないのだが、女性が文官試験を受験する可能性が生じた。そして、1941年には、明治大学卒の渡邊美恵が女性として初めて行政科文官高等試験に合格し厚生省に任官したが、その後の女性任官は続かなかった。

　◆何人の女性が官公庁で働いていたのか　戦前日本の国の機関や地方自治体で、どれだけの人数の女性が働いていたのかを確実に示すデータは存在しない。官吏・雇員・傭人の総数を示すデータがあっても、その男女内訳が示されているとは限らないからである。いくつか、参考となる数値を出しておこう。

　一つは国勢調査の結果である。最初の調査である1920年国勢調査の職業別男女内訳によれば、「官吏・雇傭」に従事するものとして全国で男性が13万9291人、女性が5811人という数値が記されている。ただし、教員や現業職種はそれぞれ業種に分類されているので、文部省の教員、逓信省の電話交換手などは「教員」や「通信業」などに分類されているものと思われる。つまり、事務労働を主とする国の職員で、官吏よび雇員・傭人の女性の総数がこの数値である。なお、同年調査によれば、市町村の職員である「公吏・雇傭」では男性15万8487人、女性が9355人である。

　1930年調査では、同じく教員・現業部門を除き、官吏のみを取り出した数値が得られる。男性が1万7207人、女性が932人である。女性が圧倒的少数であることは明らかだが、「官吏」、とりわけ事務職の官吏に932人の女性が存在したことは無視できない。

　そしてこれは現業職を除いた数値であるから、官吏の身分を持つ女性は実際にはさらに多かった。男女別数値が得られる逓信省の場合を見ると1930年年度末の時点で、判任官総数3万5736人、そのうち女性は2108人である。これだけで国勢調査の数値を上回る。少なくとも郵便電信電話局勤務の女性判任官1473人は、国勢調査で

は「官吏」以外の職業分類に振り分けられているからだろう。そして、官吏以外に、95人が判任官待遇職員として、4万6782人が雇員として、1755人が傭人として、合計5万人以上の女性が全国の逓信省の組織のなかで働いていた。これは当時の逓信省総職員数の約4分の1にあたる。

◆**官吏となった女性の労働環境と昇進**　以上のように、戦前日本の中央政府官庁には、女性が確かに働いていた。一方で、彼女たちの働く分野と、その昇進には明らかな境界線が引かれていた。

　逓信省で、最初に女性の官吏を採用したのは郵便貯金関連の部署であった、この部門の女性たちは、主として計算業務に従事していた。勤続年数は長くはなかったが、一部の女性は結婚・出産を経ても勤務を続け、昇給・昇進を重ねた❶。しかし、女性判任官のキャリアは班長どまりで、男性判任官のように係長に昇進することはできなかった。「官僚」を、省庁の意思決定に関わる職員と狭く定義するならば、戦前日本で、女性は「官吏」への細い道は開かれていたとしても、「官僚」への道は閉ざされていたと言えよう。

◆**公務員制度改革と労働省婦人少年局**　1947年、労働省が設置され、同省に婦人少年局が置かれた。局長には戦前来の女性運動家だった山川菊栄が就任し、婦人労働課長に谷野せつ、婦人課長に前衆議院議員（社会党）の新妻イトが着いた。1948年には国家公務員法の施行に伴い文官高等試験制度は廃止され、形式的には男女ともに公務員への道が開かれた。

　一方、山川菊栄を含め、試験によって任用されていない次官・局長らは、1950年1月に人事院が実施した試験を受けることとなった❷。山川は当初受験を拒否する意向で、結局受験したものの、実際には試験問題にまともに解答しなかったらしい。その後、婦人少年局廃止が取りざたされる状況のなかで、労働省は、試験から1年以上たった1951年6月に試験成績不良を理由として山川に退任を求め、山川は辞職した。

　こうして山川は労働省を去ったものの、同局（のち婦人局、女性局）では女性の局長が続いた。森山真弓、赤松良子、村木厚子など、戦後の女性官僚として著名な人物は労働省に集中しているが、裏を返せば、他省庁・他局では女性のキャリア形成が困難であったということでもある。

◆**社会のジェンダー構造と官僚制**　女性として2人目の事務次官に就任した村木厚子は、女性の官僚が地方に子連れで赴任する際、その女性の母が同行する場合が多かったと回想している（村木の場合は本人と子どもだけで赴任）。国家公務員の多忙さ

は今日、深刻な問題となっているが、公務員の働き方それ自体が、男性を稼ぎ手、女性を家事の担当者とする性別役割分業を前提としていたと言えるだろう。戦前でも、逓信省の貯金部局に判任官として共働きで長期在籍した三木源太郎・三木を美喜夫妻という事例が存在するが、源太郎の母が家事・育児で果たした役割が大きかったと、を美喜は回想している。

　また、近年の比較政治学研究では、男女の平等を推進する上では、公共部門での雇用が果たす役割が大きく、公務員数の少ない国では女性の社会進出が進まない傾向にあるという指摘がある。このように、女性の官僚・公務員のあり方は、家族や仕事のあり方という、その社会のジェンダー構造と密接に結びついているのである。

（松沢裕作）

---

❶ 三木を美喜「珠算一筋」（『逓信協会雑誌』766、1975年）

　毎年三月になりますと、一年分の利子計算元利合計の現在高算出の、年度決算をする訳でございますが、これがお互いに競争となります。……（中略）……局に六時につき、守衛さんに門を開けて頂きすぐお部屋にまいりましてカードを机の上に積み上げますと、もう夢中になり、計算の合わぬ時などは食事も忘れ、上司の方が、終電がなくなるから早く帰りなさいと言われる迄、時間のたつのも判らなくなる事もしばしばでした。

　▶解説　逓信省貯金局に長く勤務し、雇員から判任官に登用された三木を美喜の回想。計算を主業務とする同局の女性職員のなかで、彼女はそろばんの名人として知られていた。

❷ 山川菊栄「寝ていた方がまし」（『新訂増補山川菊栄評論集』第7巻）

　今度の試験の目的は、東大、中大などの官僚閥の追放、官庁の民主化にあったと思うが、私は受験しないつもりでいたのに、行きがかり上、どうしても受けなければならなかった。……（中略）……日本の官吏は雑用に追われているので、レクリエーションや勉強のためには、たまの日曜日位は、話を聞いたり、映画を見たり、家で寝ころんでいた方がまして、試験を受けるのが一番馬鹿らしいと思う。

　▶解説　人事院試験受験後に山川が発表したエッセイ。公務員制度改革によって形式的には女性の官僚への道が開かれるとともに、それと並行して行われた現職官僚への試験をきっかけに、山川が辞職に追い込まれるのは皮肉である。

▶参考文献

国立歴史民俗博物館編（2020）『企画展示　性差の日本史』
総合女性史学会（2013）『女性官僚の歴史—古代女官から現代キャリアまで』
前田健太郎（2014）『市民を雇わない国家—日本が公務員の少ない国へと至った道』

2）労働

⑤親方資格とジェンダー

📖 Ⅱ-4-2-① 🔍【読】世6-6

◆**女性絹制作業者の記憶**　地域の女性史の掘り起こしが
盛んだった1987年に、男性形で表された製絹小路と製絹通
りの二つの通りの名が製絹女性小路に変わった（写真）。ケ
ルン市女性史協会がイニシャチブをとって行った、通り名
を歴史的な事実に則したものに変更せよ、という請願が認

められたのである。中世から近世初期にかけて、ケルンの
絹地は、もっぱら女性の手によって生産されていて、この小路には女性絹織工親方
の作業場をかねた自宅が並んでいた。彼女たちは自伝も巻布地も残さなかったので、
その歴史は埋もれていたが、通り名の変更によって、女性絹製作親方ツンフト（ギ
ルド）の存在と活動を効果的に示すことができるようになった。

◆**中世ケルンの絹産業**　オリエントやビザンツから供給されていた絹製品は、13
世紀にイタリアで製織されるようになり、14世紀にはチューリヒやパリなどヨーロッ
パの中心的な都市で大規模に生産されて、ケルンの経済生活でも絹織物業が重要な
位置を占めるようになった。ケルンは商業都市で交通の便がよく、原料入手や製品
販売に好都合だった。経済的に繁栄していたケルンでは、13世紀から裕福な市民の
間で贅沢な衣装への欲求が強まり、絹やビロードへの需要が高まった。教会の装飾
品、絨毯、騎士の装備などでも絹製品が求められた。

　絹産業で、もっとも古くに開始されたのは刺繍と縫製で、紋章刺繍も発達した。
もともと絹糸や金糸・銀糸での絹地への装飾や刺繍はもっぱら女性の家内での仕事
であり、上流婦人が好んで手腕を発揮し、修道院でも早くから絹刺繍が行われてい
た。経済的に重要になるのは自営の工房が発展してからで、職業化とともに男性も
参入し、美術工芸やへり飾りで多数を占めた。製織や製糸も当初は女性の仕事で、
ベギン会修道女が数多く携わり、問屋制家内工業の形で生産されていたが、工房生
産が行われるようになると、男性も参加した。

◆**ツンフト（ギルド）の形成とジェンダー**　1397年に紋章刺繍業者がケルンの絹産
業で最初にツンフトを組織化した。紋章刺繍にとって重要な金糸（女性）は同年に、また

織物業の登場とともに個別の産業として発展し、名声と富を獲得した染色業は1396年にツンフト組織を形成した。男性と女性の双方がツンフトに加入している。この時期には、製糸や製織はベギン会修道女をはじめ主に女性が家内工業として賃労働で営んでいたし、自営の男性絹織物業者も必要性を感じなかったため、ツンフトは形成されなかった。

　1437年に絹織物業者もツンフトを結成した。他の手工業との対等な扱い、悪質商品の取引への対処、従来の方法に抵触する技術革新への懸念によって、団結が促されたのである。製糸では初歩的な形での器械化も導入され、製織・製糸者ともに強力な競争相手の出現に恐れをなしていた。ツンフト形成によって、ケルンの絹織物の名声と品質、ひいては自分たちの特権的な地位を守ろうとしたのである。絹織物業界では専門化が進み、1456年に製糸業者は独自のツンフトを形成したが、彼女たちは織屋から供給される仕事をし、製織者に対して従属関係にあった。これらのツンフトで特徴的だったのは、組合員が女性に限定されていたことである。女性親方との結婚によって、あるいは自身が絹織物業者か絹商人で女性絹織物業の工房に入った男性もツンフトには加入できなかった。ただし、ツンフトの幹部は男女２名ずつが女性親方によって選ばれていたので、夫たちは臨時加入者として幹部となり重要な役割を果たした。遠隔地販売が中心だった絹では、とりわけ夫が商人だと優位に立てた。絹製作工房と販売は組み合わされ、女性絹製作業者は商人による問屋には従属しなかった。

　女性親方は、技能を学ぶ女性徒弟を取ることができた。徒弟の最低年齢は11歳、修業期間は３〜４年で登録料の支払いが義務づけられた。自分の娘も修業させることができた。彼女たちは修業期間の終了後、独立自営が可能だったし、女性に稼げる手段を与えていた。しかし、15世紀末には将来の見通しは悪化し、親方になることを必ずしも計算できず、賃労働者として製織せざるを得なくなる。もっとも絹産業の賃金は、熟練を要したため、他の繊維産業の女性賃金よりは高かった。

　◆絹織物業の資本主義化と女性の地位低下　15世紀末には４〜６の主要な女性絹織物業者が徒弟修業で独占的な地位を占めるようになり、貧しい女性親方は対抗できなくなった。自分で生糸の調達ができなかったため、しだいに問屋のために織るようになった。製糸に関しては、主要な女性絹織物業者が低賃金でベギン会修道女を雇用したため、製糸業者の損失は大きかった。以前から独立自営の男性絹織物業者はいたが、1500年頃から男性が増加し、しだいに女性を排除していくようになった。また絹織物業者にとってツンフト加盟は義務ではなくなった。販路が拡がってグローバル・エコノミーに組み入れられていくにつれて、原料調達から販売まで担

う独立自営の手工業的営業形態は存続が困難になり、問屋に従属するようになった。1531年には登録されていた31人の女性親方に124人の女性徒弟が受け入れられた。1513年から41年までの期間に82人の女性親方と224人の女性徒弟が登録されたが、1559年から80年までの期間には、18人の女性親方と44人の女性徒弟の登録に減少したのである。ケルンだけではなく、パリやチューリヒでも、そしてイタリアではもっと早くに女性排除の傾向は強まり、男性労働が支配的になっていった。もっとも長く女性労働が続いたのは、安い労働力を提供したベギン会修道女や女性修道院だった。

　◆**18世紀以降のドイツの絹織物業とジェンダー・ヒエラルヒー**　18世紀になると、織物業は問屋制家内工業が一般的になっていて、副業として製織をはじめる農家が多かったが、しだいに専業化していった。なかでも高級品の絹は専業率が高く、下ライン地域の絹織物の中心地はクレーフェルトに移り、近郊の農村へも拡がった。ツンフト規制はもはやなく、資本家である問屋と織布工の関係は、雇用者と賃労働であった。それでも自宅で自分の裁量で労働していた男性織布工は手工業的な体裁をとり、自らは親方を名乗り、親方の監督の下で製織する職人や、技能を伝達する徒弟がいた。中世とは異なり女性親方は稀で、女性は織布工の妻や娘として経糸の整形などの補助労働に従事していた。娘は他の親方の下で製織技能を修得することもあり、自宅で製織にも従事したが、自立を想定されなかった彼女たちには徒弟という名称は使われず、手伝いと呼ばれることが多かった。女性は手工業の階梯から排除されていたのである。娘は息子より親元で暮らす確率が高く、時に製織、時に補助労働、また将来は製織親方の妻としての補助労働とフレキシブルな労働力となった。

　絹織物業での撚糸、糸巻、染色、捺染、仕上げ加工の補助工程は、通常、マニファクチャー形態の企業経営体内で行われていた。これらの作業ではジェンダーによる労働分担がはっきりしており、撚糸と糸巻、さらに仕上げ加工は女性の仕事、染色、捺染は男性の仕事であった。製織に較べて社会的ステータスの低い補助工程現場での就労者の女性比率は半分と高かったが、女性の従事する職種は男性のそれより、はるかに低賃金だった。ジェンダーは、職業選択や職業ヒエラルヒーの決定要素となり、労働秩序や社会秩序はジェンダーによって定められた。

　◆**力織機化と製織労働の男性的性格への固執**　絹織物の力織機化は19世紀半ばにはじまり、1880年代から本格的に導入されて、数多くの女性が工場労働に従事した。手工業者としての誇りとアイデンティティをもっていた手機の織布親方は力織機化による女性労働を「汚い競争」とみなし、これに激しく抵抗した。彼らはツンフトにならったイヌングを結成して営業の自由を貫徹しようとする資本家に対抗し、力

織機化を阻止して手工業的な労働の維持をめざした。親方のステータスと労働の男性的性格の維持のために、徒弟や職人期間の設定や試験を含めた親方昇進基準の厳格化を定め、イヌングの構成員は男性に限定した。女性親方には敵意を抱き、女性の新規親方就任も認めなかった。それでも力織機化の波には抗えずに手機は衰退したが、男性織布工親方は工場労働を回避して引退するまで手機で織り続けた。息子たちは、重工業など新しい仕事に就いた。

◆女性による日本の製織労働とそのジェンダー化　　日本の家内工業での製織は、高級品生産の京都の西陣を例外として男性の行う手工業としては発展せず、ほとんどが女性の仕事となった。機業地域の農家では副業として機織が行われたが、ドイツのように専業化することはなく、男性は農業、女性は機業という性別役割分担が貫徹していた。機業地域の農家の娘たちは、母から機織を教わるか、織屋に3〜7年の年季奉公に出て技能を修得した。年季の終了後は、一定期間、そのまま織り手として織屋にとどまるか、実家に帰って製織した。彼女たちにとって機織技能の修得は嫁入りの条件になるほど重要で、生きていくための社会的資格とみなされ、女性の価値を決める決定的な要因となった。妻の製織労働は農家に貴重な現金収入をもたらし、機織の技能によって、婚家への貢献度が決まったからである。彼女たちは自分の技能を誇りにしたが、職人としてのアイデンティティはもたず、戦前の日本の農村では、まだ家族は家で経営共同体の要素が強く、家族成員、とりわけ自立が想定されていない女性は家のために働いた。したがって妻は、農家の嫁としての自分の立場を機織の上手下手と結びつけた。また彼女たちへの評価も、職人としてではなく、あくまで嫁という範疇のなかで行われていた。女性の価値は、嫁としての価値であった。

　同じ繊維工業でも、男性が従事した綿打ちや染色は、徒弟修業のなかで技能を修得し、その後は自分の腕を頼りに職人として独り立ちした。また親方として家業を継いだり、独立したりした。彼らは職人としてのアイデンティティをもち、その規範のなかで行動した。日本の織物文化のなかで特権的かつ特殊な地位を誇り、男性も製織していた西陣だけは、徒弟制度が崩壊した後も徒弟という言葉は残った。もっとも独立できる男性はわずかで、大半は工賃労働をしていたが、それでも労働者の域を脱した、自己の業務として織物に従事する機業者職人として認められていた。（姫岡とし子）

▶参考文献

エディート・エンネン（阿部謹也・泉眞樹子訳）（1992）『西洋中世の女たち』
姫岡とし子（2004）『ジェンダー化する社会──労働とアイデンティティの日独比較史』

コラム④　男性職と女性職──電信・電話

◆「性別職務分離」とは　賃金や勤続年数、職場内での位置づけ、仕事の内容などにおいて、一般的に男女間に違いがあるのはなぜなのだろうか。この問いに対しては、経済学・社会学から、いくつかの見方が提起されている。人的資本論によれば、労働者は労働市場で、教育程度や就業年数など人的資本に合致した仕事に配置されるというが、特定のジェンダーが、特定の仕事からあらかじめ排除され、低賃金の仕事に集中しているのはなぜなのか。これに対して、女性に特有の家事・育児役割が家庭外就労を阻み、ジェンダー間の差異を生むとする見方がある。他方で、女性の実際の労働や経験のあり方は、職種・業種によって違うことに注意を向け、労働過程内在的に分析する視角が「性別職務分離」である。これは、男女間の性別分業は、歴史的にも地域的にも普遍的なものではなく、変化しうるという見方である。

◆男性職と女性職の誕生　19世紀後半から20世紀初頭のヨーロッパ社会は、農業が中心の社会から資本主義的な工業が中心の社会へと変化し、鉄鋼・化学・電機産業、貿易・商業・交通部門が目覚ましい成長を遂げた。こうした市場経済の進展、生産方式と労働過程の変化が性別分業にも大きく影響した。

医療、教育や通信などの公共サービスの分野では、教養のある中・下級の市民層の女性に門戸が開かれ、同時に「性別職務分離」も進展した。例えば、電信技手や電話交換手など、情報通信技術の著しい発達と、世界の拡大を背景に新しく誕生した職業が、日本をはじめ欧米の多くの国々で、次第に「男性職」と「女性職」とに分かれることになった。電信は元々軍用技術として兵士＝男性との結びつきが強い男性職だったが、電話技術が改良され、操作が容易になったことを1つの契機として、電話交換業務には女性が集中するようになった。これに伴って、女性の電信技手は減少の一途をたどった。これは、電話のネットワークが拡大し、利用者の数が増え、要求水準も高くなったことで、良質なサービスと経済性の両方が求められた結果でもある。

◆雇用主としての国家　国家は公企業の雇用主として、性別職務分離を固定化ないし変化させる上で重要な役割を果たしてきた。

例えば通信事業を担ったドイツ帝国郵便では、初期には少数の女性が男性と同水準の賃金で例外的に官吏として採用されたが、その後、女性市民層の「有用性」──比較的高い教育を受け、文化資本（高いリテラシーや外国語能力を備えていたことに加え、高い社会階層の利用者に対する適切な対応の仕方を熟知していた）を有しているものの、ブレッドウィナーである男性よりも低賃金で雇用できる──を積極的に活用する道を進んだ。ドイツ帝国郵便は女性に就労の機会を与えたのと同時に、男女別の職業「適性」を明確化し、それに応じた人事・労務政策を通じて、仕事の内容が異なるがゆえに、相互に比較が不可能で、賃金体系も昇進過程も異なる性別職務分離モデルを形成したと言える。

にもかかわらず、民間企業での就労という選択肢が与えられるまでは、社会的威信が高く、「結婚市場」としても魅力的な公企業は、女性に人気があったという。

◆つくられる「適性」　声質（声の大きさや高さ）、疲れもせず延々と喋り続けること、機転や配慮、要領を得た働き、迅速に正確に接続する技能など…いずれの特徴も、経営側、当事者、利用者に電話交換手の「適性」と見なされていた。これらは、怒りを抑えるという感情管理能力のように、男性ではなく女性であるという環境によって後天的に育まれた能力であるとも考えられるが、こうした社会的文脈を削ぎ落された「適性」が、あたかも女性に固有の特性であるかのように認識されることになる。こうして、電話交換業務は女性専科の仕事となり、実際は初期に活躍していた男性の電話交換手は、女性に備わる「適性」を欠くという理由で姿を消していったのである。（石井香江）

▶参考文献

石井香江（2018）『電話交換手はなぜ「女の仕事」になったのか──技術とジェンダーの日独比較社会史』

松田裕之（1998）『電話時代を拓いた女たち──交換手のアメリカ史』

インド更紗とイギリス・フランス

コラム⑤

◆ **インド更紗（捺染）** もともとインドの伝統工芸品であったインド更紗（彩色綿布）は、16世紀後半に、輸送船舶の難破によって偶然ヨーロッパに知られるようになり、王侯貴族や都市の富裕層の間で人気を博し、需要が高まっていった。

◆**彩色綿布の魅力** ヨーロッパでは、中世以来、衣服に用いる布と言えば、羊毛や絹糸，皮革からなり、綿布は用いられていなかった。しかし汗や湿気を吸い、何度でも洗濯のできる綿布は丈夫で有用性が高く、また藍や茜から媒染・印捺・蝋結・筆書きにより、複雑な文様を繊細な色使いで染めあげたインド更紗は、見た目にも美しく、魅力的な商品とみなされた。18世紀に入る頃には、白地に花や草木の模様をカラフルに描いた明るい彩色綿布が、ブラウスやスカート、室内着、帽子やハンカチ、クッションや枕カバー、椅子や家具の装飾布として用いられ、新しいモードとして流行した。

◆**模倣の困難さ** とは言えインド更紗の生産工程は長らく謎に包まれていた。なぜならインド更紗はインド農村の家内での手仕事を基盤に複雑な分業によって製造され、言葉や慣習の壁も大きく、生産過程の内側まで分け入ってその技法の全体像を正確に把握し再現することは至難の業だったからである。それゆえイギリスやオランダ、フランスの東インド会社は、17世紀半ばまでは専らインド農村から完成品や注文品を買い付け、港に集積して船で本国に運んでいた。

◆**ヨーロッパ産の製造開始** 需要の高まりのなか、やがて北インドから西アジアを経てマルセイユからアムステルダムへと技法の奥義が伝えられると、オランダやイギリスを皮切りにスイスやミュルーズ、ドイツの諸都市で製造が始まった。ただしフランスでは、イギリスとの対抗もあり、絹織物やゴブラン織など国内産業の保護を目的に、王令（1686年）により「捺染の輸入・製造・販売」が全て禁止された。その結果、国境周辺で密輸が横行したが、フランスでこの禁令が廃止されたのは1758年のことである。

◆**生計を支える女たち** 捺染工場はマニュファ

南仏オランジュのヴェテール兄弟の袴染工場／ロセッティ画／1764年
（〈女性の職人たちの工房〉オランジュ市博物館蔵）

クチュア（工場制手工業）であり、その筆書き工程には地元の未婚・既婚女性が多数雇用されていた。またインドやアメリカから原料として輸入した綿花を近隣の農家に預けて在宅の女たちに出来高払いで紡がせる「問屋制家内工業」に似た方式も併用された。その結果、工場周辺では、女性たちがわずかながら賃金収入を得ることができ、食料や石鹸などの日用品を購入して家計を支え、貧窮から免れることができた。女たちは自らの労働の代価として賃収入を得ることで、生きのびる手立てを広げ、また家の外の世界との交渉にも開かれていった。

◆**綿花供給地インド** ヨーロッパ産の捺染製造が軌道に乗ると、インドからの完成品の輸入は減り、インドの家内工業は打撃を受けることになった。その後、19世紀に入ると機械化が進み、染色技術の変化もあり、インドからの綿花輸入は増大したが、インドは原料供給地へと貶められていった。（長谷川まゆ帆）

▶**参考文献**

長谷川まゆ帆（2018）『近世フランスの法と身体──教区の女たちが産婆を選ぶ』
深沢克己（2007）『商人と更紗──近世フランス＝レヴァント貿易史研究』

3) 教育と職業

①女子教育の目的と手段

Ⅱ-2-5-①, Ⅱ-2-5-⑤　【読】世11-3

◆前近代の教育と女性　女子を対象とする教育が制度化され、普及していくのは近代以降のことである。近代になると、教育は学校という制度のもとで行われる、一定の目的をもった営みとして理解されるようになる。近代社会は、性別役割分業によって構成された社会である。近代社会において女性と男性の教育目的は異なるものとなり、異なる教育目的は、異なる教育方法を必要とする。

　しかし、それ以前にも女子は教育の対象であったし、女子は学問をすることが可能な存在と認められていたことは押さえておく必要があるだろう。

　現代において、教育は個人の力を「引き出す」というイメージから語られることが多い。とは言え、そもそも教育（education）という概念は、古代ギリシャにまで遡ると子どもを養育するという意味であった。つまり、人類の歴史上、ずっと子どもは存在していたし、教育という営みはあった。そのような理解に立てば、女子も男子も教育の対象であったと言える。しかし、中世をへて、教育は個人になんらかの力を付与し、力を引き出す、目的をもった意図的な営みと理解されるようになっていく。目的が意識される学校では、男子の目的と女子の目的という区別がきわだっていくことになる。

◆学問と女性　そういった歴史の流れに抗って、学問を学びうる存在として登場した女性がいた。12世紀の有名な学者の1人にアベラールという神学者であり哲学者であった人物がいる。その生徒にエロイーズという女性がいたことは有名である。エロイーズは10代でアベラールの生徒となるのであるが、彼女が博識と学問に秀でていることは当時から有名であった。この教師と生徒の往復書簡は愛の書簡ともいわれ、13世紀以降、人々に広く知られるところになる。高い学問を身につけた優秀な女性として歴史的に有名になったエロイーズは、例外的な女性である。しかしながら、この一事例は、すでに大学が成立していく時代に、学問が女性にとって不可能なものではないことを体現してみせたとも言える。

　最終的には、アベラールとエロイーズの愛は叔父によって引き裂かれ、エロイーズは修道院にはいることとなり、2人の物語は悲劇で終わる。学問に秀でた女性で

あるエロイーズは修道院でその生涯を終える。エロイーズ以降も中世においては、修道院は引き続き女性たちにとってより高度な学問を学ぶことができる教育機関としての役割をはたしていった。

　◆『エミール』の良妻賢母教育論　中世から宗教者としての女性が教育を得られる機関として、修道院があったが、近代になると、かならずしも宗教者をめざさない女子教育についても議論がなされるようになる。男子のための目的的意図的な教育が議論されるようになり、女性についても議論されるようになっていく。

　そういった議論のうち、まずとりあげられなくてはならないものに、ジャン・ジャック・ルソーによる1762年刊行の『エミール』がある。家庭教師によって教育をうける少年エミールの物語は5部構成なのであるが、その最後、第5部は青年エミールの物語の中に挿入された、エミールの配偶者となる少女ソフィーの教育論があることはよく知られている。ソフィーの教育は、エミールの教育とは対照的に将来、良き妻、良き母となるための教育であり、主として母親によって行われる。ルソーは次のように言う。「男性は、善を行うのに自分自身に依存し、公衆の判断をものともしない。しかし、女性は、善を行うのではその仕事の半分しかしたことにならないのであって、人々が女性についてどう考えているのかが、女性が実際にそうであることに劣らず重要なのである。そこで、女性の教育システムはこの点で、男性のそれと反対でなければならない。」すなわち、ここでは、女性には、自立した人間として生きることは求められない。ソフィーは「エミール、この手をおとりになって。これはあなたのものです。あなたの好きな時に、私の夫、私の主人になってください。私はその栄光にふさわしい者になるように努力いたします。」といい、2人は「幸福な結婚」をするというところで、『エミール』は終わる。

　◆良妻賢母教育とその矛盾　このルソーの女子教育論は、その後の良妻賢母論のモデルとなり大きな影響力をもつことになり、そして、のちに女性解放論のコンテクストから、家父長制イデオロギーをまさに体現したものとして批判をうけることとなる。

　ただ、あまり広く知られてはいないものの、ルソーは『エミール』の続編も書いている。『エミール』の出版から20年近く経た1781年の『エミールとソフィー、または孤独に生きる人たち』である。この物語は、エミールとソフィーの結婚後、ソフィーが不倫をして、絶望したエミールが家を出て放浪するというものである。理想の教育をうけた男性と良妻賢母教育をうけた女性が愛によって結ばれて夫婦となる。そういった結婚が破綻する物語を描いてみせたルソーは、母を慕う子、母子を

見守る父という近代家族が、その誕生のころから綻びを内包していることを示したといえる。良妻賢母教育は、その教育論が普及し始めるその当初から、矛盾をはらんでいたことをルソーは予知していたとも言えるが、近代はそのことに目を向けることなく、良妻賢母教育を広め続けていった。

　　◆近代教育と家族　『エミール』で論じられた教育論は、カント、ペスタロッチ、ヘルバルトらによる近代ヨーロッパの高名な教育論に受け継がれていく。彼らに共通するのは、子どもの教育について、子どもの誕生から家庭教育をへて、学校教育にはいっていくというプロセスを論じたところにある。そのような議論で共通して教育の担い手として登場するのが母親である。父の権威と母の愛、と言う二項対立図式で語られる教育論のなかで、女性の生きる目的が、主婦としての家事と母の愛による子どもの教育であることが繰り返し説かれる。

　　こう言った教育論を支持したのが、産業革命の進展によって、その層を厚くし隆盛していったブルジョア階級である。欧米列強の国々で台頭してきた彼らは、みずからの能力と努力が社会的な地位と財産を左右することを十分に知る人々であり、このことは子どもに対するより高度な教育を求めることとつながる。こうして、自らの息子たちに少年たちによりよい中等教育・高等教育を求める動きがおこっていき、これに連動して、女子教育にもより高度なものが求められることとなる。それまでのような家事に限定されるような教育から、少年の教育により近い高度な学校がもとめられていく。とは言え、そこで求められるのは、あくまでも妻であり母であることを超えるものではなかった。

　　◆女性むけ専門職養成と教育　しかし、19世紀後半になると、女子のためのより高度な教育の必要性が公的に認められるようになる。それが女子向け専門職の成立である。それまで、ブルジョワ階級の女性たちに自立した職業の道としては、ガヴァネスといったより上流の子どもの面倒をみる家庭教師のような職といったわずかな職しかなかった。しかし、男女比のアンバランスによって結婚という選択が必ずしも可能でない女性たちが大量に発生し、その身分にふさわしい職業によって自立した生活をしていくことが求められるようになっていた。そのような職業の中に、女性向けの職業として、教師や看護師といった職業がある。

　　19世紀に、欧米列強で初等義務教育制度が制度化されていくのであるが、民衆のための学校が大量に設置されると、同時に教師が必要となり、女性たちは続々とその担い手となっていった。その結果、初等教員のなかの女性教員比率は高まっていくこととなる。また、それまで衛生兵といった男性が担っていた看護を、戦場に女

性がでていって看護にあたることが可能であると示されることによって、看護は男性にかわる女性の職業に転換されていった。

　教師や看護師という職業には専門的な知識と訓練が不可欠である。そしてそれを学ぶための学校もまた必要となる。そこで専門職養成の学校が女性のためにつくられていった。教育とケアを担う職業は、近代の性別役割分業の理念と齟齬をもたらさない女性むけの専門職として、社会的に認知されるようになった。例えば、アメリカでは、「共和国の母」という言葉で示されるような議論がおこり、ドイツでは「精神的母性」という言葉が論じられた。これらは、女性のあるべき姿を母に象徴させ、それを基軸としながら、女性の社会での活動を認める論理を代表する言葉である。こうして、女性向けの職業養成を目的とした教育と、女性による公的な教育が拡大し、展開していったとも言える。

　◆**大学と女性**　こうして、19世紀から20世紀にかけて女性が学ぶ学校が普及し拡大していったのであるが、学問を担う場である大学の門戸はかならずしも、簡単に女性にその戸を開いたわけではなかった。中世のエロイーズが哲学や思想といった学問に秀でていたように、すでに学問に優れていた女性がいたことは知られていたにもかかわらず、女性が大学で学ぶ道は開かれていたわけではなかった。

　そのような中で、アメリカのオバーリン大学は1833年設立の最も早く女子をうけいれてきた大学であるとみなされている。しかし、オバーリン大学で女子学生が入学したのは、大学を家族とみなすという宗教的な背景があるためで、大学の中に家族の中の性別役分業がもちこまれていたという面があることは否めない。

　女子教育の目的が主婦として母としてその役割を全うすることにあるという思想は、少女向けの教育のみならず女性の大学教育においても無関係ではなかった。そういった思想がすこしずつ変化していくのは20世紀も後半になってからのことである。（小玉亮子）

▶**参考文献**
川本静子（1994）『ガヴァネス（女家庭教師）─ヴィクトリア時代の〈余った女〉たち』
志村鏡一郎（1977）「欧米女子教育史」世界教育史研究会編『世界教育史体系34 女子教育史』
坂本辰朗（1977）「アメリカ高等教育における男女共学制の発展─19世紀を中心に」『慶應義塾大学大学院社会学研究科紀要社会学心理学教育学』17

3) 教育と職業

②津田梅子と女子英学塾

📖 Ⅱ-2-5-⑤　🔍【読】世11-3, 日8-4

◆**初の官費留学生**　6歳で日本初の官費女子留学生の1人となった津田梅子(1864-1929年)は、他の4名の女子留学生とともに1871年に岩倉使節団に伴われて渡米し、約11年間、アメリカ人のホストファミリーに愛情を注がれ育まれた。梅子は8歳で自ら望んでキリスト教の洗礼を受けた。当時の米国におけるキリスト教は、女性に家庭性や敬虔、純潔、従属性を求めたが、他方で、女性に男性より優れた道徳力があるという強い信念を与えるという両面性があった。

◆**帰国後のカルチャーショック**　約11年間の米国での初等、中等教育を受けて帰国すると、最初に直面したのは言語の問題だった。日本語をすっかり忘れていたからだ。キリスト教徒であった梅子は、性道徳をめぐる女性と男性のダブルスタンダードにも大いに義憤を感じた。何より強いショックを受けたのは女性の社会的地位の低さ、そして家庭内での従属的な役割であった。

梅子はまた、職業、家庭内での役割、教育の機会などがジェンダーによって別々のトラック(道)になっていることをすぐに思い知らされた。異文化体験をしたからこそ、日本ではそもそも女性と男性で享受できる教育や職業の機会に大きな格差があることを、鋭く捉えることができたのである。

梅子は正規雇用されるまでに3年の年月を要した。それまでに宣教師が設立した学校や、教育者で歌人の下田歌子が開いた桃夭女塾で英語を教えたりしたが、どれもフルタイムの仕事ではない。多額の投資をした官費女子留学生に、政府が受け皿を用意していなかったことに梅子はひどく落胆した。男子留学生は日本の近代化に資するべく、さまざまな官職に起用されていたからだ。

◆**華族女学校**　昭憲皇太后の肝いりで創設された華族女学校は宮内省管轄の官立の学校だった。伊藤博文らが創設準備委員会に入り、華族の女子のための初等・中等レベルの教育が構想された。1885年に梅子は本校の教授補として採用され、これで官費留学生に値する職務が与えられたと安堵した。翌年には教授に昇格し、奏任官6等年俸500円と昇給もした。

◆**再度の米国留学**　しかし、母や妻の役割を果たすことを前提とするような女子

教育の現状に飽き足らず、梅子は再度の留学を目指す。この時点で、梅子は「第一級」の教師を目指すという生涯の目標を明確にしていた。米国のセブンシスターズ（北東部に位置する歴史的に重要な7女子大学）の一つに留学し、さらに高等教育機関で研鑽を積むことを切望した。

　◆**ブリンマー大学**　1回目の留学で得た知己である親日家のメアリ・モリスがセブンシスターズの1校であるブリンマー大学の学長に掛け合い、授業料と寮舎費の免除を取り付けてくれた。梅子は教授法を学んでくると華族女学校に申請し、有給で2年間の研修期間が認められた。

　ブリンマー大学で生物学を専攻し、当時の米国のきわめて高い水準にあるリベラルアーツ教育を受けた。指導にあたったT・H・モーガン博士とカエルの卵の発生について研究を行い、後に共著論文も発表している。さらに、1891年の1月から約半年間、オスウィーゴ師範学校で新しい教授法を体得した。

　米国では19世紀の半ばから一部の大学で女性に門戸を開いていたが、女性が高度な学問をすると女性の生殖機能が冒されると医師によって警鐘が鳴らされるなど、高等教育を受けようとする女性にはさまざまな障壁があった。梅子が出会ったM.ケアリ・トマス学部長は、そのような障壁がある状況に抗い、女性も高度な学問をする力量があると生涯をかけて実証しようとしたフェミニストだった。女性の地位向上に真剣だったブリンマー大学で受けた高等教育の真髄は、梅子の揺るがぬバックボーンとなった。

　◆**「日本女性米国奨学金」**　2年間、充実した留学生活を送った梅子は、この貴重な経験を自分1人で終わらせるのではなく、多くの日本女性たちにもつなぎたい、と考えた。そこで、奨学金制度をつくるために、1年間の延長を華族女学校に願い出た。8000ドルを集めれば、その利子で4年に1人、留学生を日本からブリンマー大学に派遣できる。モリスやメンターのトマス学部長の支援を得て、1年間で当初の目標額を達成し、「日本女性米国奨学金」と呼ばれた奨学金制度を創設した。本奨学生らは、その後、日本の女子高等教育に貢献し、指導的な役割を担った。

　◆**ブリンマー大学から帰国**　1892年、ブリンマー大学から帰国後、梅子は再度華族女学校に奉職した。1898年には、女子のための高等教育機関として唯一存在していた女子高等師範学校の教授を兼務し、二つの官立の学校で勤務することになった。同年、再度米国に渡り、万国婦人クラブ大会で日本を代表してスピーチを行う。その後、渡英し、オックスフォード大学の聴講生となって、セント・ヒルダズ・ホールに滞在し、女性の高等教育への知見を深めた。念願だったナイチンゲールとの面

会も実現した。看護の分野などで女性の専門職を切り拓いたナイチンゲールと女性の地位向上について意見を交わした。

◆**私塾の創設**　海外で1年間、自らの使命を熟考した梅子は、ついに官立の学校を辞任し、米国や英国での体験を基盤にして、日本で女性の高等教育を実現することを決断する。背景には、1899年に高等女学校令や私立学校令が公布されていたこともあった。「日本女性米国奨学金」の支援者が再び寄付母体となった。奨学金制度創設で培ったネットワークと募金活動の成功体験が梅子の私塾を後押しした。梅子は日本の女性が高等教育を受けられる道筋を作るべく、自らのミッションを定め、1900年に女子英学塾（現・津田塾大学）と名付けた私塾を創設した。

◆**開校式式辞から**　津田梅子が女子英学塾に込めた理想は、開校式の日に日本語で語った式辞に凝縮されている。その中で使われた「all-round women❶」という言葉は、式辞で使用した、唯一の英語であった。

女性にリベラルアーツ教育は必要ないとされ、旧制高等学校も帝国大学も門戸を開いていなかった時代にあって、梅子は女子高等教育の理想を、あえて「all-round women」という英語で言い直した。現代の用語で言うならば、女性も「総合知」を探求せよということだ。「all-round women」という日本語では表現できなかった言葉には、困難をものともせず自らの理想を実現しようと、女性の高等教育に全力で挑戦した、明治女性の気概と決意が込められていたのである。

しかし、梅子がブリンマー大学において実体験したリベラルアーツ教育をそのまま日本で展開することは、現実には不可能だった。必要な資金や設備、そして教師陣が決定的に欠乏していたからだ。それにもかかわらず、開校式式辞では次のように理想を語った。「教師の資格と熱心とそれに学生の研究心」が「大切なこと」であり、少人数の生徒の個性を重視し、それぞれの特質に応じて教育を提供すれば、「格別の設備がなくとも、どの程度まで此れ等の生徒を教育することが出来るかを試して見やうと考へてゐました」と。

◆**「高尚な働き」を与える専門教育**　最初の留学から帰国した当時には、働く学校も、得た知識を応用する機会もなかったことについて言及した後、次のようにも述べている。「英学塾の目的はいろいろありますけれど、将来英語教師の免許状を得やうと望む人々のために、確かな指導を与へたいといふのが、少なくとも塾の目的の一つであります。形こそ見る影もない小さなものでありますが、婦人に高尚な働きを与へるかういふ学校は、これからの婦人に無くてならぬものと考へまして、此の塾を創立することにいたしました。」

さらに、「この塾は女子に専門教育を与える最初の学校であります。」とも言い切ったが、だからこそ、世間から言葉遣いや礼儀作法、服装など些細なことで批判の対象とならないよう注意を促した。

◆**民の立場から**　注目すべきは、梅子自身、官立の女子高等師範学校と華族女学校に勤務していたにもかかわらず、女子英学塾を「女子に専門教育を与える最初の学校」と述べている点である。彼女は官費留学生として官立の学校で「恩返し」することを名誉に思い、義務感も持っていた。また高い身分と俸給を保障されていたにもかかわらず、官の世界の男性エリートが主導する女子教育のありように安住することはなかった。梅子はさらに高い志を抱いていたのだ。すなわち、女性であっても男性と同程度の実力を身に着けられるよう学生を導くのが願いであると述べ、女性が男性と対等な自立した個人となり、広く世界で市民として活躍するよう望みを託したのだった。

◆**米国や英国の女性たちと連なる**　明治時代の男性指導層が骨格を作った女子教育を真っ向から否定したわけではない。梅子は、新たな要素を海外から導入し、従前の規範や理想の女性像を「民の立場」から少しずつ変革しようとした。それは、女性の教育機会の拡大や地位を向上させるべく、同様に格闘していた米国や英国の女性たちと連なっていたからできたことだった。日本女性の活躍の場を広げる梅子の挑戦を支えていたものは、女性が発揮できる才能と、社会に働きかける力量に寄せる、大きな信頼と希望であった。（髙橋裕子）

---

❶「all-round women」の前後の文章は以下の通り。音楽や絵画などアートについての学びにも言及があることに注目したい。「専門の学問を学びますと兎角考へが狭くなるやうな傾があります。一つの事に熱中すると、他の事柄を忘れがちになるものです。英語を専門に研究して、英語の専門家にならうと骨折るにつけても、完たい婦人となるに必要な他の事柄を忽せにしてはなりません。完たい婦人即ちall-round womenとなるように心掛けねばなりません。かういふ考へから月に一二回は英語の外に、色々の問題について専門家のお話を伺ひたいと思ひます。早速今週の金曜からミス・ベーコンに時事問題を受持つて頂くことにいたしました。其の外音楽や絵画なども希望の方にはお教へしたいと思つてゐます。」『改訂版 津田梅子文書』。「all-round women」については、髙橋裕子（2021）「All-round Women」『武道』656号、「日本女性米国奨学金」については、髙橋裕子（2018）「女性リーダーの育成と津田梅子」『IDE現代の高等教育』604号を参照。

▶**参考文献**
髙橋裕子（2022）『津田梅子―女子教育を拓く』
髙橋裕子（2002）『津田梅子の社会史』
津田塾大学編（1984）『改訂版 津田梅子文書』
吉川利一（1956）『津田梅子伝』

3）教育と職業

③ムスリム社会の女子教育

📖 Ⅱ-2-4-③、Ⅱ-2-5-⑥、Ⅱ-4-4-⑥　🔍【読】世15-8

◆歴史的転換点としての近代学校教育　ムスリム社会の女子教育の歴史的転換点はいつか。18世紀末〜19世紀初頭のオスマン帝国下のイスタンブルにおいては近代的な教育改革が始まる前にすでにムスリム女子に初等教育の機会が開かれていた（Akiba 2019）ものの、多くの地域においてそれは近代学校教育の登場を抜きには考えられない。近代学校教育の登場は、共同体の成員としての女性から国家の成員としての女性へと、まなざしに変化をもたらした。

◆近代学校教育以前の女子教育　ムスリム社会の伝統的教育は、地域によって名称は異なるが、初歩的な教育を行うクッターブと専門的なイスラーム諸学を学ぶマドラサによって行われた。クッターブでは基本的に男女を問わず、クルアーン読誦、預言者ムハンマドや教友の善行などが教えられた。ウラマー（イスラーム学識者）養成を目的とするマドラサは男子に限定された。このことは、ムスリム社会において男性が指導的な地位にあることと密接に関係していた。

◆近代学校教育以降の女子教育　近代学校教育の導入は、知識や学びの性質を大きく変えた。国家（独立前は植民地政府）が保障する機会や内容にはジェンダーによる差異はあるものの、それは女子教育変革の契機となった。特に植民地下にあった19〜20世紀前半においてはイスラームに対する西洋の偏見、つまりムスリム社会では女子の教育機会が制限されているという偏見を払拭する必要があった。

　19世紀末頃から論じられるようになった女子教育の議論を受け、ムスリム女子の就学は徐々に進んだ。同時にイスラーム改革運動の影響を受ける形で伝統的教育のあり方が問い直され、近代学校教育の要素を取り入れたイスラーム「学校」が設立された。女子が教育を受ける権利については、「改革派」「伝統派」を問わず支持された。女子教育は、近代学校教育が包含する普遍性の原理と、男女ともに知を追求する義務があるというイスラームの教義から正当性が付与された。就学するムスリム女子の増加により女性教員が必要となり、各地で女子師範学校が設立された。このことは女性がより高い学歴を取得する契機ともなった。ただし、学校におけるヴェール着用の問題や男女共学・別学の問題は常に論争点であった。また、女子教育推進の背景には運動を

牽引した女性たちの存在があった。教育を受けた女性たちは、タクリード（ウラマーの見解に無批判に従うこと）によるムスリム女性に対する不公正な言説や社会構造に対し、雑誌の創刊や教育・福祉分野での活動を通して異を唱えた。このような女性運動は各地で共鳴し合い、20世紀前半には地域を越えて連鎖した。

　植民地支配から独立した多くのムスリム社会では国民教育が整備され、

イスラーム共学学校「ディニア・スクール」（インドネシア）の女子生徒（1930）（出典：Pengurus Diniyyah Puteri Padang Panjang（1978）*Peringatan 55 Tahun Diniyyah Puteri Padang Panjang.*)

就学率の上昇とともに女子教育や女性による社会運動が発展した。そこには国家と宗教の関係や経済発展の違いにより、一括りにはできない多様性がある。例えば、マレーシアでは女子の就学率が男子を上回るが、逆の地域もある。ヴェール着用や男女共学・別学への対応も異なる。一方、女性をめぐる言説は政権が打ち出す女性政策や経済政策に左右されやすく、国家発展のための開発への女性の動員は女性参加というスローガンのもと、女性の存在を画一的な女性像や家族像に収斂させる共通の傾向がみられる。結果として開発と家庭、社会貢献を担うムスリム女性には多重の役割が課され、葛藤が生じている。

　◆提起される課題　ここで浮上するのは、ムスリム女性は何のために教育を受けるのか、ひいては教育は何のために、誰のためにあるのかという根本的な問題である。男女等しく教育を受ける機会が保障され、一般大学のみならずウラマーを養成するイスラーム大学へのムスリム女性の進学が増加しているにもかかわらず、また社会進出が推奨されるにもかかわらず、女性が宗教的権威となるケースはきわめて限定されている。このことは社会構造と教育制度の間の矛盾とも言える。教育制度において男女が同じ権利を有することと、社会のなかで同等の役割を負うことは同義ではない。一方で、ムスリム女性は教育・福祉分野をはじめとする社会活動の分野で積極的に社会貢献をしている。ジェンダー・ギャップ指数といった画一的な指標で教育の成果を測るのではなく、近代学校教育の論理の再考を迫るような女子教育の積極的な意味、さらにこれらを公正に評価する問題提起が、ムスリム社会の女子教育に内在しているように思われる。（服部美奈）

▶参考文献
Akiba Jun (2019) "Girls Are Also People of the Holy Qur'an": Girls' Schools and Female Teachers in Pre-Tanzimat Istanbul,"*Hawwa: Journal of Women of the Middle East and the Islamic World* 17 (1).
服部美奈・小林寧子編（2020）『教育とエンパワーメント』（イスラーム・ジェンダー・スタディーズ 3）
服部美奈（2001）『インドネシアの近代女子教育—イスラーム改革運動のなかの女性』

3）教育と職業

④ラテンアメリカの女子教育

　◆征服の手段としてのカトリック教化　ヨーロッパによる征服以前のラテンアメリカで出生時に男子には弓矢をもたせ、女子には糸巻きを持たせるという儀式に象徴されるように、家庭では性別役割に従ったインフォーマルな教育が行われ、女子には機織りや刺繍、料理などが母親から教えられた。当時の男女の役割分担は相補的で、支配層の女性たちは土地を所有し商売を営むなどしていた。しかし、スペインによる征服初期には、カトリック教会により先住民貴族女性たちの学校が設立され、キリスト教化がすすむと女性の地位は従属的となり、スペイン人征服者との婚姻により先住民貴族女性の土地や財産も取り上げられた。

　◆植民地時代の女子教育　16世紀にはラテンアメリカに副王領が置かれ、植民地宗主国の支配が確立し始めると、女子修道院が植民地貴族や本国から移住した官僚などの支配層の女性たちの教育機関および貧しい白人女性たちを保護する慈善機関としての役割を果たした。植民地支配層の女性たちは、結婚までの期間を女子修道院で過ごし、簡単なラテン語の読み書きや音楽、手仕事などを学んだ。男性のための修道院は、植民地支配層の子弟が、神学や法学を学び、後に大学となる高等教育機関の役割を果たしたが、女子修道院は、貧しい白人女性が「堕落」しないように、また貴族の子女の「貞節」を守ることが主要な役割で、教育レベルは男性のための修道院と比較にならなかった。

　◆都市と農村の教育　19世紀初頭、植民地本国からの独立期前後には、都市を中心として富裕層の女子が通う「アミーガ」と呼ばれる私塾ができていた。男性のための私塾では、大学の準備教育が行われたが、女性たちの私塾は、ラテン語の初歩ができる程度の女性教師により運営され、読み書きや手仕事などを学んだ。一方、都市で白人支配層の使用人として働く先住民や農村地域に居住する先住民には、教区教会で行われるキリスト教の教化教育以外の教育機会はほとんどなかった。独立以降、公教育導入が模索されるが、実際には主要都市を中心に普及した程度で、20世紀初頭においてもアンデス地域やメキシコなどの先住民人口の多い国々では、公用語であるスペイン語を理解し、読み書きできる先住民はわずかで、とくに女性は、ほとんどがスペイン語を話せず、先住民言語を使って暮らしていた。

◆近代化と女子教育　独立期の混乱が収束し始めた19 世紀後半から、ラテンアメリカ諸国の近代化が始まった。アルゼンチン、チリでは、ヨーロッパからの移民導入政策による近代化が開始された。また、メキシコをはじめとして中米地域でも、ヨーロッパ資本による鉄道建設や電信・電話の普及が始まり、近代的国民国家への歩みが始まった。植民地時代から続くカトリック教会支配を脱し、国民国家の形成のために公教育制度が導入された。近代国家は、健康な子どもを産み国民を育てる役割を女性に期待し、その役割を担う女性を公教育の対象とした。全国に初等教育を普及させるために教員養成が急務となり、女子教育のために女子師範学校や女子中等教育機関が各地に設立された。

◆女子職業教育　都市を中心とした近代化は、新たな職種や専門職の需要を生み、女性たちにも電話交換手や印刷のための植字工、速記者、秘書などの新たな職種が生まれた。また、優生学の影響のもとで生活環境の改善が求められ、女子中等教育に家政学や衛生学が導入された。女性のための職業教育として裁縫や調理、タイプや速記の科目が置かれ、同時に栄養や衛生の知識を教えるための「家庭学校」が設立された。女子職業学校は、親や夫の庇護が得られず、経済的自立を必要とする女性たちを対象としたが、当時女性にひらかれた職業は初等学校の教員などで、極めて限定されていた。

◆教育におけるジェンダー格差　ラテンアメリカは、1950年代に急速な都市化、そして1970年代には経済発展と人口増加を経験し、女性の教育参入も拡大した。基礎教育の在学率も大幅に向上し、ユニセフの子ども白書（2019）によれば初等、前期中等教育の就学率および修了率は女子が男子を上回っている。これは、就労機会が女子より多い男子が学校を中退する割合が高く、男子より教育年限が長くないと女子は就職が不利なためなどの理由からである。一方で、ラテンアメリカでは都市と農村、階級間の格差が、ジェンダー格差を上回っている。最も教育機会を奪われているのは都市の貧困層と農村地域の女性である。女性の教育水準が全般に上がっているなかで、中間層以上の女性の政治・社会進出は日本より進んでいるが、下層の女性たちの正規労働の就労機会は限定的で、家事労働者や屋台の物売りなどの非正規労働に従事せざるをえない。（松久玲子）

▶参考文献
国本伊代編（2015）『ラテンアメリカ　21世紀の社会と女性』
松久玲子（2012）『メキシコ公教育におけるジェンダー・ポリティクス』

　　問い　①植民地時代にカトリック教が理想とする女性像はどのようなものだったか。
　　②ラテンアメリカにおいて、階層間格差は女性の教育や就労にどのような影響をあたえているのだろうか。

コラム⑥ 明治の女医

◆**医師の資格**　明治維新以後、医学の世界では旧来の和漢医学から西洋医学への転換が図られていった。医師の制度も同様で、官公立の大学や専門学校、医学校などの卒業生、海外の医学校卒業者、医術開業試験合格者が医師とされ、加えて諸制度が定まる前から開業し、地方庁の審査を受けた医師が従来開業医として政府に認められた。ただし、これらは男性の医師に関してで、女性は官公立の大学・医学校等への入学が許可されず、医術開業試験合格者、海外の医学校卒業者、そして従来開業医の3通りの医師に限られた。

◆**従来開業女医**　明治時代、女性医師は女医と呼称されていた。明治の女医で著名なのは1885年に初めて医術開業試験に合格した荻野吟子だが、吟子以前に明治政府が承認した従来開業の女医たちが存在したことは、あまり知られていない。しかし明治時代の医籍を見ると、少なくとも全国に74名の従来開業女医が存在したことがわかる（表）。中には医師としての活動の時期が明治後期に至るものもあり、医術開業試験合格の女医と併存していた。彼女らは医家を継承し、私塾を興すなど地域での影響力も大きかった。また医籍登録されなかった明治前期の女医たちの存在も注目される。漢方医宮野ユラは、漢方医の資格試験実施を訴え、また桑田薫は江戸末の著名な種痘医の娘で、19歳で父の後を継ぎ有能な種痘医として活動した。医制の整備以前、社会の中で幅広く多様に女医が活動していたことが知られる。

◆**西洋医学を学んだ女医**　このような女医たちの後を継いだのが、西洋医学を学び医術開業試験に合格した荻野吟子以下の女医である。明治期に西洋医学を学び、医籍登録された女性は240名に上る。明治政府は当初、女性の医術開業試験受験を認めていなかったが、1884年に受験が許可され、翌年新たな女医が誕生した。しかし明治期を通して、女性は、あくまで試験合格医としての地位しか与えられなかった。また女医が大学での研究を求めても認められず、ようやく大学での職が得られたのは1906年だった。医師会で蔑まされることもあった。しかしその中でも病院経営で成功する者、慈善活動に身を投じる者、さらにはドイツ留学で学位を得る者など、多彩な活動が記録されている。また医師社会における疎外感は新たに女医の集団としての結束を固めた。

以上のように、明治期の医療の世界においては、従来開業女医と試験合格の女医、さらに若干名の外国医学校卒業の女医が混在し、女性が医療に携わる社会が継続されていった。しかし一方で、明治期に作られた女子を大学等から排除するという新たな差別が女医に対する壁となったことも確かであった。（三﨑裕子）

▶**参考文献**

日本女医史編集委員会編（1991）『日本女医史（追補）』

表　従来開業女医一覧

番号	都道府県	氏名	生年	番号	都道府県	氏名	生年
1	北海道	三野 かす井	1858	38	滋賀	畠山 まつゑ	
2	宮城	榲森 ヤス		39	京都	西村 タネ	1854
3	宮城	山崎 富子	1850	40	京都	田宮 リウ	1840
4	山形	柏倉 ハツ	1828	41	京都	田島 セイ	
5	福島	村山 テツ		42	京都	藤田 意ト	
6	栃木	吉原 テイ	1827	43	京都	笠樹 タカ	
7	栃木	稲田 ギン	1858	44	京都	岡村 マサ	
8	栃木	稲葉 タミ		45	大阪	吉井 ゲン	
9	栃木	稲葉 ヤス		46	大阪	萩本 アイ	
10	栃木	鈴木 リツ		47	大阪	松本 アイ	
11	栃木	矢野 コウ		48	兵庫	浅田 ムメノ	
12	群馬	須田 シエ		49	兵庫	村上 シン	
13	群馬	今泉 常	1827	50	奈良	加藤 キク	
14	千葉	小林 以智	1853	51	奈良	榎本 スミ	1816
15	千葉	蛭田 コウ		52	奈良	石川 ヤスノ	1836
16	千葉	斎藤 ロク		53	奈良	深瀬 コン	
17	東京	井上 イツ	1837	54	奈良	三宝 スミ	
18	東京	小島 イク	1825	55	島根	山延 ハル	
19	東京	宮本 ハナ		56	島根	樋野 チヨノ	
20	神奈川	小池(池田) マツ	1850	57	島根	小倉 ミヨ	1850
21	神奈川	稲田 カヨ		58	島根	三田村 ハル	1849
22	神奈川	矢崎 セイ		59	岡山	横山 サノエ	
23	神奈川	小池 よし糸		60	岡山	片山 サノ	
24	神奈川	金子 ケイ		61	岡山	佐々木 カノ	
25	神奈川	井野 エツ		62	岡山	光後 玉江	1830
26	神奈川	松本 アイ	1846	63	香川	三宅 一歌	1849
27	新潟	瀧澤 トラ		64	福岡	髙場 乱	1831
28	新潟	大島 シゲ	1844	65	宮崎	田村 キノ	
29	富山	佐伯 タカ	1844	66	宮崎	宮永 チタ	1860
30	富山	森 みつ	1852	67	宮崎	神宮司 ミワ	
31	富山	鶴見 モト		68	宮崎	望田 キミ	
**	石川	三野 かす井	1858	69	鹿児島	中馬 マサ	1839
32	山梨	小坂 ナカ	1829	70	鹿児島	春口 ユキ	
33	山梨	相澤 さつき	1837	71	鹿児島	春口 ユキ	
34	静岡	戸塚 ツチ		72	不明	小池 セイ	
35	三重	林 秋鴻	1830	73	不明	倉田 ウタ	
36	三重	平田 ケイ	1821	74	不明	中島 マサ	
37	滋賀	小笹 ヨシ					

出典：三﨑裕子（2019）「従来開業女医についての一考察」『日本医史学雑誌』65-3：301-313

コラム⑦　イランの看護師

◆看護師は女性の職業か？

看護師は女性の職業と思われている職種の一つだろう。日本で看護師の資格や業務内容を規定する法律名が「保健婦助産婦看護婦法」だったことからも、これらの資格が女性というジェンダーと深く関わっていたとわかる。男性は「看護士」と呼ばれていたが、看護婦・士という男女を分けた資格名称が「看護師」という性別を問わない名称に統一されたのは、わずか20年ほど前のことに過ぎない。

日本において、男性看護師の数は年々増加している。だが、2018年の統計でも、全看護師数における男性割合はまだ低く、1割に満たない。こうした職業による男女比の差は、女性・男性にはそれぞれ向いている職業があるという先入観や、女性が高等教育を受けること、家庭の外で働くこと、親族以外の男性と接することに対するその社会の許容度とも関連する。

筆者が調査地とするイランでも、看護師は女性の職業だとみなされてきた。イランはシーア派イスラーム教徒が多数派を占め、1978-79年のイラン革命以降、イスラーム共和制をとるようになった国である。しかし、サウジアラビアなど同じくイスラーム教徒が多数派でも、看護師が女性の職業ではない国もある。では、イランの看護師の状況はどう変化してきたのだろうか。

◆近代化政策と看護教育の発展

イランにおける近代看護教育は、1916年にアメリカの宗教団体がタブリーズに看護学校を設立したことに始まる。その後、全国の都市部に看護学校が開校した。看護教育の発展は、近代化・西洋化政策の下、高度医療を提供する近代的医療施設の建設と共に、女子教育を推進したパフラヴィー朝の後援に支えられていた。1978年のイラン革命時、看護教育機関は全国に55校あり、これらの看護学校に入学する学生は主に女子だった。

当時の看護学生や看護師の宗教的背景は定かではない。だが、キリスト教徒の女性の割合が比較的高かったのではないかと推測される。なぜなら、職場で男性医師と共に働き、夜勤をし、男性患者の身体のケアをすることもある看護師は、男女間の接触を忌避するイスラーム教徒の女性には好まれない職業だったからである。一方で、敬虔なイスラーム教徒として病人に奉仕するために看護師になる女性もいたことがわかっている。

◆男女隔離政策と男性看護師の増加

イラン革命後、イラン・イラク戦争（1980〜1988年）の混乱を経て、1987年にはすべての看護師教育機関が4年制大学に統一された。イラン革命は看護教育にも大きな影響を与えたが、ジェンダーの視点から見た最も重要な変化は、男性看護師の増加である。革命後、イスラーム政権は社会の各分野において男女隔離政策を進め、女性は公の場で頭髪と身体を隠す服装をすることが義務付けられた。これを受け、病院内でも男女隔離が徹底され、男性医師は産婦人科を選択できなくなり、男性患者を看護する男性看護師の需要が増えた。

現在、看護学科に進学する学生のほとんどはイスラーム教徒で、男女比はほぼ半々となっている。しかし、臨床で働く看護師数を見ると、男性は約3割にとどまる。これは、看護学科卒業後に看護師として就労しない男子学生が少なからず存在することを示している。ひるがえって、テヘランで看護学科教授職の会合や各州の保健省看護部の長が集うセミナーなどに出向くと、参加者の多数が男性であることに驚く。看護界の要職は男性が占めているのだ。こうしたアンバランスな状況には、いくつかの要因が関わっていると考えられる。

イランの国立大学看護学部の成績水準は決して低くない。しかし、看護師は女性の職業で、医師に従属する立場にあるというイメージが依然として残っており、実際に看護師になりたいと希望する男子学生は少ないのだという。だが、イランでは全国共通試験の成績順位で入学できる学部が決まってしまう。看護学部の入学者の男女比は大学側が設定しているので、看護に興味をもたない男子学生が入学することになる。

さらに、看護師という職業は高度な知識と技術が必要な職務を担うにもかかわらず、イランでは、他の医療専門職と比較して収入が低いという現実がある。そのため、看護学部を卒業した男性の中には、より高い収入と社会的地位を求めて、他分野の仕事に就くか、あるいは大学院に進み、教員や管理職に就く道を選択する人もいる。

2020年初頭、イランではCOVID-19感染が急速に拡大し、医療崩壊と言える状況に陥った。2021年9月の報道によると、13万6千人の看護師が感染し、そのうちの130人が命を落としたという。イラン政府はCOVID-19に感染して死亡した医療従事者を「殉教者」と位置付けると発表したが、看護師の待遇改善を求める抗議活動も起こっている。（細谷幸子）

4）文化とメディア

①表象のジェンダー化

📖 Ⅰ－4－5－①, Ⅰ－4－5－② 🔍【読】世14−9, 日7−13, 日8−13

◆**表象とはなにか**　日々の暮らしの中で、表象（英：representation）という言葉を耳にし、使うことはまずない。代表、代理、描写、上演などの意味を持つ翻訳語で、さまざまな学術分野で用いられるが、歴史学では、観念的、抽象的な事象や人が心に思い浮かべるイメージを、言語や視覚表現、音楽などによって、具体的に表したものを指す。いわゆる芸術作品にとどまらず、社会に流通する商品、広告、象徴、記号、標章などが含まれる。表象とは、実体に代わって、あるいは実体のない観念的なものを、社会が共有する表現とその技法、物語などを参照して再構成し、人の心に焼き付け、その意味や価値を人々の心性に刷り込む媒体である。ゆえにそれは、現実の記録や反映ではなく、私たちが生きる世界、現実を創り出し、それを解釈して教える役目や機能を帯びている。このような理解に基づくならば、表象は身近な存在であるとともに、歴史研究が扱う史資料の重要な一角を占める理由がわかるだろう。

◆**表象はジェンダー化されている**　では、私たちが日常的に直面する表象とジェンダーの関係を具体的に見てみよう。例えば、出産祝いの品である。そもそも服飾品売り場は、おおむね女性、男性に分けられており、子供用も変わりない。新生児向けには白や黄色などジェンダーレスな色の商品も用意されているが、生まれてくる子供は女児、または男児であるという前提に立ち、ピンク、あるいは水色など、本来性差に関係のない「色」が、商品に振り分けられている。白や黄色を選ぶのは、贈り手が生まれてくる赤ちゃんの性別を知らないためという可能性もある。色だけではない。女児用には花やリボン、男児用には車や飛行機などのモチーフがしばしばあしらわれ、デザインもジェンダー化されていることがわかる。また、小学校入学時に必要となるランドセルは、近年では色・型ともに急速に多様化しているが、長らく赤と黒が定番であった。つまり根拠不明で、変更可能な多くの表象が、男女の性差に強く結び付けられた社会に私たちは生きている。女性はスイーツに目がないといった言説やイメージ（稀少価値を付与されてジェンダー化されたスイーツ男子という表象もある）、缶入飲料から家電にいたるまでターゲットが男性であれば黒、女性

であればパステルカラーが多用されるなど、事例は枚挙のいとまがない。だが、すっかり慣れて見過ごしがちなジェンダー化された表象は、実のところ差別や抑圧、支配の構造と無縁ではない。そこで、この点を掘り下げるために、表象としての人の姿、人のかたちに注目しよう。

　◆「見る」／「見られる」の権力関係と女性身体　表象としての身体を見ると、普遍的な価値が広く認められた古今東西の「芸術作品」から商業広告、テクノロジーの革新で次々と進化する映像作品まで、あらゆる表現媒体に女性身体が用いられてきたことがわかる。近年SNSなどのネット空間やメディアで批判が集中し、〈炎上〉事件を繰り返す〈萌えキャラ〉と呼ばれる美少女キャラクターはわかりやすい例だろう。非現実的なほど胸が強調され、太ももを露出したミニスカートや水着姿の少女たちは、もちろん「現実世界の反映」ではなく、表象を生みだす側の「欲望」を示している。「見る」男性／「見られる」女性というまなざしの非対称は、現実に創造の現場を統括するプロデューサーや資金を握るスポンサーに男性が多く、言わば素材に過ぎない女性との間の決定的な力の不均衡が生じていることによる。ゆえに表象された女性身体を、現実の女性差別と切り離して見ることはできない。そもそも人に女性か男性かの二者択一を迫る社会の要請は非常に強い。表象としての女性身体にとどまらず、身体加工や装い、動作や声を通じて身体は様式化されている。ジェンダー化を含む身体の様式化は、生身の身体にも及んでいる。生身の身体を含め、身体は、おしなべてジェンダー化された表象であるのだと言えよう。

　◆表象による「他者」の制圧と領有　様式化された身体は、努力によって獲得可能な外見的魅力、個人が所有する資本とみなされる一方で、個人が帰属する集団の利益に関わる財産として管理される場合もある。また身体表象は、それを観る個人の感性に由来する「美」を基準に評価されるのであって、権力や差別とは無関係とする主張も根強い。しかし表象研究は、誰が、誰のために、どのような目的でそれを創造し、どのようなプロセスを経て、どこで享受（消費）されたのかを問題にしてきた。感性や美意識は、一定の共同体において社会的に醸成されるものであり、本能とは無関係であることが明らかになり、ジェンダー視点を積極的に導入した研究が進んだ。

　例えば、西洋美術史研究の分野では、古代ギリシアの時代に遡り、ギリシア人による「他者」の制圧と勝利のシンボルとして、東方の異民族にして女性戦士であるアマゾネスのレイプが政治的意味を持って繰り返し描かれたことが知られている❶。美術史家の若桑みどりは、軍国主義的なアテネにおいて、アマゾネスのレイプが多

く描かれた理由を二つあげている。第一に、父権社会の性役割秩序に反して自ら武装・統治し、性的に放縦な女性を懲罰するため、第二に、敵であるペルシアを「女性化」して貶めるためであり、表象には二重の意味があったと論じた。今日では科学的な根拠が否定されている人種、そして民族という観点から、「他者」に属する女性のレイプ表象は、家父長制社会における女性に対する威嚇であり続け、近代の帝国による植民地支配のメタファーとしても描写された。両大戦間期のフランスにおいては、装飾芸術における非西欧の意匠や技法、素材が取り入れられ、ジェンダーと絡み合った「プリミティブ」で「エキゾチック」な「アフリカ」を喚起する「他者」の身体がもてはやされた。帝国日本においても夥しい数の民族服を身にまとう女性像が描かれ、肌の色に代表される身体的特徴が本質化され、彼女たちの身体に重ねられたそれぞれの土地が、「包摂（支配）」と「排除（差別）」の対象として帝国の男性／主体のまなざしに差し出されたのである。

　◆男性性と男性表象　ここで、男性表象について考えておこう。古代ギリシア、ローマ時代に遡り、英雄的で理想化された男性身体は、神々や実在した為政者の姿として表象され、西洋美術の規範とされてきた。ところが、近代国民国家の成立期には、「国民」を構成する多様な身分や職業の男性たちに代わって、何者でもない（参政権すらない）「女性」が国家の擬人像、標章となった。マリアンヌ（仏）、ブリタニア（英）、コロンビア（アメリカ合衆国）などである。他方、芸術作品においては、男性の性的な身体描写が控えられるようになった。左下のウジェーヌ・ドラクロワの有名な油彩画「民衆を導く自由の女神」（1830年　ルーブル美術館蔵）において、マリアンヌを象る女神の足もとに斃れた下半身がむき出しの男や、左右に配置された銃を持つ男たちは、死ぬまで戦う兵士としての「国民」として非エロス化され表象された。対して、「美」

と「エロス」を担うのはもっぱら女性表象の役割となった。マリアンヌ像は、男たち「国民」を創出するために必要とされたのである。

　他方、東洋、とりわけ中国の周辺に位置する国に目を移すと、例えば唐王朝から制度や文化を学んだ平安時代の日本の宮廷社会のように、権力を持つ男性が参入して「女性性」を帯びた文化が肯定的・積極的に醸

成され、後世に影響を及ぼす場合があったことは看過できない。また前近代の日本美術における男女の身体表象は、性差よりも身分差に応じた違いが顕著な場合がある。例えば平安時代後期に宮廷社会で制作・享受された徳川・五島本「源氏物語絵巻」（12世紀）を見ると、天皇や院など最高位の権力者を含め男性貴族の身体はゆったりとした衣に包まれ、ふっくらとしたしもぶくれの顔、細い目と柔らかな太い眉、くの字型の鼻や小さな口が特徴的であるが、これらの表現は、同じ階級の貴族女性たちと共通している。

◆**異性愛主義からの脱却と表象の役割**　男女の性差を前提とした家父長制社会において生産された表象の多くは、男女どちらかにジェンダー化される場合が圧倒的に多い。また、ジェンダー視点を導入する歴史研究も、無意識のうちに「異性愛規範」を前提としがちで、史料／表象の中に、男／女を認定した上で、歴史の復元考察を試みる段階に長くとどまってきた。この枠組みの下では、男／女の二項に区分しうる現象のみが、ジェンダーの視点によって掬い上げられることになる。しかし近年では、男女二項に該当しない表象、あるいは一見するとステレオタイプを踏襲しているかに見える表象であっても、その細部や文脈に目を向けた繊細な分析が試みられている。言うまでもなく、文献史料や表象に明確な証拠が見出されないからと言って、同性愛、トランスジェンダーなどが存在しなかったことを意味しない。その意味でも、LGBTQ概念の導入は有効である。これまで支配的であった男女二項のジェンダー観を揺るがし、再ヴィジョン化を加速するためには表象研究はもちろんのこと、表象の創出に関与するあらゆる個人の意識の変革が急がれる。（池田忍）

---

❶ 有名な作例として次の画像を参照されたい。The Mausoleum at Halicarnassus（マウソロス王霊廟レリーフ　アマゾネスのレイプ場面　紀元前351年頃）大英博物館HP https://www.britishmuseum.org/collection/object/G_1847-0424-11

▶**参考文献**
若桑みどり（2005）「ジェンダー史研究と表象研究の不可分な関係について─実例による検証：女性のセクシュアリティーの家父長制的支配としてのレイプの表象」『ジェンダー史学』創刊号
同（2000）『象徴としての女性像─ジェンダー史から見た家父長制社会の女性表象』
天野知香（2017）『装飾と「他者」─両大戦間フランスを中心とした装飾の位相と「他者」表象』
池田忍（2007）「中国服の女性表象─戦時下における帝国男性知識人のアイデンティティ構築をめぐって」長田謙一編『国際シンポジウム　戦争と美術／表象　20世紀以後』
長谷川博子（長谷川まゆ帆）（1997）「歴史・ジェンダー・表象─マリアンヌの肖像と兵士の創造」義江彰夫ほか編『歴史の文法』
千野香織（1994）「日本美術のジェンダー」『美術史』136（『千野香織著作集』2010所収）.

| **問い** | あなたの記憶に残っている表象を思い出し、ジェンダーの視点からどのような問題、課題があるか考えてみよう。その場合、何が、どのように強調されているのかに注目したり、その表象が誰に、どのようなメッセージを伝えているかを考えてみると良いだろう。 |

4）文化とメディア

②「博物館」展示の意味

📖 I-4-5-②

◆**そもそもミュージアムとは**　博物館や美術館などのミュージアムは、あらゆる領域の文化や歴史をモノや画像や文章で見せるという意味で、社会的な情報伝達（メディア）装置である。もちろん、ミュージアムの役割はそれだけではない。文化庁のホームページにある「博物館の概要」によれば、博物館とは「資料収集・保存、調査研究、展示、教育普及といった活動を一体的に行う施設」であり「実物資料を通じて人々の学習活動を支援する」ことも重要な目的であるという。こうした施設は日本で1980年代に急激に増加し、2018年現在で全国にミュージアムが1286館、ミュージアムに類似した施設が4452館あり、合計で5700館以上にものぼっている❶。

◆**なにを見せるか／見せないか**　美術の作品を扱う美術館でも、科学の発明や発見を扱う科学博物館でも、共通しているのは対象とする領域についての調査・研究、つまり学問的な知識を土台としていることである。それはあくまでも客観的で、政治的な偏りのない中立性・公平性のあることが前提となっている。だが、実際に展示を構成するときには、限られた収集物や空間を使って行うために、見せるものを選択しなければならない。多様な現実のなかから意図的に一部を切り取って並べるわけなので、ミュージアム展示はいやがうえでも取捨選択の権力を帯びてしまうのだ。見られるものの背後には、たくさんの見られないものが存在する。ジェンダーやセクシュアリティ、他民族などマイノリティの問題が関わってくるのも、この点である。ジェンダーを例にとれば、科学史の展示のなかに女性の業績はどれだけ可視化されているか、美術展にどれだけ女性の絵画が出展されているか、という目線で見てみる必要がある。

欧米では1970年代フェミニズムの広まりとともに、主要な美術館に収蔵されている女性の作品が極端に少ないことが批判され、男女不均衡への抗議運動が

図1　女性美術館（ドイツ・ボン）
(https://museu.ms/museum/details/799/bonn-womens-museum)

組織されたり、女性作家の作品だけを展示する美術館などが作られた。ドイツのボンにある女性美術館はその代表的な例である（図1）。

◆歴史と暮らしの展示　日本でもっとも数の多いミュージアムは、地域や国の歴史と人びとの生活をテーマにした歴史民俗系博物館と呼ばれるものである。全国で470館を数え、ミュージアム全体の36.5％を占めている。代表的なものでは、世界各地の文化人類学・民族学の資料を展示する国立民族学博物館（通称「民博」、大阪府吹田市）や、日本の歴史、民俗、考古学を扱う国立歴史民俗博物館（通称「歴博」、千葉県佐倉市）などがある。さらに各地方や地域に根ざした郷土博物館のほか、個別のテーマを掲げたミュージアムとして、例えば東京の下町の生活をテーマとした「台東区立下町風俗資料館」がある。また、東京・九段にある「昭和館」は、昭和という時代に限定して庶民の生活を見せる私立の展示館で、戦時下での銃後の生活など母親と子供の経験が重点的に扱われていることが特徴である。

　一般的に言って、こうした歴史民俗系の博物館も、調査に基づいた知識の蓄積によって、可能なかぎり客観的に事実に近づこうとする努力がなされている。だが、歴史を再構成してディスプレイする際には、前述した何を見せるかの取捨選択とともに、一定のものの見方、視点や価値観が入りこんでくるのは避けられない。さらに言えば、展示をとおして、程度の差こそあれ一定の歴史認識へと観客を誘導することもありうるのだ。その意味で、歴史展示もまた政治性を免れないのである。

◆歴史展示とジェンダー　欧米では、前述のように1970年代からミュージアムに対するフェミニズムの側からの批判が高まった。例えば歴史ミュージアムの場合、大学などでの女性史の研究成果がミュージアムでの歴史・文化の展示にほとんど反映されていないことに不満の声があがったのだ。日本について見ても、たしかに国家の歩みといった「マクロな歴史」の展示には女性の登場する機会が少ない。国家の政体の歴史や、戦争や革命や経済政策の歴史には、ほとんど男性しか登場しないのである。女性が現れるのは、家庭生活を紹介するコーナーでの住居内の居間や台所の再現展示であったり、衣服や装身具の展示であったり、物売りの女性の姿であったり、近代になると大衆消費文化の担い手としての消費者としてであったりする。マクロの歴史を動かす、あるいは少なくともその一端を担う歴史や文化の主体としては見えてこない。展示のなかにどれだけ女性の経験が可視化されているかは、重要な鑑賞ポイントである。

◆現代の色眼鏡　しかし、ひとくちに「女性を可視化する」といっても、展示のなかに女性を多く登場させればよいということではない。そこに、現代の私たちが

無意識に抱いてしまっている性別役割をあてはめてしまってはいないか、という点にも留意する必要がある。例えば、縄文時代の生活を再現した展示で、男性は狩猟の獲物を持ち帰り、女性は家でそれを料理する、という光景が好んで設けられている。だが、女性でも魚を釣ったり採集したりすることはあったろうし、男性でも子育てをしていたかもしれない。上記の家族の様子は、近代家族の「男は外」「女は内」という固定観念、つまり「現代の色眼鏡」をとおして古代の家族を想像してしまっているのだ (松本、2017)。さらに、女性にまつわる画像資料にも問題が指摘されている。画家が描いた風俗画の女性や、映画ポスターに登場するヒロインの女優、あるいは化粧品の広告で微笑む女性など、理想化された女性像の多くは男性の目線で作られた「表象としての女性」である。像としての女性は、歴史を生きる主体ではなく、それを作画した人の捉えた客体なのである。現実の女性たちはこうしたイメージの受け手であり、その経験は展示のなかには反映されない。経験の主体としての女性を見せるには、現実の女性たちの「生の声」を文字資料や音声など、なんらかのかたちで展示に組み込む必要があるだろう。

◆歴博「性差（ジェンダー）の日本史」展　国内で開催された大掛かりな歴史展示のなかでもジェンダーの視点から企画された画期的な歴史展示が前述した千葉県の国立歴史民俗博物館で2020年10-12月に開催された。これは、日本列島の歴史を古代から戦後まで通覧しながら、「男女という区分がどのように生みだされてきたのか」というジェンダー区分の成立やそれが持った意味と、そのなかで女性がどのように生きたのかを、彼女たちの生の声を紹介しながら明らかにしたものである。「政治空間における男女」「仕事とくらしの中のジェンダー」「性の売買と社会」を三つの柱とし、政治や宗教、経済活動や家庭生活など、幅広い領域で女性たちがどのように生き、どのような権利をもち、どのように歴史を主体として経験していったのかが、豊富な資料で検証されている。また絵画資料には、それが男性中心社会の価値観で描かれていることの注意書きも付けられ、資料批判もなされている。わずか2カ月間の会期ではあったが大きな話題となった。

図2　「性差の日本史」展示風景
(https://www.museum.or.jp/report/99963)

◆**多様性と「語られない余白」**　女性の視点という切り口からマクロな歴史ミュージアム展示を構成することは、日本ではようやく緒についたばかりであり、今後も継続して模索される重要な展示テーマであり続けるだろう。そして、すでに前述の「性差の日本史」展でも試みられていたように、将来的には女性というカテゴリーのなかの多様性に重点がうつり、階級や性的指向、異民族などの様々な経験が反映されることも期待されるだろう。とはいえ、限られた展示空間の制約を考えると、すべての声を掬い上げることはもともと不可能であり、むしろ展示されたもの、解説されたものだけで語り尽くされない「余白」への想像力を養うことも重要である。展示を見て個人的な記憶を連想したり、当事者の沈黙の声に思いを巡らしたりすることが、能動的な鑑賞態度として大切なのである。（香川檀）

---

❶ 日本の博物館等の施設数

表1　種類別施設数

（施設）

区分	計	公民館 （類似施設含む）	図書館 （同種施設含む）	博物館	博物館 類似施設	青少年 教育施設	女性 教育施設	社会 体育施設	民間 体育施設	劇場、 音楽堂等	生涯学習 センター
平成14年度	94,392	18,819	2,742	1,120	4,243	1,305	196	47,321 (27,943)	16,814 (11,553)	1,832	―
平成17年度	94,998	18,182	2,979	1,196	4,418	1,320	183	48,055 (27,800)	16,780 (11,129)	1,885	―
平成20年度	94,540	16,566	3,165	1,248	4,527	1,129	380	47,925 (27,709)	17,323 (11,149)	1,893	384
平成23年度	91,221	15,399	3,274	1,262	4,485	1,048	375	47,571 (27,469)	15,532 (10,261)	1,866	409
平成27年度	89,993	14,841	3,331	1,256	4,434	941	367	47,536 (27,196)	14,987 (9,871)	1,851	449
平成30年度	90,311	14,281	3,360	1,286	4,452	891	358	46,981 (26,693)	16,397 (8,871)	1,827	478
増　減　数	318	△ 560	29	30	18	△ 50	△ 9	△ 555	1,410	△ 24	29
伸び率（％）	0.4	△ 3.8	0.9	2.4	0.4	△ 5.3	△ 2.5	△ 1.2	9.4	△ 1.3	6.5

（注）１．民間施設の回収率（推定）については、民間体育施設54.1％、私立劇場、音楽堂等65.8％である。
　　　２．（　）内は団体数を示す。
　　　３．増減数の△は減少を示す。（以下の表において同じ）
　　　４．下線部分は、調査実施以来過去最高を示す。（以下の表において同じ。）
　　　５．平成23年度調査以前の「劇場、音楽堂等」は「文化会館」として調査している。（以下の表において同じ。）

出典：文部科学省「平成30年度　社会教育調査」　Ⅱ調査結果の概要
https://www.mext.go.jp/content/20200313-mxt_chousa01-100014642_3-3.pdf

▶**参考文献**

久留島浩（2004）「国立歴史民俗博物館における博物館教育の試み」、国立歴史民俗博物館編『歴史展示のメッセージ──歴博国際シンポジウム「歴史展示を考える──民族・戦争・教育──」』
松本直子（2017）「日本の博物館におけるジェンダー表現の課題と展望──歴博展示に触れつつ──」、国立歴史民俗博物館編『歴博国際研究集会──歴史展示におけるジェンダーを問う』
香川檀（2011）「ミュージアムとジェンダー──展示による経験の可視化をめぐって」長野ひろ子・姫岡とし子編『歴史教育とジェンダー──教科書からサブカルチャーまで』
国立歴史民俗博物館監修「性差の日本史」展示プロジェクト編（2021）『〔新書版〕性差（ジェンダー）の日本史』

問い　あなたが過去に行ったことのあるミュージアムで、女性に関する展覧会や展示にどのようなものがあったか、挙げてみよう。

4) 文化とメディア

③消費のジェンダー化とグローバル化

📖 Ⅱ—コラム⑤　🔍 【読】世11—12

　◆**18世紀イギリスの新興中流層による新しい消費**　18世紀イギリスの国内市場は量的・質的に拡大した。質的な拡大に貢献したのは、この時期に勃興した都市中流層による消費である。彼女ら／彼らは、海外からの輸入品や国内製造業が生み出す多種多様な新しいものを消費した。こうした消費は浪費や放蕩とは一線を画すものであり、趣味の良い洗練された生活を送ることを可能にした。新しい消費財を室内装飾に取り入れたり衣服として身につけて外出したりすることは、自分たちのアイデンティティを表現する重要な手段でもあった。「女らしさ」／「男らしさ」も、こうした消費を通じて表現されたのである。

　◆**「科学的な」知の発展とジェンダー化された消費**　「啓蒙の世紀」と呼ばれる18世紀は、人間をエスニシティ、人種、性別の観点から分類することによって、ヨーロッパ白人男性の優越を確認していく時代でもあった。そのなかで、非ヨーロッパ、非白人、非男性（女性）は、ヨーロッパ白人男性「ではないもの」として、彼らに劣るもの、従属するものとして位置付けられるようになった。こうしたヨーロッパの「科学的」とされた知的枠組みの中で、それぞれの性のあるべき姿が規範化された。そこでは、家庭＜私領域＞と女性、家庭の外＜公領域＞と男性が結びつけられ、弱く受動的で感情的な女性と強く能動的で理性的な男性にあった行動・思考様式が形成されたのである。こうして新興中流層の消費行動や消費対象であるモノもジェンダー化され、そのなかで女性男性それぞれの「らしさ」が追求されたのである。ヴィクトリア期になると、新興中流層のジェンダー規範は労働者層にも浸透し、彼女ら／彼らの消費にも影響を与えた。

　◆**ジェンダー化された消費財——キャラコ**　18世紀イギリス社会においてジェンダー化された消費財としてキャラコをとりあげよう。当時、インドから持ち込まれた綿布は一般にキャラコと呼ばれたが、そのなかでも鮮やかな染めが施されたもの（更紗）は、17世紀後半以降、まずは室内装飾品や服飾小物として、その後衣料品として人気を博した。しかし、異国から入ってきたこの新しい消費財への熱狂に嫌悪感を抱き、愛国心を奮い立たせる者もいた。キャラコ反対派（主に男性）にとっては、伝統

産業である毛織物業を守ることが愛国的行為であり、キャラコを身につけた女性への攻撃はその意味で正当化された。女性への攻撃は、キャラコが毛織物の市場を奪うという経済的な意味を超えた理由づけがなされた。キャラコの軽さやふわりとした特徴はそのまま女性の軽率さや節度のなさに置き換えられ、女性の道徳的堕落が叫ばれたのである。キャラコのドレスを着た女性たちは、社会秩序を乱す浮かれた存在であり、こうした害悪を排除することは、イギリスの伝統的価値を守ることにつながるとされた。18世紀初頭には、キャラコ禁止法が施行されている。

　◆キャラコ国産化のジェンダー的意味　キャラコ禁止法や反対派の運動も時代を後戻りさせることはできなかった。異国からもたらされた軽い素材であるキャラコは、すでに毛織物の分野でも進行していた衣料軽量化の流れをさらに推し進めたし、鮮やかな色柄でありながら洗濯しても色落ちしないという機能性も人々を魅了した。キャラコ禁止法後は、国内で生産された代替品が市場に出回るようになった。代替は、まずは例外的に輸入が認められていた白地キャラコに色柄を施す捺染業からはじまった。18世紀中頃には、縦糸に亜麻糸を用いた布地生産も発展した。

　イギリスでは当初、織機に設置する際の張りに耐える強度を持った縦糸綿糸をつくることが難しかったので、亜麻糸を代わりに使った布がキャラコの代替品として生産されたのである。産業革命は、この紡績工程におけるボトルネックを技術的に解消していく過程であった。アークライトの紡績機が登場したことは、本来の素材での、すなわち、縦横糸とも綿糸のキャラコの国産化が可能になったことを意味した。しかしこのことは、イギリスによるインド製キャラコの代替化成功を意味しただけではなかった。イギリス製キャラコは、インドとは異なる近代的で効率的な方法で生産されたイギリス固有の新しい消費財として受け止められたのである。すなわちキャラコ国産化は、イギリスの伝統的価値観から厭われていたキャラコがイギリス的価値を獲得する過程であった。かつては軽率で節度のない女性と結び付けられていた新参者のキャラコは、18世紀後半における技術革新の進展とインドへの支配強化を通じて、効率性、先進性、強靭さといった男性的な意味を持つものへと転換したのである。

　◆「帝国意識」とジェンダー観　18世紀後半は、イギリスによるインド支配が拡大した時期であった。公式支配が始まるのは19世紀後半であるが、プラッシーの戦いをきっかけに東インド会社による実質的な統治は強化された。こうしたイギリスによる海外への勢力拡大は、イギリス人のなかに「帝国意識」を醸成させた。そのなかで、インドによる伝統的なキャラコ生産はイギリスの先進的で効率的な工場生産の対極におかれ、後進性や非効率と結びつけられた。このインドへの帝国意識はジェ

ンダー観と結びついていた。1760年代後半にベンガル地方に滞在したあるイギリス人女性は、現地の男性が「男らしくない」ゆったりした衣服を着ていると指摘したり、刺繍などの針仕事を男性が担っていることに違和感をもったりしている。これは当時のヨーロッパ的思考から発せられた言葉であるが、こうしたインドの状況は、ヨーロッパの「科学」からすれば、女性的特徴を有していたのである。

　18世紀後半にインドに渡ったイギリス人は、イギリス式の「趣味の良い」とされた家庭生活をそのままインドに持ち込んだ。イギリスでやっていたのと同じように室内を装飾し、同じような衣服を着用し、インド人との交流は最小限にとどめられた。インドにいながらインド社会とは一線を引いて生活していたのである。しかし、18世紀はじめまでにインドに渡ったイギリス人は、現地に溶け込んだ生活を送っていた。世紀後半と比較すると渡航する人の数も少なく男性が主であったが、インド式のゆったりした格好で公の場に出かけることを恥ずかしいとは感じていなかったのである。インドに対する意識は、18世紀後半のイギリス国内の急激な工業的達成とインドへの支配の強化とともに変容した。キャラコがもつ文化的意味の変容の背景には、こうした「帝国意識」の形成があったと言える。

　◆「女らしさ」とショール　キャラコから約1世紀後、透けるようなモスリンの白いドレスと一緒にカシミア・ショールを羽織るスタイルがヨーロッパ女性の間で流行った。モスリンとは、キャラコよりも上質の薄い綿布であったが、それは真っ白であること、そしてしなやかであることに意味があった。純潔や上品さといった女性の美徳を表現するものだったからである。カシミア・ショールは、薄いモスリン製のドレスしか着ていない女性にとっての寒さ対策という機能を果たしただけではなかった。肩にふわりと羽織ったり、腰のまわりから垂らして座ったりすることによって、女性らしさを演出する重要なアイテムとして用いられたのである。

　モスリンもカシミア・ショールもインドでつくられていたものであったが、イギリスの技術革新は、ここでもこれらの大量生産を可能にした。薄いモスリンをつくるにはキャラコ用のものよりも細くかつ強度のある縦糸が必要であったが、ミュール紡績機がそうした糸を紡いだのである。カシミール地方でつくられるショールは、その地に生息する山羊の毛が生み出す柔らかな風合いや独特の色柄で人気を得たが、1840年代までにはそれを模したイギリス産の「カシミア」・ショールが国内市場に出回った。国産のものは、綿、絹、羊毛などの繊維で生産されたため、カシミール産のオリジナルの風合いには及ばなかったが、羊毛に絹を混ぜて織るなどの工夫が施された。また、カシミールでは手で時間をかけて生み出された色柄は、ジャカード織機

や近代的な捺染技術によってそれらしいものが再現された。イギリスによる創意工夫と工業技術は、「カシミア」・ショールの低価格化と大衆化を実現させたのである。

　こうして、イギリスでは広い価格帯で多様なショールが生産されるようになり、あらゆる階層の女性たちのおしゃれアイテムとして定着することとなった。ドレスの流行は19世紀の間に何度も変わったが、ショールはその時々で着用の仕方を変えながらも女性らしさを表現し続けた。新興中流層の女性たちは、どのようなショールをどのように身につけるかで自分たちの趣味の良さを表現した。国産のものが出回った後も、カシミール産のショールは、インド帰りの男性が女性に送る土産物として重宝されたが、女性はそれを身につけることによって「立派な」男性が身近にいることをアピールできた。

　◆**「男らしさ」と長ズボン**　18世紀までの下層民以外の男性は、上半身はコートとウェストコート、下半身はブリーチズと呼ばれる半ズボンにタイツというぴっちりしたスタイルが通常であった。また、派手な色柄でレースなどの装飾が施されていた点は、女性の衣服とあまり変わらなかった。しかし、19世紀に入ると、暗い色調のシンプルなスーツスタイルが主流となっていく。18世紀末から19世紀前半は、男性の着装の大きな転換点であった。

　ゆったりした長ズボンは、イギリスでは身体を酷使する労働者や水夫が着ていたが、18世紀末には、おしゃれな衣服として海軍の高官、植民地入植者、さらには機能性を重視する都市中流層にも広がった。イギリスの海外覇権の強化とともに、水夫や海軍の男性たちが着用する長ズボンは強さの象徴となり、それが女性への魅力ともなった。長ズボンの海軍への供給は、納期に合わせて大量生産できる仕組みが整っていなければならず、これもイギリスがこの時期に構築した合理的で効率的な生産と流通システムによって可能となったのである。（竹田泉）

▶**参考文献**
木畑洋一（2008）『イギリス帝国と帝国主義―比較と関係の視座』
竹田泉（2013）『麻と綿が紡ぐイギリス産業革命―アイルランド・リネン業と大西洋市場』
竹田泉（2020）「18-19世紀イギリスの綿製品消費とジェンダー―グローバル史の視点から」浅田進史・榎一江『グローバル経済史にジェンダー視点を接続する』
弓削尚子（2004）『啓蒙の世紀と文明観』

4）文化とメディア

④戦時宣伝としてのプロパガンダ

🔍【読】世13−10

◆**プロパガンダの登場**　第一次世界大戦下での「プロパガンダ」は、交戦国に向けたデマ情報や政治宣伝として登場した。鮮やかな色彩の図像や文字によって視る側の心理に訴えかけるプロパガンダポスターは、ビジュアル・メディアの技術進化と密接に関わり、両大戦を通じて効力を発揮した❶。

「家庭と祖国のために／勝利／自由公債」（WWI）

◆**プロパガンダ・ポスターのメッセージ性**　ジェンダー視点の研究は、戦意高揚の視覚表象をジェンダー・ポリティクスとして明らかにしてきた。敵と我々・戦場と銃後・戦う主体と守られるべき対象といった二区分により、被害者として「女・子ども」はステレオタイプ化された。主役は祖国防衛のスローガンや志願兵募集を呼びかける「西洋人」男性であり、兵士の出征を見守る女性や、男児を腕に抱え、妻の肩を抱き寄せる近代家族像も定番とされる。19世紀的な前線と銃後を分ける戦争観はセグレゲーションを前提とした。性的身体としての女性像は多用され、性暴力の露骨な暗示は頻出した。「敵」とは我々の「女」を性的に蹂躙する存在であり、家父長制秩序を危機にさらす。日中戦争後の日本・日本兵は第二次世界大戦期の連合国側

「ベルギーを忘れるな」（1918）

からはナチスと並ぶ。若い母親と抱かれた乳児を脅かす「手」は「爪」に、眼鏡・出っ歯等、レイシズムの要素を帯びた表現は、女性身体に襲いかかる異様な造形を増幅させる。極東の軍事帝国への強い警戒が込められた。

◆**揺れるジェンダーのボーダー**　プロパガンダポスターは動員の拡大を映し出す。第一次世界大戦時では、「すべての戦士のうしろには女性労働者」など銃後の役割が強調された。両手を差し出し「愛国的になろう」と壮年女性も含めて呼びかけるポスターの目的は募金であり、性差の秩序を脅かさない。しかし第二次世界大戦下の

ポスターは銃後役割の様相を変えた。有名な、「リベット
打ちのロージー」像は、「我々はできる」と力瘤を誇示し
た。男性職域に参入する「銃後の女性像」は新たな演出を
伴った。

「女性の皆さん！我が息子たち
を助け、戦争に勝ちましょ
う！」(1917)

　ところでポスターの目的は男性兵士の新規募兵や特に募
金・公債購入の事項なのだが近代家族表象やアイキャッ
チャーとして若年女性の身体も繰り返し登場する。図柄と
どのような関係にあるのだろうか。先の「ベルギーを忘れ
るな」の目的は「公債を購入しましょう」だった。何が見
る側の情動や感情を動かし戦意高揚につながるのか。両大
戦を通じてプロパガンダポスターは、性
別二元論という近代国民国家的な社会秩
序に強く訴えかけた。ジェンダー射程抜
きに論じられない。

NARA Ⅱ所蔵　1941-45

　◆戦時ポスターの歴史性　第一次世
界大戦から第二次世界大戦に至る総力戦
は、女性兵士の登場によって、19世紀型
の性別二元論的なジェンダー秩序のター
ニングポイントとなった。軍事技術の革新も、銃後と前線
という空間区分をあいまいにした。第一次世界大戦下、遅
れて参戦を決めた米国の1917年、アンクルサムは「Ｉ WANT
YOU（アメリカ陸軍には、君が必要だ　お近くの徴集処へ）」と指
さした。"YOU" は男性兵士であり、「海軍にはあなたが必
要です」(1917年) では、制服を着こなした若い女性が、視
線と姿態で男性志願者を誘う。プロパガンダは作り手の側
の意識的、無意識なバイアスを映し出す。

「我々はやる」(WW2)

　◆他者としての異文化表象　戦時宣伝ポスターは男性兵
士の屈強な身体を登場させたことでも知られる。だが男性性の表象はどのような人々
に許されたのか。第一次世界大戦の軍事動員は、帝国の版図に及んで、アルジェリ
アや中東が登場する一方、プロパガンダポスターは、非西洋圏の植民地やヨーロッ
パの辺境を女性化し、犠牲者表象を通じて表現する。「セルビアはあなたの助けを必
要としている」(1917年) は特定のプロジェクトへの募金を募るものだが、ユニセッ

クスな人物が苦悩と叫びの表情で天を仰ぐ❷。「300万ドル
運動近東救護米国委員会」による募金ポスター「彼らが滅
びることがないように」は伏し目で俯くイスラム女性を描
き、見るものは背負われた子どもと視線を合わすことにな
る。アメリカ図書館協会による募金「仲間よ！」では米兵
は、現地男性を見下ろす位置にある。「アルジェリア会社」
の募金募集は西洋の総力戦に動員された植民地兵を中心に
配した。植民地兵は、オリエンタルな装束の妻子の家父長
と近代的な兵装という二重の身体として描かれた。

「海軍には、あなたが必要です」
(1917)

　◆**女は銃後にいたのか？**　総力戦は性差の境界を大きく
変貌させた。第二次世界大戦期は社会主義圏にとどまらな
い女性兵や女性部隊が登場し、存在感を示した。英国空軍
では女性部隊が、第二次世界大戦下の米国でも陸軍補助部
隊WAACから段階を追って陸軍女性部隊（WAC）が組織
化（1943年）され、海軍にも女性の正規部隊が作られた。募
集ポスターは制服組の女性兵士像を描くが、実際にはWAC
に存在した黒人女性や日系女性も含めたアジア系女性は不
在で、「白人女性」表象のみだ。何を不可視化させていく
のか、この点でも注意すべきだろう。戦局について先行き
不透明な段階で発せられる戦時プロパガンダは、「人種」と
性差を交差させつつ境界侵犯の痕跡が明らかだ。

「アメリカ陸軍には君が必要
だ」(1917)

　◆**総力戦体制下の日本**　第二次世界大戦に先立つ1937
年9月、日中戦争開始は総力戦としての人員動員を伴って
戦時プロパガンダ体制を強化した。満州事変（1931年9月）
後に設置された外務省情報委員会は内閣情報部（1937年9
月）から情報局（1940年12月）へと格上げされた。『週報』
『写真週報』をはじめ、多くの国家プロパガンダポスター
が戦時動員のために「カメラを通じた」国策宣伝を行った。
『写真週報』表紙は「大東亜共栄圏」という理念を可視化

「彼らが滅びることがないよう
に」(WWⅠ)

し、女性表象が増える戦争末期には戦局の悪化を覆い隠した❸。ところで、かつて
ドイツと日本は軍部及びそれぞれの政府が女性兵士を忌避し、「銃後」の役割に終始
したとされた。だが第二次世界大戦の総力戦は空爆をはじめ民間人と戦闘員につい

ての空間的なセグレゲーションを
あいまいにした。各省庁による女
性と学徒の軍需動員ポスターは多
いが、日中戦争勃発によって、民
間人に「民防空」の責務を負わせ
た防空法の施行（1937年10月）も重
要だ。同法は台湾・朝鮮・樺太に
も及び、朝鮮人女性に向けてハン
グルの防空読本も作られた。兵役
のない性を含め、民間人は民間防
空に動員された。この体制は、沖
縄戦後の閣議決定による兵役法
改正であり、女性も兵役対象（17
〜41歳）とした「義勇兵役法」
（1943年6月23日）へ、動員対象の
拡大に連なる。プロパガンダポス
ターはこれらの痕跡を残す。戦時
動員をめぐるプロパガンダのジェ
ンダー表象は総力戦によるジェン
ダー役割のゆらぎを写す鏡として
検討可能な段階にあるだろう。
（長志珠絵）

募債・アルジェリア会社
（WWⅠ）

陸軍婦人補助部隊の募兵
（WWⅡ）

『写真週報』56号（1939.3.15）、
日本軍占領下、「南京作戦」か
ら2年後の「南京中山陵」に
「姑娘」を配した表紙のタイト
ルは「日本の懐に抱かれて」。

『写真週報』29号（1938.8.31）
日本の「防空」業務は「民間防空」
として女性の任務とされた。内務
省のプロパガンダ雑誌「写真週
報』他でも防空特集が組まれ、表
紙に防空業務に従事する女性を
用いた。動員体制の徹底とともに、
女性像は戦士像へと化していく。

❶ WW1のポスターは、東京大学学環図書館の「第一次世界大戦期プロパガンダ・ポスターコレクション」
（http://dch.iii.u-tokyo.ac.jp/s/dch/item-set/61213#?cv=&c=&m=&s=)、WW2については、米国国立
公文書館NAⅡの 'World War Ⅱ Posters,1942–1945'（https://catalog.archives.gov/id/513498）参照。

❷ ソ連は有名だがセルビアなど東部戦線でも女性兵士は存在した。

❸ 国民義勇隊は勤労奉仕機能を担い、各地で空爆処理にあたったが、本土決戦に備え「国民義勇戦闘隊」
も組織されていた。1945年8月以降、対ソ連戦の樺太戦では同法によって高等女学校生も軍務についた。

▶参考文献

吉見俊哉（2006）『戦争の表象—東京大学情報学環所蔵　第一次世界大戦期プロパガンダ・ポスターコレクション』
加納実起代（2008）「日本の戦争プロパガンダとジェンダー—『写真週報』の「大東亜共栄圏」「鬼畜米英」表象を
　中心に」（『人文社会科学研究所年報』61-11)
林田敏子（2013）『戦う女、戦えない女—第一次世界大戦期のジェンダーとセクシュアリティ』
三成美保ほか編（2021）『〈母〉を問う—母の比較文化史』

4）文化とメディア

⑤権力とジェンダーと越劇

📖 Ⅱ-2-3-①　🔍【読】世13-6, 世13-9, 世14-3

◆**俳優と差別**　古来、中国人にとって伝統劇は最大の娯楽であり、庶民が普段着で楽しむものだった。文字を知らない庶民は演劇を通して「三国志」や「水滸伝」などの物語に出会い、人間はどう生きるべきかを学んだ。演劇は娯楽であると同時に、教育的役割を担ってきたのだ。だが流転生活を送る俳優は為政者には社会風紀を乱す脅威と映り、法律によって賤民として位置づけられた。女優への差別は特に厳しく、妓女と同様の扱いをうけた。

◆**上海と女子越劇**　20世紀に入り西洋文明が伝わると京劇では賢母良妻、貞女、孝行娘という古い道徳思想の女性像が減少し、愛情を追求するタイプの女性像が激増した。1920年代の上海では少女劇団が人気を集めており、浙江省の男性農民から生まれた越劇も、故郷で貧農の少女を集めて女子科班（伝統劇の養成所）を作った。土地の権力者たちのパワハラやセクハラを受けながら巡業を続けた彼女らは、日中戦争開戦直後に高収入を求めて続々と上海に集まった。当時上海は高い経済・文化・思想レベルを誇り、中国最多のプチブル階級人口を有していた。女学校が普及し多数の女性雑誌・新聞が発刊され、女性解放や男女平等を求める運動も盛んだった。女性ばかりで演じる才子佳人物語も女性文化の一つとして歓迎された。また江蘇・浙江地方から戦乱を逃れて租界に移り住んだ女性達も娯楽を求めて劇場に足を運んだ。

◆**舞台姉妹**　越劇団間の熾烈な競争を生き抜くために、女役スター姚水娟（ようすいけん）はマスコミからブレーンを招き愛国作品や時装戯（当時の服装で演じた現代作品）で人気を集めた。1942年、若き女役スター袁雪芬（えんせつふん）は越劇の芸術性と女優の地位向上を求めて越劇改革を始めた。「話劇を父に、崑劇を母に」を合言葉に劇務部（劇作家、演出家などのスタッフが所属した）を創設し、悲しみを表現する曲調を発明して観客の涙を誘った。越劇改革に賛同した男役スター尹桂芳（いんけいほう）はその美貌と柔らかな歌声で理想の男性像を見せ、ロマンティックラブに憧れる女性観客を熱狂させた。「泣か

美貌と美声で理想的な男性を演じ、女性観客を虜にした尹桂芳

せる女役」と「酔わせる男役」に群がる女性たちに注目したのが、支持者拡大の道を探っていた共産党である。1946年、袁雪芬は魯迅作品をリメイクした『祥林嫂』を発表し共産党との関係を世間に印象付けた。翌年、男性権力者による搾取への抵抗として「越劇十姉妹（10人のトップ女優）」の合同公演が実現した。

◆**社会主義時代の伝統劇**　1949年に中華人民共和国が成立すると、新政権は伝統劇を「人民を教育する重要な武器」と定義し、演劇人、制度、演目の三方面から演劇改革を行った。若手女優が各劇団の新しいリーダーとして育成され、彼女らの主演する演目が全国レベルのコンクールで受賞して新時代作品のモデルとなった。劇団や劇場の多くは公営化されて運営や給与体系も民主的になり、1950年代は伝統劇の黄金期と呼ばれた。当時の作品の多くは三大政治運動（土地改革、反革命鎮圧、朝鮮戦争における北朝鮮支持）と婚姻法の宣伝を意図していた。袁雪芬の主演する『梁山伯と祝英台』は映画化されて世界中へ配給され、「若い男女が愛情を武器に封建思想と戦う姿」が越劇のお家芸となった。袁雪芬は政治の世界に入り、越劇は京劇に次ぐ全国第二の劇種に成長した。

◆**文化大革命と市場開放政策**　1966年に始まった文化大革命は演劇界にも甚大な被害を与えた❶。文革終焉後、市場開放政策をとった政府は経済発展を最優先し、演劇界から援助の手を引いた。さらに海外から流入した映画やテレビなどの新しい娯楽が劇場離れに拍車をかけ、伝統演劇業界の不況は続いた。

◆**新時代の越劇**　1982年、浙江省は全省から平均18歳の美少女俳優を選抜して海外公演用チーム「浙江小百花越劇団」を結成し、大成功を収めた。90年代、劇団のトップ男役・茅威涛と女性演出家・楊小青のコンビによって越劇はまったく異なる次元へと進化する。代表作『西廂記』は詩的越劇と呼ばれ、これまで「女・子供の好むもの」と軽視されてきた越劇の芸術的魅力を学界にも周知させた。近年はフェミニズムの影響もあり、仕事・生きがい・シングルマザーなどをテーマに、恋愛だけで人生を完結できなくなった現代女性の心をつかんでいる。多数の劇種が公的補助に依存している中で、越劇は権力者とのバランスを取りつつ、今も娯楽として自立している。その秘訣は、「男役の魅力」と社会主義国に存在するジェンダー問題を直視する姿勢にあると言えよう。（中山文）

❶ 文化大革命は毛沢東主席の主導下で1965年秋から10年間にわたって全中国社会を揺り動かした政治的・社会的動乱。社会主義社会における革命運動として中国社会を激しく揺さぶり、未曾有の混乱に陥れた。

▶**参考文献**

中山文（2019）『新版　越劇の世界──中国の女性演劇』
森平崇文（2015）『社会主義的改造下の上海演劇』
田村容子（2020）『男旦（おんながた）とモダンガール　二〇世紀中国における京劇の現代化』

4) 文化とメディア

⑥雑誌（日本・エジプト）

📖 Ⅱ-2-5-⑥, Ⅱ-4-3-③ 🔍【読】世15-8, 日9-2

◆**草創期の雑誌**　雑誌の起源は1660年代のヨーロッパに遡ると言われるが、日本やエジプトで最初の雑誌が創刊されたのは、それから約200年後のことである。日本では『西洋雑誌』（1867-69年）が、エジプトでは『ナイル河谷（*Wādī al-Nīl*）』（1867-77年）が、それぞれ嚆矢とされる。その後、多様なジャンルの雑誌が刊行され、やがて女性雑誌と呼ばれるものも登場した。日本では『女学新誌』（1884-85年）や『女学雑誌』（1885-1904年）が、エジプトでは『若き娘（*al-Fatā*）』（1892-94年）が、最初期の女性雑誌として知られている。これらの雑誌は女性に関する主題を扱い、女性を読者として想定していたが、刊行の意図や内容には違いがあった。

◆**日本──『女学新誌』の登場**　近藤賢三の編集により『女学新誌』が刊行されたのは、1884（明治17）年のことである。それは鹿鳴館の開館（1883年）など、欧化主義や西欧志向的女性論が盛んになった時期であった。「発行の主旨」には、明治維新とそれに伴う男女関係の変化への祝辞に加えて次のような記述があった。「記者の今ま新たに此誌を発行する所以の者は則ち、外よりは如此き美風を輸して我国の女道を進め、内には古来我国に行はれたる婦道中陋弊尤も忌むべき者の悉く苅り、優和温雅貞烈の良風を決して失はざらしめん」とす、すなわち、欧米のあるべき女性像の長所を採り入れつつ、日本古来の婦道の長所を失わないような女性像を提示することだというのである。記事の中には、国内外の烈女伝や、女性にふさわしいとされる学問や芸術についての紹介、また、日常生活に関する知恵などの情報が収録された。読者として設定されていたのは知識人層の男女であった。

◆**その後の展開**　『女学新誌』の後継として発行されたのが『女学雑誌』である。当初は男性執筆陣による論考が多く、啓蒙的色合いが強かったが、しだいに自由民権運動で活躍した女性たちの発言の場となり、当時の女性が抱えていた問題を論じるようになった。その後、議論の対象となる「女性」を上流階層に限定しないことを謳う『貴女之友』（1887-92年）や、洋装の製作方法や和洋中の食事の調理方法を含め多彩な誌面で人気を博した『日本之女学』（1887-89年）、1887年の条約改正交渉失敗により強まった国粋的論調を受けて、「家庭の進歩は一国の進歩である」と論じた

徳富蘇峰らによる『家庭雑誌』(1892-98年)など、多様な女性雑誌の刊行が続いた。

◆エジプト──『若き娘』の登場　エジプトで最初の雑誌『ナイル河谷』が創刊された1867年は、ムハンマド・アリー朝のイスマーイール副王の時代であった。それは欧化主義がもっとも華やいだ時期で、鉄道の敷設や新市街の建設、スエズ運河の掘削、オペラハウスの建築などが行われた。当時エジプトは、出版や言論に対する制限が比較的緩やかで、規制が強まりつつあったレバノンやシリアから多くのジャーナリストや文筆家が集まっていた。最初の女性向けの雑誌『若き娘』(1892-94年)の編集の中心を担ったのも、1870年代に家族でレバノンからエジプトに移住したギリシア正教徒の女性作家、ヒンド・ナウファルであった。同誌創刊号の「発行の主旨」には、近年、誌面や講演会等で女性が活躍しつつあることが喜びをもって記され、またその延長上に本誌の刊行があると記されていた。さらに『若き娘』は、「女性のための科学的、歴史的、文学的、娯楽的雑誌」であり、「その中には…女性による文章と女性作家の思考がちりばめられており、〔女性たちの〕奪われた権利を守り、必要な義務について注意を促すことが唯一の土台である」と宣言されていた。

◆その後の展開　『若き娘』に続いて発刊された『美しき鏡 (Mir'at al-Ḥasna)』(1896-97年)の編集代表はマルヤム・マズハルという女性であったが、後にそれがシリア系プロテスタントの男性作家サリーム・サルキスのペンネームであることがわかった。アラビア語の女性雑誌が求められていることを察したサルキスは、商業的な成功に加えて、女性たちの寄稿を促したいと願って女性名で編集したという。1900年以降、エジプトで多数派を占めるムスリム（イスラーム教徒）の男性や女性による女性雑誌の刊行も始まった。それらの中では、女性の装いやふるまい、宗教法に基づく結婚や離婚をめぐる議論などが盛んに論じられた。

◆女性雑誌にうつる「近代」　日本の『女学新誌』『女学雑誌』は男性知識人によって刊行され、エジプトの『若き娘』は移民で宗教マイノリティの女性によって創刊された。それらが創り出した言論空間は、やがてより広い層の人々のものとなった。初期の雑誌の誌面が物語るのは、近代において、女性は一方で、そのあるべき姿が規定され、また一方で自身の体験や思索を発信し始めたということである。(後藤絵美)

▶参考文献
小山静子 (2014)『明治期女性雑誌集成 女学新誌／日本之女学【復刻版】解題』
近代女性文化史研究会編 (2016)『婦人雑誌の夜明け〈新装普及版〉』
後藤絵美 (2023)「アラブの近代とフェミニズムの開花」青山亨ほか編『民族解放の夢（アジア人物史第10巻）』
Beth Baron (1994) *The Women's Awakening in Egypt: Culture, Society, and the Press.*

4）文化とメディア

⑦ポップカルチャーとジェンダー （欧米・日本）

🔍【読】世14-9

◆**ポップカルチャーとは**　ポップカルチャー、あるいはポピュラーカルチャーは日本語で「大衆文化」と訳される。エリート層が享受するハイカルチャーと対置され、一般庶民が広く享受する文化を意味する。映画やテレビ、ラジオ、漫画、アニメ、書物、インターネット、ファッション、おもちゃ、スポーツ、ゲーム、料理など、さまざまなものが含まれる。機械化による大量生産やマスメディアの登場以前の庶民の文化はそれほど地域的な広がりを持っておらず、20世紀以前のものについてはフォークカルチャー（民俗文化）と呼称したほうがふさわしい場合もある。

◆**ポップカルチャー以前の欧米庶民の文化**　マスメディア誕生以前の庶民の文化には、さまざまな点で女性が関与していた。歌や踊りなどの芸能や、刺繍などの手芸には多くの女性がパフォーマーや作り手として参加していた。一方で慣習により女性の参入が妨げられた領域もあり、16世紀末からロンドンで人気を誇った商業劇場でプロの役者として活動できたのは男性のみであった。ウィリアム・シェイクスピアなどの芝居の観客には相当数の女性がいたと考えられるが、プロとして活動する女性の役者や劇作家が登場するのは王政復古期以降のことであった。

◆**最初のマスメディア、書物**　識字率が低い時代は音楽や舞台芸術などが庶民の娯楽だったが、近世ヨーロッパでは最初のマスメディアである印刷による書物が文化の風景を変えた。女性の識字率はどの地域でも男性に比べて低かったが、文字を読める人の増加にともなって大衆向け書籍市場が拡大し、後にはSFや冒険小説が男性向けにマーケティングされるというようなジャンルのジェンダー化が発生した。とくに古くから女性が好んで読むとされているジャンルがロマンス（かつては騎士などが登場する波乱に富んだ物語を指し、その後恋愛ものを指す言葉となった）である。20世紀にミルズ＆ブーンやハーレクインといった出版社が登場してからは、英語圏におけるロマンス小説は女性向けに市場を形成するようになった。

◆**映像の登場**　映画やテレビは長きにわたり男性中心的、異性愛中心的、シスジェンダー中心的、人種差別的な業界だった。ハリウッドでは1934年から68年まで、性、暴力、伝統的な性役割から外れた描写を規制するヘイズ・コードが厳しく運用され

た。性や暴力の描写が可能になった後も女性や性的少数者に対する軽視は根強く、20世紀末頃になってやっと同性愛者をネガティヴでなく描く作品や、第三波フェミニズムの影響を受けて女性を描く作品が出てくるようになった。現在もハリウッドでは女性監督が少なかったり、トランスジェンダーの役者が活躍する場が無かったりするといったようなさまざまな問題が指摘されている。

◆音楽　アメリカにおいて、ブルースやカントリーなどのジャンルでは女性歌手が活躍したが、一方で1950年代のロックンロールは男性歌手優位であった。1960年代のビートルズをはじめとしてUKロックは中性的感性が特徴の一つであり、70年代にはデヴィッド・ボウイなどの両性具有的なグラムロックミュージシャンが性規範の問い直しを行った。しかしながらファンの多くが女性である一方、パフォーマーは一部の例外を除いて男性が多く、パンクロックの登場によってやっと女性ミュージシャンの活動の場が拡大した。80年代にはアメリカのマドンナが信仰や性を探求する総合芸術的なポップ音楽を作り上げ、若い女性やゲイコミュニティから強い支持を受けるようになる。90年代に米国で生まれたライオットガールは明確に第三波フェミニズム的なロックであった。ヒップホップは性差別的、同性愛差別的な歌詞が批判されてきたが、21世紀に入ってからは女性ラッパーの活躍や反同性愛差別、ボディポジティヴ運動との結びつきなども見られるようになる。

◆インターネット　インターネット、とりわけSNSの発達により、女性や若者、性的少数者が自作の作品を発表したり、これまで出会う機会がなかったような人々と連帯して政治活動を行ったりする機会が増えた（Ⅰ-5-2-コラム30を参照）。一方でウェブは男性優位な空間であり、多くのサービスでは男性ユーザのほうが多い。例えばウィキペディアの女性編集者は2割以下と推測されており、女性の関心事とされる事柄に関する記事が手薄になるという問題が起こっている。男性の多いウェブ空間で活動する女性や性的少数者はいじめのターゲットにされやすく、被害者の自殺などの問題も起こっている。（欧米　北村紗衣）

◆19世紀以前の日本の女性芸能者　「ポップカルチャー」とは、一般的に消費社会が出現した20世紀以降の大衆文化を指すが、19世紀以前の日本にも猿楽（能楽の前身）や歌舞伎など、民衆に支持された文化はあり、それらの演者には男性のみならず女性も存在した。最も名の知られた女性芸能者の1人に歌舞伎の創始者である出雲阿国がいる。1603年に阿国が始めた「かぶき踊り」は、異性装の踊り手達が見物客をも踊りに巻き込む享楽性を備え、民衆から絶大な人気を得た。能楽も歌舞伎も

演者の異性装は特色の一つであるが、白拍子や女猿楽など、中世に成立した女性芸能もまた、演者の男装は特徴の一つであった。演者の性別を問わず、異性装等による性別越境は、日本の古典芸能に見られる重要な要素である。

　江戸末期に登場し、明治時代には現代のアイドル並みの人気を誇った男髷・男装姿の女義太夫や、大正時代に設立され100年を超える歴史を持つ宝塚歌劇団の男役など、明治・大正期の大衆文化においても性別越境を表象する女性芸能者の系譜は続いた。

　◆女性マンガ家の活躍　ポップカルチャーの代名詞の一つであるマンガは、ロングベストセラーとなった『北斎漫画』(1814-1878年) が描かれた江戸末期には既に大衆文化として定着していた。しかし、描き手は男性に限られており、女性のマンガ家の登場は昭和の初めまで待つことになる。日本で最初の女性マンガ家は1935年に『狸の面』(「少女倶楽部」10月号) でデビューした長谷川町子である。長谷川の代表作である新聞四コママンガの『サザエさん』は、1946年から1974年まで28年にわたる長期連載となり、老若男女を問わず多くのファンを獲得した。長谷川と同時期に活動を始めた女性マンガ家に上田トシコがいる。代表作の『フイチンさん』(「少女クラブ」1957-1962年) は、満州ハルピンを舞台に中国人の少女・フイチンの日常と活躍を描き、少女読者の支持を得た。

　1902年の「少女界」(金港堂) 創刊に伴い、子ども雑誌が性別分化することで成立した少女誌と少年誌は、共に男性作家の独擅場であり、少女マンガも少年マンガも男性の描き手がほとんどであったが、50年代に入るとわたなべまさこ、水野英子、牧美也子など、長谷川や上田に続く女性マンガ家が少女誌で相次いで作品を発表し始める。女性キャラクターの服装や髪型をヴァリエーション豊かに美しく描き出す画風は、少女読者から圧倒的な支持を受け、60年代にかけて少女マンガの描き手の大半は男性から女性へと移行した。この結果、少女マンガは〝女性のための女性によるマンガ〟となった。

　60年代後半以降、里中満智子、青池保子、浦野千賀子、池田理代子、萩尾望都、大島弓子、竹宮惠子、山岸凉子といった戦後生まれの少女マンガ家が続々とデビューを果たす。性表現を含む異性愛および同性愛、スポーツ、歴史、SFなど、少女マンガではタブー視されたテーマを次々と取り上げる革新的な作風は、少女読者のみならず多くの男性読者をも魅了し、70年代は少女マンガの黄金期となった。

　女性マンガ家は、70年代後半から少年誌や青年誌でも作品を発表し始め、高橋留美子などデビュー当初から少女誌ではないマンガ誌を活躍の場とする作家も増えて

いった。70年代に登場し、少年愛と呼ばれた男性同士の恋愛や性を描く作品群は、90年代以降、ボーイズラブ（BL）という一大ジャンルを形成していく。よしながふみなどBL、青年マンガ、少女マンガとジャンルを限定せずに作品を発表する女性マンガ家も珍しくなくなった。インターネット配信されるマンガの増加により、マンガのカテゴライズ自体が曖昧になりつつある中で、女性マンガ家の活躍の場は更に拡大し続けている。

◆**アニメ・ゲームと女性**　日本のアニメとゲームは、マンガ以上に作り手側のジェンダーに長らく偏りが見られたメディアであり、中心的役割は男性クリエイターがほぼ独占してきたと言っても過言ではなかった。しかしながら、アニメでは、あだち充の野球マンガ『タッチ』のテレビアニメ（グループ・タック、1985-1987年）でシリーズ監督を務めたときたひろこ等、80年代から徐々に制作の中心を担う女性アニメーターが現れ始めた。ゼロ年代のヒット作である山田尚子監督のテレビアニメ『けいおん！』（京都アニメーション、2009-2010年）は、ヒロインの女子高生と同世代の女子中高生をターゲットに、女性中心の制作陣によって手掛けられ、ブルーレイディスクが50万枚の売り上げを記録した。

日本初の女性向けゲームは1994年に発売された『アンジェリーク』であるが、発売元の光栄（現コーエーテクモゲームス）の経営者・襟川恵子が中心となり、「女性が心から楽しめるようなゲーム」を目指して制作されたものであった。10年代以降、スマホゲームの普及はゲームクリエイターの層の拡がりを促している。ひな人形位置当てゲームアプリ「hinadan」（2017年）を81歳で開発し、世界最高齢の女性開発者として話題を集めた若宮正子など、ゲーム制作への女性の参入に対する敷居は確実に低くなりつつあると言える。（日本　押山美知子）

▶参考文献
尾崎俊介（2019）『ハーレクイン・ロマンス─恋愛小説から読むアメリカ』
田中東子編（2021）『ガールズ・メディア・スタディーズ』
ジェンキンズ、ヘンリー（渡部宏樹、北村紗衣、阿部康人訳）（2021）『コンヴァージェンス・カルチャー─ファンとメディアがつくる参加型文化』
清水勲（1991）『漫画の歴史』
脇田晴子（2001）『女性芸能の源流 傀儡子・曲舞・白拍子』
北九州市立男女共同参画センター・ムーブ編（2012）『ポップカルチャーとジェンダー（ムーブ叢書 ジェンダー白書８）』

問い　①1930年代以降、ハリウッド映画のジェンダー描写を決めていた規則は何か？
②日本のポップカルチャーに見られる〝性別越境〟にはどのようなものがあるか？

妊婦像

◆**「妊婦像」とはなにか？**　「妊婦像」すなわち「妊婦」の「像」とは、妊婦のイメージである。

　ここで言う像（イメージ）は、人が現実を写し取ったり、想像によって作り出したりしたもので、言説（語り）などの言葉による表現や、絵画のような視覚的なもの、さらに音楽など聴覚的なものも含まれる。人が自己の意志を通じて上記のような方法で何かを表現（再現＝representation）したものを表象と呼ぶことから、「妊婦像」とは妊婦のイメージ、もしくは妊婦の表象と言い換えることができる。

　「妊婦」とは妊娠した女性を指すことは言うまでもないが、人類が生まれ続ける以上、過去から現在まで普遍的に存在してきた。では、現実の妊婦に対して、「妊婦像」はどのようなものを指すのだろうか。例えば絵画や写真、広告などの中にあらわれた妊婦や、小説や映画・ドラマなどの中に登場する妊婦のように、描かれたり語られたりしたものが「妊婦像」であり、それは現実の妊婦と必ずしも同一ではなく、人が生み出した表象である。それらは時に理想化されたり、典型化され、それを見たり読んだりする人々の欲望を満たしたり抑圧したりする役割を果たすものとなる。

◆**歴史の中の妊婦像**　歴史の中で常に「妊婦」は存在してきた。では、「妊婦像」（妊婦のイメージ）はどうだろうか？西洋美術では、旧石器時代ヨーロッパで作られた「ヴィレンドルフのヴィーナス」が知られているが、これは石製の像で、豊かな乳房を持つその豊満な体形から、多産と豊穣を祈る対象だったと考えられてきた。またこの石像以上に人々に知られてきた「妊婦像」は聖母マリアであるが、処女懐胎したマリアを描く際には、腹部の膨らみはごく控え目に妊娠を暗示させるにとどめることが多い。マリアの膨らんだお腹は性交や身の不浄を連想させるため、特殊な例外を除いて控え目に表されたとされる。このような考え方はマリア以外の妊婦像にも影響を与え、西洋美術の中では妊婦が大きなお腹で描かれる例はほとんど見られない。（香川、2018）

　では、日本ではどうだろうか？旧石器時代には「縄文のビーナス」のように妊婦と判断できる女性像が存在し、それはまじないに使われた可能性が指摘されているが、弥生、古墳時代には妊婦を表す女性像は消えていく。平安時代の物語作品では、恋愛や結婚の延長上にある妊娠・出産は登場人物の人生を決定づける重大な出来事でありながら、絵巻作品では妊婦はその身体を衣裳で包み隠している。しかし、中世には仏教説話画の中で、教理に基づいて解釈された出産の場面が描かれるようになるが、それらは女性の「罪」や「罰」として読み解かれたとされる。（池田、2018）

　「妊婦像」がごく少なかったことは、妊婦がいなかったことを指すわけではない。現実の妊婦は普遍的に存在し、また生命の誕生（妊娠・出産）への関心は常に社会の中で共有されながらも、「妊婦像」はその社会——自然条件、宗教、社会体制、生殖医療など——に強く規定され、そのイメージ（像）をコントロールされてきたのだと考えられる。

◆**「妊娠」というテーマ**　日本のフェミニズム文学批評の中では、斎藤美奈子の『妊娠小説』（1994）が一つの画期となり、妊娠というテーマがいかに描かれてきたのかが論じられてきた。近代国家の成立に伴い「妊娠」は国家の管理下に置かれたが、いわゆる文豪（男性）たちは私小説の中で妊娠を描き、その中で女性は捨てられ、男性は安泰を得るという定型が生み出されてきた。「妊娠」は女性の身体経験ではなく、「男の問題」に「昇格」され、日本近代文学のカノンにおける「妊娠」の横領であると指摘される。

　20世紀初頭の文学場では女性作家も妊娠に注目してきた。特に「望まない妊娠」の描き方を男性作家が「堕胎」に連繋したのに対して、女性作家は「流産」として描く例が見られるが、それは妊娠をめぐる社会規範に抵触することを回避しながら出産を忌避する感情を描くための戦略と解釈されている。

　1990年代以降の女性作家による新たな展開は、家父長制社会が提示してきた「妊婦像」の在り方を揺さぶり、主題としての「妊娠」を奪取する複数の試みを見いだすことができる。（藤木、2018）

◆**現代メディアの中の妊婦像**　近年、妊娠した女性が肌を露出して撮影する記念写真・マタニティフォトが流行しており、妊婦の身体を美しいものとして提示することが一つの表現として成立

している。これは妊娠した著名人が雑誌のグラビアなどで、その身体を見せたことが契機となっているが、背景には晩婚化や少子化などの社会的動向があるとされる。妊娠という経験が個々の人生において減少したこと、社会の中でその経験が必ずしも普遍的でなくなったことにより、「特別な」表象となったのだと言えるだろう。著名人のマタニティフォトは、グラマラス（魅力的）であることが求められ、全身のポーズやライティングは綿密に計画され、妊婦の自信に満ちた美しい姿を作り出すが、一方で従来の妊婦の表象に照らしてそれを猥褻とする批判もみられる。肌をさらけ出した妊婦像がある種の「逸脱」と捉えられるのは、社会の規範が生み出した表象と現実を生きる女性たちの妊娠経験の間に生じたズレによるものと捉えることができる。

現在の日本社会では、「妊娠という限られた時期の身体を美しい記念写真として残す」という謳い文句の専門写真スタジオも登場し、従来からあるお宮参りから節句、七五三などの記念写真の最初の１枚──生まれる前の記念写真──として捉えられている。マスメディアからSNSまで、「妊婦像」が広く多層的に存在する社会が構築されていると言えよう。（小林、2018）

◆**妊婦アートの政治性**　現代アートにおいても、また多様な妊婦像や妊娠イメージが生み出されている。アーティストの菅実花は「ラブドールは胎児の夢をみるか？」(2014-)において、身体・生殖・テクノロジーそしてジェンダーをキーワードに、ラブドールという過剰なセクシュアリティと女性美を備えた身体を妊婦像として提示する。妊娠という現象・経験において生殖とセクシュアリティが分断されてきたことを、決して妊娠しないラブドールの妊婦像が浮かび上がらせる作品である。また、アーティストの岡田裕子による「俺の産んだ子」(2002)では、男性が妊娠する特異な虚構の映像世界を描き出す。妊婦（妊夫）の表象が圧倒的な経験の差異と、妊娠する可能性の意識の差異によって構築されてきたことを示唆するものとなっている。

これら以外にも、世界中の女性アーティストによって新たな妊婦・妊娠の表象が生み出されている。こうした作品群には、家父長制社会の中で管理されてきた妊婦像、そして妊娠経験、それを取り巻くジェンダー構造を解体する可能性が孕まれていると言えるだろう。

◆**妊婦像をいかに受容するのか？**　「妊婦像」は、社会の中で管理されてきた。それは「妊婦」が普遍的に存在してきたのに対して、「妊婦像」は時代や地域、その文化によって有無に差があったり、またその描かれ方や語られ方も多様であることから明らかである。この相反する事実は、人々が「妊婦」や彼女たちの妊娠経験をいかに捉え、社会の中に位置づけ、そして共同体の中で管理統制してきたことを示している。

このように妊婦像は、その社会やコミュニティにおける妊婦へのまなざしを反映しているとともに、その表象が現実の妊婦に影響を与えることもある。創造された妊婦像は、望ましい妊娠やあるべき妊婦の姿へと容易にすり替えられる可能性もあるのだ。

妊婦が描かれるのか、否か、妊婦を好ましく描いているか、否か、人々が妊婦像をいかに受容するのか、しないのか、そして自分はそれをどのように受容・消費しているのかまで含めて、それらすべてが「妊婦像」の在り方を規定しているのだと言えよう。（山崎明子）

▶**参考文献**
山崎明子・藤木直実編 (2018)『〈妊婦〉アート論　孕む身体を奪取する』
斎藤美奈子 (1994)『妊娠小説』

コラム⑨　考古学展示とジェンダー

◆ジェンダーの起源　考古学は物質的な痕跡から過去の社会や文化を研究する学問である。文字記録が登場するより古い時代も含め、長期的な人類史を扱うことができるため、人の本源的なあり方を知る手がかりともなる。数千年前、数万年前というはるかな過去のことは、現代社会と関係のないこと、古代のロマンと見る向きもあるが、実は現代社会におけるジェンダーと考古学は相互に密接な関係がある。

ヒト以外の動物には、生物学的な性はあっても、社会的に期待されるふるまいや仕事、装いといったジェンダーは存在しない。ヒト特有のジェンダーはいつからあるのだろうか。ネアンデルタール人は男女とも狩りを行っており、明確な性役割分業はなかったようである。およそ4万年前以降、ホモ・サピエンスが石や象牙で女性像を作ったり、洞窟の壁に性的なシンボルを描いたりし始める。このころから、性にさまざまな文化的、社会的な慣習や意味づけが現れ、ジェンダーによる分業も行われるようになったとみられる。

狩猟採集社会では、男性が狩猟・漁労、女性が採集をしたとされることが多いが、民族誌からは具体的な分業のあり方は多様であることがわかる。また、自然環境やどのような技術を持っているかによっても分業のあり方は変わってくる。つまり、人間社会特有のジェンダーは、地域や時代によって大きく変化してきたものなのである。

◆考古展示の課題　土器や石器など、出土した資料のみの展示では、どのような生活をしていたかを伝えることが難しいため、博物館では復元画やジオラマなどを使用することが多い。その際に、考古資料から直接わからないところに現代社会のジェンダー観が入り込みやすい。

例えば大阪府立弥生文化博物館では、弥生時代の竪穴住居の中に夫婦と子供2人の4人家族の食事の様子が復元展示されている。先史古代の社会では怪我や病気で若くして亡くなる人も多く、一つの住居に住む家族の構成は多様であったはずであるが、考古展示では核家族が表現されることが多い。

弥生文化博物館の展示では、母親が正座して食事をよそい、父親は胡坐をかいている。この座り方の違いも、考古学的な根拠があるわけではなく、この展示を見る現代日本人にとって違和感がないように配慮されたものである（菱田、2004）。

展示を作る学芸員は、考古学的に確実な道具や住居などから当時の生活を伝えることを意図しているので、よく分からない部分については見学者の注意を引きたくないと考えがちである。しかし、ジェンダー的に現代人にとって違和感のない復元にすることは、現代的なジェンダーが昔から変わらず、普遍的なものであるというメッセージとなる。

◆批判的に見ること　核家族で父親が狩猟などの経済的活動に携わり、母親が食事の用意や育児などをしている様子が考古展示には頻繁に登場する。女性は食料生産やモノづくりもしていたはずだが、あまり表現されない。この背景には、わかりやすく親しみやすい展示にしたいという博物館学芸員の思いがある。しかし現代日本においても実際の家族やジェンダーのあり方は多様なので、画一的な復元が万人に違和感なく受け入れられるわけではなかろう。日本では展示を企画する学芸員や考古学者が男性であることが多く、多様な可能性を検討する機会が少ないことも課題の一つである。

ぜひこうした問題点を意識しつつ考古展示を見て欲しい。いろいろな発見や気づきがあると思う。多くの可能性から一つを選択せざるを得ないので、それだけで完全な復元というのはあり得ない。しかし作る側と見る側の間によい緊張関係があることが展示の多様化を促し、考古展示がジェンダーは不変であるという印象を与えるリスクを減らすことにつながるだろう。そういう見学者が増えることを期待している。
（松本直子）

大阪府立弥生文化博物館の展示
(http://www.kanku-city.or.jp/yayoi/jousetsu/info_josetsu.html)

▶参考文献

菱田（藤村）淳子（2004）「復元ジオラマの中の人物像をめぐって」『平成13〜15年度科学研究費補助金成果報告書美術館・博物館の展示における性別役割分業観とその社会的影響の研究』（代表者　森理恵）

コラム⑩

韓流 K-Pop

◆**韓流** 韓流とは、韓国の大衆文化が流行する現象のことを指す。この表現は、1990年代に韓国の人気ドラマが中国や台湾に輸出され、使われるようになった。日本では「冬のソナタ」の放映（2003年）がきっかけで韓流ブームに火が付いた。その背景には金大中大統領（1998-2003年）の大衆文化に対する積極的な後押しや、日韓の友好関係を重視する政策があった（日韓パートナーシップ宣言［1998年10月］など）。これにより韓国でそれまで禁じられていた日本文化を国内に開放したことが、結果的に韓国の大衆文化を日本に輸出することにつながった。

◆**韓国ドラマ** 軍事政権下の70年代初めから人気ドラマが登場した。韓国ドラマは日本に比べて長いものが多く、家族や社会を詳しく描く傾向がある。主な視聴者が女性であったことから主人公も女性が多い。1980年代末の民主化以降、政府による統制やタブーが解けてドラマ制作に拍車がかかり、90年代にドラマの黄金時代を迎えた。当時、女性運動が活発になる中、フェミニズムドラマも誕生した。金大中政権発足の翌年、女性特別委員会（女性省の前身）は〈男女平等放送賞〉（現・両性平等メディア賞）を設け、メディアにおけるジェンダー平等の取り組みを開始した。2000年代には戸主制や性別役割分業の問題を描いたものや、女性をエンパワメントするドラマが毎年大賞や最優秀賞に選ばれた。

◆**ブームの担い手たち** 日本での韓流ブームの担い手たちは当初、TVの主な視聴者である中高年層の女性たちが多数を占めた。戦後民主主義と高度経済成長の恩恵を受けつつも、家庭では嫁、母、主婦として、社会ではパート労働者として構造的なジェンダー差別にさらされながら生きてきた人々である。ドラマには、異国でありながらも日本とさほど変わらぬ景色を背景に、身近で失われつつある家族の絆や男女の恋愛物語が丁寧に描かれる。涙を誘うストーリーと若き日を想わせる懐かしさ、そこへ、ヨン様（ペ・ヨンジュン）のような優し気な俳優たちによって、視聴者の心は釘付けになった。ドラマとの出会いは、韓国への興味を沸き立たせ、言葉を学び、ファンミーティングに駆けつけ、韓国旅行に行くなどの行動に結びついた。こうした能動的な姿が子や孫世代のK-Pop人気に引き継がれた。

◆**K-Pop** BoAが日本でソロデビュー（2001年）して大人気を得た後、東方神起、少女時代、KARA、Wonder Girlsなど、男女別アイドルグループが日本をはじめ海外で活躍し、第二次韓流ブームを牽引した。K-Popグループの特徴は切れのあるダンスパフォーマンスと歌唱力、メッセージ性などである。中でもBTS（防弾少年団、2013年結成）は、近年米国ビルボードの1位を獲得し、国連でも演説やパフォーマンスを披露するなど、幅広く活動している。他方、新自由主義下の競争激化によって、アイドルを目指す練習生たちの従属的身分や、ジェンダーイメージのステレオタイプ化の問題性なども指摘されている。また、メンバーが多国籍化する中、アイドルやファンの人権意識も問われるようになった。

◆**Girls Groupの挑戦** 2015年以降の韓国で見られたフェミニズムの大衆化現象はK-Pop界にも影響を及ぼした。AOAが披露した「egoistic」の「私は花ではなく木だ」というメッセージは、「同時代の女性たちに贈るフェミニスト宣言」だと称賛された。一方で、ミリオンセラーのフェミニズム小説『82年生まれ、キム・ジヨン』（2016年）を読んだと公言した女性アイドルたちは、男性ファンたちから「フェミニストだ」とレッテルを張られて非難された。その裏には、女性アイドル/若い女性はセクシュアリティを売り物にして甘い汁を吸う存在だという家父長的な眼差しがある。また、日韓の歴史問題に関わる女性アイドルの"失言"や"無知"は男性アイドルよりも厳しく指弾され、"涙ながらの懺悔"でようやく相殺される。国家ブランド化する韓流・K-Popの歴史と現状を、ジェンダーやフェミニズムの観点から見つめ直すことが求められている。（山下英愛）

▶**参考文献**
山下英愛（2013）『女たちの韓流─韓国ドラマを読み解く』
リュ・ジンヒ（2020）「ジェンダー化されたメタ・ナラティブとしての韓流、またはK-エンターテインメント批判」『大衆叙事研究』第26巻2号［韓国語］
チョ・ヘヨン他（2017）『少女たち K-pop、スクリーン、広場』［韓国語］

参考文献

Ⅰ．基本文献

叢書・講座・事典・入門書ほか

阿部恒久ほか編（2006）『男性史　全3巻』日本経済評論社

天野正子編（2009-11）『新編日本のフェミニズム　全12巻』岩波書店

池岡義孝ほか編（2023刊行予定）『家族社会学事典』丸善出版

石岡浩ほか（2012）『史料からみる中国法史』法律文化社

『イスラーム・ジェンダー・スタディーズ　全10巻』（2019-　）明石書店

『岩波講座世界歴史　全24巻』（2021-　）岩波書店

『岩波講座世界歴史　全28巻＋別巻』（1997-2000）岩波書店

『岩波講座日本通史　別巻1　歴史意識の現在』（1995）岩波書店

『岩波講座日本歴史　全22巻』（2013-16）岩波書店

大塚和夫ほか編（2002）『岩波イスラーム辞典』岩波書店

金子幸子ほか編（2008）『日本女性史大辞典』吉川弘文館

久留島典子・長野ひろ子・長志珠絵編（2015）『ジェンダーから見た日本史―歴史を読み替える』大月書店

コルバン，アランほか監修（鷲見洋一ほか監訳）（2016-17）『男らしさの歴史　全3巻』藤原書店

佐々木潤之介ほか編（2002-03）『日本家族史論集　全13巻』吉川弘文館

『ジェンダー史叢書』全8巻（2009-2011）明石書店

ジェンダー法学会編（2012）『講座ジェンダーと法　全4巻』日本加除出版

女性史総合研究会編（1982）『日本女性史　全5巻』東京大学出版会

女性史総合研究会編（1990-91）『日本女性生活史　全5巻』東京大学出版会

スコット，ジョーン・W（荻野美穂訳）（2022）『ジェンダーと歴史学　30周年版（平凡社ライブラリー　930)』平凡社

総合女性史研究会編（1997-98）『日本女性史論集　全10巻』吉川弘文館

総合女性史研究会編（2021）『ジェンダー分析で学ぶ女性史入門』岩波書店

デュビィ，G・M．ペロー監修（杉村和子・志賀亮一監訳）（1994-2001）『女の歴史　全5巻10分冊』藤原書店

『東北大学21世紀COEプログラムジェンダー法・政策研究叢書　全12巻』（2004-08）東北大学出版会

水井万里子編（2016）『女性から描く世界史―17〜20世紀への新しいアプローチ』勉誠出版

橋本泰元・宮本義久・山下博司（2005）『ヒンドゥー教の事典』東京堂出版

早川紀代ほか編（2015）『歴史をひらく―女性史・ジェンダー史からみる東アジア世界』御茶の水書房

比較家族史学会編（2015）『現代家族ペディア』弘文堂

ボールズ，ジャネット・Kほか編（東海ジェンダー研究所ほか訳）（2000）『フェミニズム歴史事典』明石書店

松本悠子ほか編（2023刊行予定）『ジェンダー事典』丸善出版

三成美保・姫岡とし子・小浜正子編（2014）『ジェンダーから見た世界史―歴史を読み替える』大月書店

三成美保編（2015）『同性愛をめぐる歴史と法―尊厳としてのセクシュアリティ（世界人権問題叢書 94)』明石書店

『リーディングスアジアの家族と親密圏 全3巻』（2022）有斐閣

歴史学研究会編（2006-2013）『世界史史料 全12巻』岩波書店

ローズ，ソニア・O（長谷川貴彦・兼子歩訳）（2016）『ジェンダー史とは何か』法政大学出版局

Ⅱ．各項の参考文献

Akiba, Jun (2019) "Girls Are Also People of the Holy Qur'an: Girls' Schools and Female Teachers in Pre-Tanzimat Istanbul," *Hawwa: Journal of Women of the Middle East and the Islamic World* 17(1).

Baron, Beth (1994) *The Women's Awakening in Egypt: Culture, Society, and the Press*, Yale University Press.

Doumani, Beshara B. (2017) *Family Life in the Ottoman Mediterranean: A Social History*, Cambridge University Press.

Doumani, Beshara (ed.) (2003) *Family History in the Middle East: Household, Property, and Gender*, State University of New York Press.

Durakbaşa, Ayşe (1998) "Cumhuriyet Döneminde Modern Kadın ve Erkek Kimliklerinin Oluşumu: Kemalist Kadın Kimliği ve 'Münevver Erkekler'," *75 Yılda Kadınlar ve Erkekler*, Tarih Vakfı Yayınları.

Fay, Mary Ann (2012) *Unveiling the Harem*, Syracuse University Press.

Frevert, Ute (1995) "Mann und Weib, und Weib und Mann", *Geschlechter-Differenzen in der Moderne*, Beck.

Gallagher, Catherine and Thomas Laquer (eds.) (1987), *The Making of the Modern Body*, University of California Press.

Hibba Abugideiri (2010) *Gender and the Making of Modern Medicine in Colonial Egypt*, Ashgate.

Kearney, Mary Celeste (2006) *Girls Make Media*, Routledge.

Morikawa, Tomoko and Christoph Werner (2017) *Vestiges of the Razavi Shrine*, Āthār al-Raẓavīya: a Catalogue of Endowments and Deeds to the Shrine of Imam Riza in Mashhad, The Toyo Bunko.

Papanek, Hanna and Gail Minault (eds.) (1982) *Separate Worlds: Studies of Purdah in South*

Asia, Chanakya Publications.

Penn, Shana and Jill Massino（eds.）（2009）*Gender Politics and Everyday Life in State Socialist Eastern and Central Europe*, Palgrave Macmillan.

Radway, Janice A.（1991）*Reading the Romance: Women, Patriarchy, and Popular Literature*, Chapel, The University of North Carolina Press.

Rapoport, Yossef（2005）*Marriage, Money and Divorce in Medieval Islamic Society*, Cambridge University Press.

Shatzmiller, Maya（1994）*Labour in the Medieval Islamic World*, E. J. Brill.

Solomon, Barbara Miller（1985）, *In the Company of Educated Women: A History of Women and Higher Education in America*, Yale University Press.

Sommer, Matthew H.（2015）*Polyandry and Wife-Selling in Qing Dynasty China: Survival Strategies and Judicial Interventions*, Universiry of California Press.

Sonbol, Amina el Azhary（1996）*Women, the Family, and Divorce Laws in Islamic History*, Syracuse University Press.

Sonbol, Amira el-Ashary（ed.）（2006）*Beyond the Exotic*, The American University in Cairo Press.

True, Jacqui（2003）*Gender, Globalization, and Postsocialism: The Czech Republic after Communism*. Columbia University Press.

https://www.toyotafound.or.jp/research/2015/data/D15-R-0158NaokoFukami.pdf（2020年10月15日最終閲覧）

青柳周一（2002）『富嶽旅百景—観光地域史の試み（角川叢書21）』角川書店

阿河雄二郎・嶋中博章編（2017）『フランス王妃列伝—アンヌ・ド・ブルターニュからマリー＝アントワネットまで』昭和堂

アハメド, ライラ（林正雄ほか訳）（2000）『イスラームにおける女性とジェンダー—近代論争の歴史的根源』法政大学出版局

天野知香（2017）『装飾と「他者」—両大戦間フランスを中心とした装飾の位相と「他者」表象』ブリュッケ

新井政美（2001）『トルコ近現代史—イスラム国家から国民国家へ』みすず書房

荒木敏夫（1999）『可能性としての女帝—女帝と王権・国家』青木書店

有賀夏紀・小檜山ルイ編（2010）『アメリカ女性史研究入門』青木書店

池田忍（2007）「中国服の女性表象—戦時下における帝国男性知識人のアイデンティティ構築をめぐって」長田謙一編『国際シンポジウム　戦争と美術／表象　20世紀以後』美学出版

石井香江（2018）『電話交換手はなぜ「女の仕事」になったのか—技術とジェンダーの日独比較社会史』ミネルヴァ書房

石部雅亮編（1999）『ドイツ民法典の編纂と法学』九州大学出版会

稲本洋之助（1985）『フランスの家族法』東京大学出版会

今井けい（1992）『イギリス女性運動史—フェミニズムと女性労働運動の結合』日本経済評論社

イルジーグラー, フランツ、アーノルド・ラゾッタ（藤代幸一訳）（1992）『中世のアウトサイダーたち』白水社

岩科小一郎（1983）『富士講の歴史―江戸庶民の山岳信仰』名著出版

エヴァンズ＝プリチャード, E. E.（長島信弘・向井元子訳）（1985）『ヌアー族の親族と結婚』岩波書店

エスピン–アンデルセン, G.（岡沢憲芙・宮本太郎監訳）（2001）『福祉資本主義の三つの世界―比較福祉国家の理論と動態』ミネルヴァ書房

エンネン, エディート（阿部謹也・泉真樹子訳）（1992）『西洋中世の女たち』人文書院

大隅和雄・西口順子編（1989）『シリーズ 女性と仏教』全4巻、平凡社

大竹秀男ほか編（1988）『擬制された親子―養子（シリーズ家族史2）』三省堂

大藤修（2012）『日本人の姓・苗字・名前―人名に刻まれた歴史』吉川弘文館

大貫孝ほか（2002）『岩波キリスト教辞典』岩波書店

小笠原弘幸（2022）『ハレム―女官と宦官たちの世界』新潮選書

岡地稔（2018）『あだ名で読む中世史―ヨーロッパ王侯貴族の名づけと家門意識をさかのぼる』八坂書房

小川快之（2015）「宋代女子財産権論争について」『上智史学』60号

尾崎俊介（2019）『ハーレクイン・ロマンス―恋愛小説から読むアメリカ』平凡社

落合恵美子（2022）『近代家族とフェミニズム 増補新版』勁草書房

落合恵美子（2023）『親密圏と公共圏の社会学―ケアの20世紀体制を超えて』有斐閣

落合恵美子・赤枝香奈子編（2012）『アジア女性と親密性の労働』京都大学学術出版会

落合恵美子編（2013）『親密圏と公共圏の再編成―アジア近代からの問い』京都大学学術出版会

落合恵美子編（2015）『徳川日本の家族と地域性―歴史人口学との対話』ミネルヴァ書房

小野仁美（2019）『イスラーム法の子ども観―ジェンダーの視点でみる子育てと家族』慶應義塾大学出版会

小野仁美（2021）「『子の利益（マスラハ）』とは何か―イスラーム法と現代チュニジア法」小野仁美ほか『中東イスラーム圏における社会的弱者の権利を考える』SIAS Working Paper Series 33

カーニー, エリザベス・ドネリー（森谷公俊訳）（2019）『アルシノエ二世―ヘレニズム世界の王族女性と結婚』白水社

ガーバー, ハイム（黒田壽郎訳）（1996）『イスラームの国家・社会・法―法の歴史人類学』藤原書店

香川檀（2011）「ミュージアムとジェンダー―展示による経験の可視化をめぐって」長野ひろ子・姫岡とし子編『歴史教育とジェンダー―教科書からサブカルチャーまで』青弓社

カザ, グレゴリー・J（堀江孝司訳）（2014）『国際比較でみる日本の福祉国家』ミネルヴァ書房

勝浦令子（2003）『古代・中世の女性と仏教（日本史リブレット16）』山川出版社

加納実起代（2008）「日本の戦争プロパガンダとジェンダー――『写真週報』の「大東亜共栄圏」「鬼畜米英」表象を中心に」『人文社会科学研究所年報』

河内祥輔（2014）『古代政治史における天皇制の論理 増補版』吉川弘文館

河上麻由子（2023）「則天武后の権威の多元性」佐川英治編『多元的中華世界の形成―東アジアの「古代末期」』臨川書店

川島正樹編（2005）『アメリカニズムと「人種」』名古屋大学出版会

川本静子（1994）『ガヴァネス（女家庭教師）―ヴィクトリア時代の〈余った女〉たち』中央公論社

関西中国女性史研究会編（2014）「Ⅰ婚姻・生育」および「Ⅶ政治・ヒエラルキー」『増補改訂版　中国女性史入門―女たちの今と昔』人文書院

ガンディー，インディラ、エマニュエル・プーシュパダス編（佐藤房吉訳）（1981）『私の真実―自伝的回想』評論社

北九州市立男女共同参画センター・ムーブ編（2012）『ポップカルチャーとジェンダー（ムーブ叢書　ジェンダー白書 8）』明石書店

木畑洋一（2008）『イギリス帝国と帝国主義―比較と関係の視座』有志舎

キューネ，トーマス（星乃治彦訳）（1997）『男の歴史―市民社会と〈男らしさ〉の神話』柏書房

キルキー，マジェラー（渡辺千壽子監訳）（2005）『雇用労働とケアのはざまで―20カ国母子ひとり親政策の国際比較』ミネルヴァ書房

近代女性文化史研究会編（2016）『婦人雑誌の夜明け〈新装普及版〉』大空社

国本伊代編（2015）『ラテンアメリカ　21世紀の社会と女性』新評論

栗原麻子（2020）『互酬性と古代民主制―アテナイ民衆法廷における「友愛」と「敵意」』京都大学学術出版会

栗原麻子・吉武純夫・木曽明子訳（2022）「ネアイラ弾劾」『デモステネス弁論集 7』京都大学出版会

栗原涼子（2010）「女性参政権運動」有賀夏紀・小檜山ルイ編『アメリカ・ジェンダー史研究入門』青木書店

久留島浩（2004）「国立歴史民俗博物館における博物館教育の試み」国立歴史民俗博物館編『歴史展示のメッセージ―歴博国際シンポジウム「歴史展示を考える―民族・戦争・教育―」アム・プロモーション

桑原ヒサ子（2020）『ナチス機関誌「女性展望」を読む―女性表象、日常生活、戦時動員』青弓社

小池誠（2005）『東インドネシアの家社会―スンバの親族と儀礼』晃洋書房

コウ，ドロシー（小野和子・小野啓子訳）（2005）『纏足の靴―小さな足の文化史』平凡社

国立歴史民俗博物館監修（2021）「性差の日本史」展示プロジェクト編『（新書版）性差（ジェンダー）の日本史』集英社

国立歴史民俗博物館編（2020）『企画展示　性差の日本史』歴史民俗博物館振興会

ゴスマン，エリザベートほか編（1998）『女性の視点によるキリスト教神学事典』日本基督教団出版局

後藤絵美（2023）「アラブの近代とフェミニズムの開花」青山亨ほか編『民族解放の夢（アジア人物史第10巻）』集英社

小浜正子・落合恵美子編（2022）『東アジアは「儒教社会」か？―アジア家族の変容』京都大学学術出版会

小浜正子・下倉渉・佐々木愛・高嶋航・江上幸子編（2018）『中国ジェンダー史研究入門』京都大学学術出版会

小林磨理恵（2012）「インドにおける「結婚持参金（ダウリー）問題」の諸相」『クヴァドランテ』14

五味知子（2022）「同姓不婚と同姓為婚について」小浜正子・板橋暁子編『東アジアの家族とセクシュアリティ』京都大学学術出版会

小山静子（2022、初版1991）『良妻賢母という規範（新装改訂版）』勁草書房

小山静子監修（2014）『明治期女性雑誌集成 女学新誌／日本之女学【復刻版】解題』柏書房

コルベ，パトリック（堀越宏一編訳）（2021）『中世ヨーロッパの妃たち』山川出版社

斎藤美奈子（1994）『妊娠小説』筑摩書房

坂田聡（2006）『苗字と名前の歴史』吉川弘文館

坂根嘉弘（2011）『家と村―日本伝統社会と経済発展』農山漁村文化協会

坂本辰朗（1977）「アメリカ高等教育における男女共学制の発展―19世紀を中心に」『慶應義塾大学大学院社会学研究科紀要社会学心理学教育学』17

桜井万里子（1992）『古代ギリシアの女たち―アテナイの現実と夢』中央公論社

指昭博（2010）『イギリス宗教改革の光と影―メアリとエリザベスの時代』ミネルヴァ書房

佐藤繭香（2017）『イギリス女性参政権運動とプロパガンダ―エドワード朝の視覚的表象と女性像』彩流社

ジェンキンズ，ヘンリー（渡部宏樹・北村紗衣・阿部康人訳）（2021）『コンヴァージェンス・カルチャー―ファンとメディアがつくる参加型文化』晶文社

滋賀秀三（1967）『中国家族法の原理』創文社

清水勲（1991）『漫画の歴史』岩波書店

清水和裕（2015）『イスラーム史のなかの奴隷（世界史リブレット101）』山川出版社

志村鏡一郎（1977）「欧米女子教育史」世界教育史研究会編『世界教育史体系34 女子教育史』講談社

下倉渉（2018）「父系化する家族」『中国ジェンダー史研究入門』京都大学学術出版会

シュエンツェル，クリスティアン＝ジョルジュ（北野徹訳）（2007）『クレオパトラ』白水社

陳姃湲（2006）『東アジアの良妻賢母論―創られた伝統』勁草書房

鈴木正崇（2002）『女人禁制』吉川弘文館

住沢（姫岡）とし子（1986）「高度工業化の過程における女性労働―ドイツ第二帝政期を中心に」『寧楽支援』31

総合女性史学会 辻浩和ほか編（2019）『女性労働の日本史 古代から現代まで』勉誠出版

総合女性史学会（2013）『女性官僚の歴史―古代女官から現代キャリアまで』吉川弘文館

平雅行（1992）『日本中世の社会と仏教』塙書房

ダヴィドフ，レオノーア、キャサリン・ホール（山口みどりほか訳）（2019）『家族の命運―イングランド中産階級の男と女 1780〜1850』名古屋大学出版会

鷹木恵子編（2020）『越境する社会運動（イスラーム・ジェンダー・スタディーズ２）』明石書店

高木侃（2014）『三行半と縁切り寺―江戸の離婚を読み直す』吉川弘文館

髙橋裕子（2002）『津田梅子の社会史』玉川大学出版部

髙橋裕子（2022）『津田梅子―女子教育を拓く』岩波ジュニア新書

竹内誠ほか編（2015）『徳川「大奥」事典』東京堂出版

竹下節子（1998）『聖母マリア―〈異端〉から〈女王〉へ』講談社

竹田泉（2013）『麻と綿が紡ぐイギリス産業革命―アイルランド・リネン業と大西洋市場』ミネルヴァ書房

竹田泉（2020）「18-19世紀イギリスの綿製品消費とジェンダー―グローバル史の視点から」浅

田進史・榎一江・竹田泉編『グローバル経済史にジェンダー視点を接続する』日本経済評論社

竹谷靱負（2011）『富士山と女人禁制』岩田書院

田中東子編（2021）『ガールズ・メディア・スタディーズ』北樹出版

田邊繁子（1960）『マヌ法典の家族法』日本評論新社

谷本雅之（1998）『日本における在来的経済発展と織物業』名古屋大学出版会

田端泰子（1994）『日本中世女性史論』塙書房

田端泰子（1998）『日本中世の社会と女性』吉川弘文館

田村容子（2020）『男旦（おんながた）とモダンガール　二〇世紀中国における京劇の 現代化』中国文庫

千野香織「日本美術のジェンダー」（1994）『美術史』136、（『千野香織著作集』ブリュッケ、2010所収）

陳昭如著・林香奈訳（2010）「「不孝」の権利—台湾女性の相続をめぐるジレンマ」野村鮎子・成田静香編『台湾女性研究の挑戦』人文書院

チャクラバルティ, ウマ（2022）「初期インドにおけるバラモン的家父長制を概念化する—ジェンダー、カースト、階級、国家」森本和彦・平井晶子・落合恵美子編『家族イデオロギー（リーディングス　アジアの家族と親密圏　第 1 巻）』有斐閣

チョ・ヘヨン他（2017）『少女たち K-pop、スクリーン、広場』ヨイヨン［韓国語］

鄭容淑（1988）『高麗王室族内婚研究』새문社

津田塾大学編（1984）『改訂版 津田梅子文書』津田塾大学

ティヨン, ジェルメーヌ（宮治美江子訳）（2012）『イトコたちの共和国—地中海社会の親族関係と女性の抑圧』みすず書房

デュビー, ジョルジュ（篠田勝英訳）（1984）『中世の結婚　騎士・女性・司祭』新評論

デュビー, ジョルジュほか（福井憲彦・松本雅弘訳）（1993）『愛と結婚とセクシュアリテの歴史（増補）』新曜社

トッド, エマニュエル（石崎晴己監訳）（2016）「家族システムの起源1　ユーラシア　下」藤原書店

豊島悠果（2018）「高麗時代における后妃の政治的権力」『唐代史研究』21

豊田武（1971）『苗字の歴史』中公新書

中谷純江（1995）「インド・ラージャスターン州のラージプート女性の宗教慣行—ヒンドゥー女性にとっての自己犠牲の意味」『民族学研究』60（1）

長野ひろ子（2003）『日本近世ジェンダー論—「家」共同体・身分・国家』吉川弘文館

長野ひろ子・松本悠子編（2009）『経済と消費社会（ジェンダー史叢書 6 ）』明石書店

中山文（2019）『新版　越劇の世界—中国の女性演劇』NK station

仁藤敦史（2021）「「万世一系」論と女帝・皇太子—皇統意識の転換を中心に—」『歴史学研究』1004

二宮宏之（1995）『全体を見る眼と歴史家たち』平凡社

日本女医史編集委員会編（1991）『日本女医史（追補）』日本女医会

朴宣美（2005）『朝鮮女性の知の回遊—植民地文化支配と朝鮮支配』山川出版社

朴宣美（2018）「朝鮮に渡ったアメリカ・プロテスタント女性宣教師―アメリカ北部メソジスト監督教会海外女性伝道協会を中心に」筑波大学大学院人文社会科学研究科歴史・人類学専攻『歴史人類』46

橋本憲三編（1966-67）『高群逸枝全集』理論社

長谷川博子（長谷川まゆ帆）（1997）「歴史・ジェンダー・表象―マリアンヌの肖像と兵士の創造」義江彰夫ほか編『歴史の文法』東京大学出版会

長谷川まゆ帆（2018年）『近世フランスの法と身体―教区の女たちが産婆を選ぶ』東京大学出版会

羽田正編著（1996）『シャルダン『イスファハーン誌』研究』東京大学東洋文化研究所

服部美奈（2002）『インドネシアの近代女子教育―イスラーム改革運動のなかの女性』勁草書房

服部美奈・小林寧子編（2020）『教育とエンパワーメント（イスラーム・ジェンダー・スタディーズ3）』明石書店

馬場多聞（2017）『宮廷食材・ネットワーク・王権―イエメン・ラスール朝と一三世紀の世界』九州大学出版会

ハーニオール，M・シュクリュ（新井政美監訳・柿﨑正樹訳）（2020）『文明史から見たトルコ革命―アタテュルクの知的形成』みすず書房

林佳世子（2016）『オスマン帝国500年の平和（興亡の世界史）』講談社学術文庫

林田敏子（2013）『戦う女、戦えない女―第一次世界大戦期のジェンダーとセクシュアリティ』人文書院

菱田（藤村）淳子（2004）「復元ジオラマの中の人物像をめぐって」『平成13〜15年度科学研究費補助金研究成果報告書　美術館・博物館の展示における性別役割分業観とその社会的影響の研究』（代表者　森理恵）

姫岡とし子（1993）『近代ドイツの母性主義フェミニズム』勁草書房

姫岡とし子（2004）『ジェンダー化する社会―労働とアイデンティティの日独比較史』岩波書店

姫岡とし子（2008）『ヨーロッパの家族史（世界史リブレット117）』山川出版社

姫岡とし子（2013）「EUのジェンダー政策―平等・公正・女性活用」羽場久美子編『EU（欧州連合）を知るための63章』明石書店

姫岡とし子（2023）「ナショナリズムとジェンダー」『岩波講座　世界歴史　第16巻』岩波書店

平井晶子・落合恵美子・森本一彦編（2022）『結婚とケア（リーディングス アジアの家族と親密圏　第2巻）』有斐閣

平川景子（2021）「看護師と助産師のジェンダー再編―戦前と戦後の専門職の形成過程」『明治大学社会教育主事課程年報』30

弘末雅士（2022）『海の東南アジア史―港市・女性・外来者』ちくま新書

深沢克己（2007）『商人と更紗―近世フランス＝レヴァント貿易史研究』東京大学出版会

福田千鶴（2021）『女と男の大奥―大奥法度を読み解く』吉川弘文館

服藤早苗（1991）『家成立史の研究―祖先祭祀・女・子ども』校倉書房

服藤早苗編著（2017）『平安朝の女性と政治文化―宮廷・生活・ジェンダー』明石書店

藤原重雄（2010）「「中御門逆修」地蔵菩薩像の像内納入印仏」町田市立国際版画美術館篇『救いのほとけ―観音と地蔵の美術』町田市立国際版画美術館

ブット，ベナジル（1990）『運命の娘ベナジル・ブット自伝―民主化への挑戦』読売新聞社

前川和也編著（1993）『家族・世帯・家門―工業化以前の世界から』ミネルヴァ書房

前田健太郎（2014）『市民を雇わない国家―日本が公務員の少ない国へと至った道』東京大学出版会

松田裕之（1998）『電話時代を拓いた女たち―交換手のアメリカ史』日本経済評論社

松久玲子（2012）『メキシコ公教育におけるジェンダー・ポリティクス』行路社

松本直子（2017）「日本の博物館におけるジェンダー表現の課題と展望―歴博展示に触れつつ―」国立歴史民俗博物館編『歴博国際研究集会―歴史展示におけるジェンダーを問う』国立歴史民俗博物館

松本悠子（2008）『創られるアメリカ国民と「他者」―「アメリカ化」時代のシティズンシップ』東京大学出版会

松本脩作・大岩川嫩編（1994）『第三世界の姓名―人の名前と文化』明石書店

マン，スーザン（小浜正子ほか訳）（2015）『性からよむ中国史―男女隔離・纏足・同性愛』平凡社

マン，スーザン（近刊）『張家の才女たち』東方書店

ミース，マリア（奥田暁子訳）（1997）『国際分業と女性―進行する主婦化』日本経済評論社

水井万里子（2011）『図説　テューダー朝の歴史』河出書房新社

三成美保（1985）「宗教改革期の道徳裁判所」稲本洋之助編『フランスの家族法』東京大学出版会

三成美保（2005）『ジェンダーの法史学―近代ドイツの家族とセクシュアリティ』勁草書房

三成美保ほか編（2021）『〈母〉を問う―母の比較文化史』神戸大学出版会

村上薫（2004）「国民国家・家族・ジェンダー――日本とトルコの研究者たちの眼差し」『アジ研ワールド・トレンド』第107号

桃木至朗（1996）『歴史世界としての東南アジア（世界史リブレット12）』山川出版社

桃木至朗ほか編（2008）『新版　東南アジアを知る事典』平凡社

森田豊子・小野仁美編（2019）『結婚と離婚　（イスラーム・ジェンダー・スタディーズ１）』明石書店

森谷公俊（2012）『アレクサンドロスとオリュンピアス―大王の母、光輝と波乱の生涯』ちくま学芸文庫

森平崇文（2015）『社会主義的改造下の上海演劇』研文出版

柳谷慶子（2023）『江戸のキャリアウーマン―奥女中の仕事・出世・老後』吉川弘文館

柳橋博之（2001）『イスラーム家族法―婚姻・親子・親族』創文社

柳橋博之（2012）『イスラーム財産法』東京大学出版会

山崎明子・藤木直実編（2018）『〈妊婦〉アート論　孕む身体を奪取する』青弓社

山崎利男（1957）「古典ヒンドゥー法の婦女の家産相続および stridhana に関する規定」『東洋文化研究所紀要』13

山崎利男（1990）「イギリス支配とヒンドゥー法」小谷汪之ほか編『権威と権力（シリーズ世界史への問い７）』岩波書店

山崎利男（1991）「インド家族法の原理とその変化―1948年ヒンドゥー法典案をめぐって」『講

　座・現代家族法―島津一郎教授古稀記念　第1巻 』日本評論新社

山下英愛（2013）『女たちの韓流―韓国ドラマを読み解く』岩波書店

弓削尚子（2004）『啓蒙の世紀と文明観（世界史リブレット88）』山川出版社

弓削尚子（2021）『はじめての西洋ジェンダー史―家族史からグローバル・ヒストリーまで』山
　川出版社

義江明子（2017）『日本古代女帝論』塙書房

義江明子（2021）『女帝の古代王権史』筑摩書房

義江明子編（2002）『婚姻と家族・親族（日本家族史論集8）』吉川弘文館

義江明子編（2002）『親族と祖先（日本家族史論集7）』吉川弘文館

義江明子・伊集院葉子・R Piggott Joan（2013）「日本令にみるジェンダー―その(1) 戸令―」
　『帝京史学』28

吉川利一（1956）『津田梅子伝』津田塾同窓会

吉見俊哉（2006）『戦争の表象―東京大学情報学環所蔵　第一次世界大戦期プロパガンダ・ポス
　ターコレクション』東京大学出版会

吉村真子（2005）「東南アジアの開発とジェンダー」原伸子編『市場とジェンダー―理論・実
　証・文化』法政大学出版局

吉村真子（2019）「アジアにおける開発と労働―グローバル市民社会の視点から」『大原社会問
　題研究所雑誌』第726巻

リード，アンソニー（太田淳ほか訳）（2021）『世界史のなかの東南アジア　歴史を変える交差
　路（上下）』名古屋大学出版会

リュ・ジンヒ（2020）「ジェンダー化されたメタ・ナラティブとしての韓流、または K- エン
　ターテインメント批判」『大衆叙事研究』第26巻2号［韓国語］

レヴィ＝ストロース，クロード（福井和美訳）（2000）『親族の基本構造』青弓社

魯迅（竹内好編訳）（1981）『魯迅評論集』岩波文庫

若桑みどり（2000）『象徴としての女性像―ジェンダー史から見た家父長制社会の女性表象』筑
　摩書房

若桑みどり（2005）「ジェンダー史研究と表象研究の不可分な関係について―実例による検証：
　女性のセクシュアリティーの家父長制的支配としてのレイプの表象」『ジェンダー史学』創
　刊号

脇田晴子（2001）『女性芸能の源流 傀儡子・曲舞・白拍子』角川選書

渡辺浩（2021）『明治革命・性・文明―政治思想史の冒険』東京大学出版会

人名索引

マ 行

事項索引

執筆者一覧 （執筆項番号・所属・主な著作）

阿部　尚史 （あべ　なおふみ） 1-6-①
お茶の水女子大学文教育学部准教授
『イスラーム法と家産——19世紀イラン在地社会における家・相続・女性』（中央公論新社、2020年）
"Creating a Family Property in Early Modern Iran: Socioeconomic Activities of Najafqulī Khān Dunbulī of Tabriz in the Eighteenth Century." (*Families, Authority, and the Transmission of Knowledge in the Early Modern Middle East*, C. Werner, M. Szuppe, N. Michel, A. Fuess（eds.）, Brepols, 2021.)

粟屋　利江 （あわや　としえ） 1-5-①、1-6-②、2-2-③、2-3-③、コラム③
東京外国語大学名誉教授
『イギリス支配とインド社会』（山川出版社、1998年）
『インド　ジェンダー研究ハンドブック』共編（東京外国語大学出版会、2018年）

池田　忍 （いけだ　しのぶ） 4-4-①
千葉大学名誉教授
『視覚表象と音楽　ジェンダー史叢書第4巻』（共編著、明石書店、2010年）
『手仕事の帝国日本——民芸、手芸、農民美術の時代』（岩波書店、2019年）

石井　香江 （いしい　かえ） コラム④
同志社大学グローバル地域文化学部教授
『電話交換手はなぜ「女の仕事」になったのか——技術とジェンダーの日独比較社会史』（ミネルヴァ書房、2018年）
「女の仕事／男の仕事のポリティクス—ドイツ帝国郵便における性別職務分離の見取り図と展望」（『史林』104（1）、2021年）

井野瀬久美惠 （いのせ　くみえ） 3-2-⑤
甲南大学文学部教授
『「近代」とは何か—「昨日の世界・ヨーロッパ」からの問い』（かもがわ出版、2023年）
『大英帝国という経験』（講談社、2007年；講談社学術文庫、2017年）

岩崎えり奈 （いわさき　えりな） 1-2-③
上智大学外国語学部教授
「チュニジア南部タタウィーン地域における女性の出生行動の変化」（『アジア経済』、2020年）
『現代アラブ社会：「アラブの春」とエジプト革命』（共著、東京経済新報社、2013年）

大河原知樹 （おおかわら　ともき） 1-5-②
東北大学大学院国際文化研究科教授
「オスマン帝国時代末期のダマスカスの世帯—イスタンブルとの比較分析—」（比較家族史学会監修、落合恵美子・小島宏・八木透編『歴史人口学と比較家族史』、早稲田大学出版部、2009年）
『イスラーム法の「変容」—近代との邂逅』（共著、山川出版社、2014年）

長　志珠絵（おさ　しずえ）4-4-④
神戸大学大学院国際文化学研究科教授
『〈母〉を問う―母の比較文化史』（共編著、神戸大学出版会、2021年）
『新体系日本史9　ジェンダー史』（共著、山川出版社、2014年）

押山美知子（おしやま　みちこ）4-4-⑦
愛知淑徳大学創造表現学部創作表現専攻助教
『新増補版　少女マンガ ジェンダー表象論〈男装の少女〉の造形とアイデンティティ』（アルファベータ
ブックス、2018年）

落合恵美子（おちあい　えみこ）1-3-④
京都産業大学現代社会学部客員教授
『親密圏と公共圏の社会学―ケアの20世紀体制を超えて』（有斐閣、2023年）
『リーディングス アジアの家族と親密圏』（全3巻、共編著、有斐閣、2022年）

香川　檀（かがわ　まゆみ）4-4-②
武蔵大学人文学部教授
『ハンナ・ヘーヒ――透視のイメージ遊戯』（水声社、2019年）
『想起のかたち――記憶アートの歴史意識』（水声社、2012年）

河上麻由子（かわかみ　まゆこ）1-4-③、3-2-②
大阪大学大学院人文学研究科准教授
『古代アジア世界における対外交渉と仏教』（山川出版社、2011年）
『古代日中関係史―倭の五王から遣唐使以降まで』（中央公論新社、2019年）

菅野　淑子（かんの　としこ）3-3-⑤
厚生労働省労働保険審査会常勤委員
「家族的責任から両立支援へ―裁判例で見る家族的責任とワーク・ライフ・バランス」（島田陽一他編著
『「尊厳ある社会」に向けた法の貢献』、旬報社、2019年）
「男性の育児休業取得に関する研究」（道幸哲也他編著『社会法のなかの自立と連帯』、旬報社、2022年）

北村　紗衣（きたむら　さえ）4-4-⑦
武蔵大学人文学部英語英米文化学科教授
『シェイクスピア劇を楽しんだ女性たち――近世の観劇と読書』（白水社、2018年）
『批評の教室 ――チョウのように読み、ハチのように書く』（筑摩書房、2021年）

栗原　麻子（くりはら　あさこ）3-3-①
大阪大学大学院人文学研究科教授
『互酬性と古代民主制―アテナイ民衆法廷における「友愛」と「敵意」』（京都大学学術出版会、2020年）
『デモステネス弁論集7』（共訳書、京都大学学術出版会、2022年）

小池　誠（こいけ　まこと）1-2-①
桃山学院大学国際教養学部教授
『インドネシア——島々に織りこまれた歴史と文化』（三修社、1998年）
『東インドネシアの家社会——スンバの親族と儀礼』（晃洋書房、2005年）

小玉　亮子（こだま　りょうこ）4-3-①
お茶の水女子大学基幹研究院教授
『幼児教育史研究の新地平—幼児教育の現代史』（共編、萌文書林、2022年）
『子どもと教育—近代家族というアリーナ—』（共編、日本経済評論社、2018年）

後藤　絵美（ごとう　えみ）4-4-⑥
東京外国語大学アジアアフリカ言語文化研究所助教
『神のためにまとうヴェール——現代エジプトの女性とイスラーム』（中央公論新社、2014年）
『記憶と記録にみる女性たちと百年（イスラーム・ジェンダー・スタディーズ5）』（共編、明石書店、2023年）

小浜　正子（こはま　まさこ）1-2-②、2-3-①、2-4-④
日本大学文理学部教授
『一人っ子政策と中国社会』（京都大学学術出版会、2020年）
『中国ジェンダー史研究入門』（共編著、京都大学学術出版会、2018年）

阪上眞千子（さかがみ　まちこ）1-2-⑤
甲南大学法学部教授
「ヨーロッパ中世における内縁・事実婚の法的処遇—イタリアの例—」（『阪大法学』71巻3・4号、2021年）
「サン・マリーノ法史における妻の地位の変遷—特に財産権に注目して」（『比較家族史研究』27号、2013年）

坂田　聡（さかた　さとし）1-4-①
中央大学文学部教授
『家と村社会の成立—中近世移行期論の射程』（高志書院、2011年）
『苗字と名前の歴史』（吉川弘文館、2006年）

平　雅行（たいら　まさゆき）2-4-①
大阪大学名誉教授・京都先端科学大学名誉教授
『改訂　歴史のなかに見る親鸞』（法藏館、2021年）
『法然—貧しく劣った人びとと共に生きた僧（日本史リブレット人28）』（山川出版社、2018年）

髙橋　裕子（たかはし　ゆうこ）4-3-②
津田塾大学教授・学長
『津田梅子—女子教育を拓く』（岩波ジュニア新書、2022年）
『津田梅子の社会史』（玉川大学出版部、2002年）

竹田　泉（たけだ　いずみ）4-4-③
成城大学経済学部教授
『麻と綿が紡ぐイギリス産業革命─アイルランド・リネン業と大西洋市場』（ミネルヴァ書房、2013年）
『グローバル経済史にジェンダー視点を接続する』（共編著、日本経済評論社、2020年）

谷本　雅之（たにもと　まさゆき）4-2-③
東京大学大学院経済学研究科教授
『日本経済史─近世から現代まで』（共著、有斐閣、2016年）
Public Goods Provision in the Early Modern Economy—Comparative Perspectives from Japan, China, and Europe（共編著，University of California Press, 2019）

豊島　悠果（とよしま　ゆか）コラム①
神田外語大学外国語学部アジア言語学科教授
『高麗王朝の儀礼と中国』（汲古書院、2017年）
「高麗時代における后妃の政治的権力」（『唐代史研究』21、2018年）

中田　瑞穂（なかだ　みずほ）3-3-③
明治学院大学国際学部教授
『「農民と労働者の民主主義」─戦間期チェコスロヴァキア政治史』（名古屋大学出版会、2012年）
『戦後民主主義の青写真──ヨーロッパにおける統合とデモクラシー』（共編、ナカニシヤ出版、2019年）

中山　文（なかやま　ふみ）4-4-⑤
神戸学院大学人文学部教授
『新版　越劇の世界─中国の女性演劇』（NKstation、2019年）
「姉妹の越劇─姚水娟・袁雪芬・尹桂芳の時代」（『中国の娯楽とジェンダー　女が変える・女が変わる』、勉誠出版、2022年）

仁藤　敦史（にとう　あつし）3-2-⑥
国立歴史民俗博物館教授
『藤原仲麻呂─古代王権を動かした異能の政治家』（中央公論新社、2021年）
『東アジアからみた「大化改新」』（吉川弘文館、2022年）

野村　鮎子（のむら　あゆこ）1-4-③、1-6-④
奈良女子大学人文科学系教授
『帰有光文学の位相』（汲古書院、2009年）
『台湾女性研究の挑戦』（共編著、人文書院、2010年）

朴　宣美（ぱく　そんみ）1-3-③
筑波大学人文社会系准教授
『朝鮮女性の知の回遊─植民地文化支配と日本留学』（山川出版社、2005年）
「戦前の東アジアにおけるアメリカ女性による女子高等教育」（『歴史人類』47巻、筑波大学、2019年）

長谷川まゆ帆（はせがわ　まゆほ）コラム⑤
立正大学教授・放送大学客員教授・東京大学名誉教授
『お産椅子への旅―ものと身体の歴史人類学』（岩波書店、2004年）
『近世フランスの法と身体―教区の女たちが産婆を選ぶ』（東京大学出版会、2018年）

服部　美奈（はっとり　みな）4-3-③
名古屋大学大学院教育発達科学研究科教授
『インドネシアの近代女子教育―イスラーム改革運動のなかの女性』（勁草書房、2001年）
『教育とエンパワーメント（イスラーム・ジェンダー・スタディーズ３）』（共編、明石書店、2020年）

深見奈緒子（ふかみ　なおこ）2-3-④
日本学術振興会カイロ研究センター・センター長
『イスラーム建築の世界史』（岩波書店、2013年）
『世界の美しいモスク』（エクスナレッジ、2016年）

細谷　幸子（ほそや　さちこ）コラム⑦
国際医療福祉大学成田看護学部教授
「イランの「治療的人工妊娠中絶法」をめぐる議論」（『生命倫理』27（1）、2017年）
「イトコ婚と遺伝病」（森田豊子・小野仁美編『結婚と離婚（イスラーム・ジェンダー・スタディーズ１）』、
明石書店、2019年）

松沢　裕作（まつざわ　ゆうさく）4-2-④
慶應義塾大学経済学部教授
『日本近代村落の起源』（岩波書店、2022年）
『日本近代社会史―社会集団と市場から読み解く1868-1914』（有斐閣、2022年）

松久　玲子（まつひさ　れいこ）4-3-④
同志社大学名誉教授
『メキシコ近代女子教育におけるジェンダー・ポリティクス』（行路社、2012年）
『メキシコの女たちの声』（行路社、2002年）

松本　直子（まつもと　なおこ）コラム⑨
岡山大学文明動態学研究所教授
『心とアートの人類史』（編著、雄山閣、2022年）
『縄文のムラと社会』（岩波書店、2005年）

松本　悠子（まつもと　ゆうこ）2-5-④
中央大学名誉教授
『創られるアメリカ国民と「他者」―「アメリカ化」時代のシティズンシップ』（東京大学出版会、2007年）
『歴史の中の個と共同体』（共編著、中央大学出版部、2022年）

三﨑　裕子（みさき　ゆうこ）コラム⑥

「明治女医の基礎資料」（『日本医史学雑誌』54-3、2008年）
「従来開業女医についての一考察」（『日本医史学雑誌』65-3、2019年）

三成　美保（みつなり　みほ）1-4-①、1-4-②、1-4-④、1-6-③、2-2-①、2-4-②、3-2-④
追手門学院大学法学部教授
『ジェンダーの法史学―近代ドイツの家族とセクシュアリティ』（勁草書房、2005年）
『同性愛をめぐる歴史と法―尊厳としてのセクシュアリティ』（編著、明石書店、2015年）

宮崎ふみ子（みやざき　ふみこ）コラム②
恵泉女学園大学名誉教授
『京坂キリシタン一件と大塩平八郎―史料と考察』（宮崎ふみ子編、吉川弘文館、2021年）
「近世末の民衆宗教における女性―不二道の場合」（『恵泉女学園大学紀要』第31号、2019年）

村上　薫（むらかみ　かおる）2-5-⑥
日本貿易振興機構アジア経済研究所主任研究員
『不妊治療の時代の中東―家族をつくる、家族を生きる』（編著、アジア経済研究所、2018年）
「名誉をよみかえる―イスタンブルの移住者社会における日常の暴力と抵抗」（田中雅一・嶺崎寛子編『ジェンダー暴力の文化人類学―家族・国家・ディアスポラ社会』、昭和堂、2021年）

桃木　至朗（ももき　しろう）1-2-④、3-2-③
日越大学（ベトナム）専任教員
『中世大越国家の成立と変容』（大阪大学出版会、2011年）
『市民のための歴史学』（大阪大学出版会、2022年）

森谷　公俊（もりたに　きみとし）3-2-①
帝京大学名誉教授
『アレクサンドロスの征服と神話』（講談社学術文庫、2016年）
『新訳アレクサンドロス大王伝』（河出書房新社、2017年）

柳谷　慶子（やなぎや　けいこ）2-3-②
東北学院大学文学部教授
『近世の女性相続と介護』（吉川弘文館、2007年）
『江戸のキャリアウーマン―奥女中の仕事・出世・老後』（吉川弘文館、2023年）

山崎　明子（やまさき　あきこ）コラム⑧
奈良女子大学研究院生活環境科学系教授
『近代日本の「手芸」とジェンダー』（世織書房、2005年）
『〈妊婦〉アート論　孕む身体を奪取する』（青弓社、2018年）

山下　英愛（やました　よんえ）コラム⑩
文教大学文学部教授
『女たちの韓流—韓国ドラマを読み解く』（岩波書店、2013年）
『新版 ナショナリズムの狭間から—「慰安婦」問題とフェミニズムの課題』（岩波書店、2022年）

山辺　規子（やまべ　のりこ）1-4-③
奈良女子大学名誉教授・京都橘大学教授
『ノルマン騎士の地中海興亡史』（白水社、1996年／Uブックス、2009年）
『食の文化フォーラム甘みの文化』（編著、ドメス出版、2017年）

吉村　真子（よしむら　まこ）3-3-④
法政大学社会学部教授
『マレーシアの経済発展と労働力構造—エスニシティ、ジェンダー、ナショナリティ』（法政大学出版局、1998年）
『移民・マイノリティと変容する世界』（共編、法政大学出版局、2012年）

編　者

姫岡とし子（ひめおか　としこ）　総論、1-3-①、1-3-②、2-1、2-5-①、2-5-②、2-5-③、2-5-⑤、3-1、3-3-②、3-3-⑥、4-2-①、4-2-②、4-2-⑤

東京大学名誉教授
『ジェンダー化する社会──労働とアイデンティティの日独比較史』（岩波書店、2004年）
『ローザ・ルクセンブルク──闘い抜いたドイツの革命家（世界史リブレット人87）』（山川出版社、2020年）

久留島典子（くるしま　のりこ）　1-1、1-2-⑥、1-4-②、1-4-④、1-6-⑤、4-2-①

神奈川大学国際日本学部教授、東京大学名誉教授
「中世武家所領と女性の相続──石見益田氏を素材に」（『国立歴史民俗博物館研究報告』235集、2022年）
『歴史を読み替える──ジェンダーから見た日本史』（共編、大月書店、2015年）

小野　仁美（おの　ひとみ）　1-4-①、1-4-②、1-4-③、1-4-④、2-2-②、2-4-③、4-1、4-2-①

東京大学大学院人文社会系研究科助教
『イスラーム法の子ども観──ジェンダーの視点でみる子育てと家族』（慶應義塾大学出版会、2019年）
『結婚と離婚（イスラーム・ジェンダー・スタディーズ1）』（共編、明石書店、2019年）

〈ひと〉から問うジェンダーの世界史　第2巻

「社会」はどう作られるか？
──家族・制度・文化

2023年9月15日　初版第1刷　　　　　　　　　　［検印廃止］

編　者　姫岡とし子・久留島典子・小野仁美
発行所　大阪大学出版会
　　　　代表者　三成賢次
　　　　〒565-0871　大阪府吹田市山田丘2-7
　　　　　　　　　　大阪大学ウエストフロント
　　　　TEL：06-6877-1614
　　　　FAX：06-6877-1617
　　　　URL：https://www.osaka-up.or.jp
印刷・製本所　（株）遊文舎

Ⓒ T. Himeoka, N. Kurushima, H. Ono et al. 2023　　Printed in Japan
ISBN 978-4-87259-778-3　C0020